AF570390

IMAGE ET ABSENCE

Essai sur le regard

Collection ***L'Ouverture Philosophique***
dirigée par Bruno Péquignot
et Dominique Chateau

Une collection d'ouvrages qui se propose d'accueillir des travaux originaux sans exclusive d'écoles ou de thématiques.
Il s'agit de favoriser la confrontation de recherches et des réflexions qu'elles soient le fait de philosophes "professionnels" ou non. On n'y confondra donc pas la philosophie avec une discipline académique; elle est réputée être le fait de tous ceux qu'habite la passion de penser, qu'ils soient professeurs de philosophie, spécialistes des sciences humaines, sociales ou naturelles, ou ... polisseurs de verres de lunettes astronomiques.

Dernières parutions

Alain DOUCHEVSKY, *Médiation & singularité. Au seuil d'une ontologie avec Pascal et Kierkegaard,* 1997.
Joachim WILKE, *Les chemins de la raison*, 1997.
Philippe RIVIALE, *Tocqueville ou l'intranquillité*, 1997.
Gérald HESS, *Le langage de l'intuition. Pour une épistémologie du singulier,* 1997.
Collectif, *Services publics, solidarité et citoyenneté,* 1997.
Philippe SOUAL, Miklos VETO, *Chemins de Descartes*, 1997.
Sylvie COIRAULT-NEUBURGER, *Expérience esthétique et religion naturelle,* 1997.
Agemir BAVARESCO, *La théorie hégélienne de l'opinion publique,* 1998.
Michèle ANSART-DOURLEN, *L'action politique des personnalités et l'idéologie jacobine*, 1998.
Philippe CONSTANTINEAU, *La doctrine classique de la politique étrangère. La cité des autres*, 1998.
Geneviève EVEN-GRANBOULAN, *Ethique et économie*, 1998.
Bernard GUELTON, *L'exposition*, 1998.
Itzhak GOLDBERG, *Jawlensky ou le visage promis*, 1998.
Maryse DENNES. *Husserl - Heidegger. Influence de leur oeuvre en Russie,* 1998.
Jean BARDY, *Bergson professeur,* 1998.

ISBN : 2-7384-6623-0

François Noudelmann

IMAGE ET ABSENCE

Essai sur le regard

L'Harmattan
5-7, rue de l'École Polytechnique
75005 Paris - FRANCE

L'Harmattan Inc.
55, rue Saint-Jacques
Montréal (Qc) - CANADA H2Y 1K9

François Noudelmann

INTRODUCTION

L'image fait régulièrement l'objet d'une discrimination, moins par la condamnation de ses effets qu'en raison du partage de ses modalités. Aussi bien ses contempteurs iconoclastes que ses défenseurs idolâtres la traitent comme une chose sécable dont ils discutent les vices ou les vertus. Prise au sein de cette positivité, elle est pensée parmi des champs disciplinaires et des réseaux d'oppositions, mais rarement approchée pour elle-même. Figure de style, image mentale, œuvre plastique, elle relève de la rhétorique, de la psychologie ou de l'esthétique. Ces divisions nous dissuaderaient-elles d'affronter la question d'une essence de l'image? Sa diversité nous condamnerait à l'analyse de ses fonctions, de ses qualités et de ses conséquences. Mais une fois discutées sa valeur illustrative, ses dérives analogiques, ou ses apparences trompeuses, il manque des réponses. Quand y a-t-il véritablement image? Quel est son mode d'apparition? Quelle relation instaure-t-elle avec le regard? Ces interrogations exigent une attention à ce qu'*est* l'image, une entité précisément accusée de se dérober à l'être. Certes, une sculpture, un film ou une gravure requièrent des analyses distinctes, et chaque type de présentation détient des spécificités que ne saurait réduire une généralité. Toutefois la différence des matières et des conditions de visibilité ne doit pas nous aveugler devant les modes d'apparition de l'image en tant que telle, devant sa matérialité propre, irréductible à des composants. Une telle recherche suppose de tenir en même temps l'image, l'imagination et l'imaginaire. Parce qu'elle excède le statut d'une chose, l'image s'apparente à un produit et à une production, car elle n'existe pas sans un regard qui déploie ses virtualités. Ce regard lui-même participe d'un mouvement de l'imagination, propice à instaurer un ensemble imaginaire, une irréalité en continuelle tension avec son origine réelle. L'étude de cette triade ne peut fonctionner qu'en respectant chacun de ses termes sans en privilégier aucun.

La visibilité de l'image se manifeste au cœur de ce complexe. Equivoque, elle implique à la fois la perception et l'imagination : elle a besoin d'être vue pour paraître, mais elle déborde son aspect visible en s'inscrivant dans un rapport imaginaire au réel, qui impulse un acte d'imagination. Cette intention ne fonde pas l'image, qui détient une substance singulière, elle autorise la diffusion d'une visibilité imaginaire. Que signifie "voir une image"? Ainsi vient notre première question dans la mesure où le regard la distingue d'une chose vue, et eu égard à son inéluctable visibilité. La naissance de l'image relève, en-deçà de l'histoire, d'un dispositif visuel et d'une disposition du spectateur. Assurément les catégories de la représentation et de la ressemblance ne suffisent plus à établir une définition, même si elles restent actives dans la présence imaginaire. Une toile monochrome ou une installation à trois dimensions échappent à la description d'une surface où sont projetées des formes analogiques. La visibilité imaginaire s'appréhende davantage par la relation d'un regard et d'une image que d'après les moyens objectifs qui permettent d'identifier telle ou telle présentation comme image.

Pour comprendre ce processus, le discours critique présente deux écueils, deux façons de masquer ou d'hypothéquer la visibilité de l'image : en affirmant sa lisibilité ou son intelligibilité. Ces deux substitutions réfèrent l'imaginaire à des ordres hétérogènes qui effectivement renseignent le contenu des images mais se dérobent à l'essence imaginaire. La première demande à "lire" l'image et à la décomposer selon des grilles historiques ou sémiotiques, à la rabattre sur des structures idéologiques ou formelles. La deuxième vise à la "penser", à la résumer au vecteur d'une transcendance. Son rôle consiste à transporter le regard vers ce qui n'est pas vu, à le transformer en pensée de l'invisible. Inessentielle, l'image obtient une relative légitimité philosophique ou théologique au titre de médiatrice. A l'encontre de cette éviction par l'interprétation, nous voudrions rappeler le caractère a-logique de l'image, sa non-résolution dans le narratif et le spéculatif. Même si la visibilité de l'image ne se limite pas strictement à la vue, elle demeure son principal mode de présentation et réclame une étude spécifique. Pour autant nous ne saurions souscrire au constat pseudo-sociologique d'une hégémonie culturelle du visible. Les multiples discours contemporains sur notre "civilisation de l'image" recourent paradoxalement à ce désormais cliché pour dénoncer l'empire de la visibilité à travers la perversion du média visuel devenu son propre référent. D'une importance et d'un péril considérables, ce problème relève néanmoins de la socio-politique et ne recouvre pas les modalités très diverses du visuel. Aussi les considérations qui suivent tiennent plutôt d'un contre-essai sur l'image, au sens d'une contre-performance puisqu'il s'agira moins d'exécuter magistralement l'image que de proposer une approche inactuelle, non déterminée par une mutation des images, attentive cependant à l'histoire de la visibilité, c'est-à-dire aux bouleversements non-progressifs de la relation entre l'œil et l'image.

Deux questions donnent le départ de cette perspective, concernant d'abord la substance de l'image, sa propension au débordement, ses déflagrations éclatantes ou insidieuses, ensuite la déréalisation imaginaire, le va-et-vient du modèle au reflet, la fuite en abîme du regard. Deux hypothèses s'ensuivent pour saisir une essence de l'image : il existe une chair imaginaire, distincte d'une métaphore anthropomorphe, et l'image met en œuvre une absence active aussi bien du référent visible que du sujet voyant. Si l'histoire nous apprend que la représentation par l'image et l'appréhension unitaire du corps humain sont nées de pair, le processus pourrait tenir d'une absence constitutive plus que d'une présence glorieuse. Cette perte de soi dans l'appropriation par l'homme de sa propre image tiendrait à une incarnation spécifique de l'imaginaire. L'image produirait une chair en voie de disparition, non par accident mais par nécessité substantielle. Son spectacle viendrait de cette surprenante ambivalence qui présente une absence, qui précisément fait apparaître la disparition. La ressemblance s'y défait au regard de l'impropriété du corps déchu par sa représentation, par son effacement imaginaire. Ce mouvement d'absence se développe à la fois par et dans l'image qui active sur elle-même ce procès, d'où son vacillement perpétuel, son trouble plus ou moins spectaculaire. Aussi devrons-nous interroger les divers chemins qui mènent à ce processus, tant les images de l'art que les ordinaires, voire les plus convenues. Dans tous les cas l'évacuation propre à la faille imaginaire met le regard à l'épreuve de soi et conduit à repenser le sujet dans cette diffraction. En effet l'ambivalence de l'image suppose aussi bien le déclin des imageries spéculaires que l'ouverture et l'avènement d'une semblance inédite. Le sujet disparaissant reviendrait peut-être en creux, dans les interstices de ce que l'image a bougé, d'où une souhaitable réévaluation de la notion de modèle et des procédures de filiation.

Mais auparavant nous voudrions dégager le sens d'une chair de l'image en relevant les présupposés qui l'affectent au sein des discours théoriques. Les réseaux d'opposition dans lesquels se range l'image fonctionnent en effet sur un même implicite que déclinent les couples être-paraître, intelligible-sensible, identité-ressemblance, concept-métaphore, immobilité-instabilité : l'image est apparentée au corps et suscite par conséquent les mêmes défiances ou les mêmes attirances, au mépris de son mouvement singulier.

Première partie

DE L'INCORPORATION A L'INCARNATION

Première partie

Sujet de querelles philosophiques et de discordes théologiques, l'image semble condamnée à son rôle secondaire, dévolue à la ressemblance, médiatrice plus ou moins suspecte d'un autre ordre. Non-être, quasi-être, moins-être, elle n'accède jamais à l'autorité d'une essence et demeure foncièrement parasitaire. Pis-aller pour la pensée spéculative qui ne peut l'éviter complètement lorsqu'elle devient formulée au sein d'une langue, ou trace analogique d'un ailleurs qui la dispose à la médiation, l'image trouve sa place dans un rapport d'allégeance. Aussi reçoit-elle une valeur de cette position car elle joue le rôle du corps au regard de l'âme. Et selon les hiérarchisations dont elle relève, elle expose ses périls et ses débordements, ou sa vitalité et son autonomie. La plupart des discours sur l'image, qu'ils la dénigrent ou l'habilitent, l'inscrivent dans ce dualisme. Cette discrimination d'inspiration métaphysique, repérable même au sein du matérialisme, suppose une objectivité de l'image. Pourtant ses formes instables, sa propension à dériver selon des ressemblances trompeuses, auraient pu suggérer un principe, une activité non réductibles aux lois de la physique. Mais l'image reste visible, donc vue par un regard, placée devant un œil centre de vision. Elle est ob-jet au titre d'une chose mouvante et sa variété ne vient que de ses corrélations aux êtres. Les reproches qu'on lui adresse tiennent précisément à la difficulté de cerner un objet aussi fuyant. Elle présente à l'esprit le risque de confondre une inconstance visuelle avec un déplacement logique. Comme le corps, l'image varie indépendamment d'une volonté rationnelle, et le raisonnement ne peut rien asseoir sur une réalité aussi versatile.

Ascétisme et iconoclastie

Curieusement la dévalorisation de l'image au nom d'une pensée pure s'exerce par une métaphore, mais là ne réside pas la seule contradiction d'un discours discriminatoire amené à de nombreuses concessions. Nous n'insisterons pas sur la tendance iconoclaste, car elle appartient à toute la tradition rationaliste de la philosophie occidentale, et les tentatives de réhabilitation de l'image nous montrerons davantage la difficulté à sortir du dualisme. Notre but ne consiste pas à refaire une histoire des théories de l'image mais à dégager un présupposé qui nous permette, avec et contre lui, de penser autrement la substance imaginaire. L'origine de la philosophie, du moins telle qu'elle a été instituée a posteriori, se confond avec la condamnation de l'image. Il est devenu évident, pour la pensée scolastique, que le passage du *muthos* au *logos* a marqué de façon quasi miraculeuse l'avènement d'une raison et d'un langage défaits des scories de l'imaginaire religieux et poétique. Nonobstant l'oubli volontaire des conditions historiques déterminant cette évolution et des faits contrevenant à cette odyssée rationnelle, le nom de Platon paraît emblématique de cette iconoclastie constitutive de la philosophie. Le geste métaphysique se fonde en effet sur une conversion du regard qui vise à transformer les yeux du corps en yeux de l'âme.

Le discrédit du corps conduit à jeter l'opprobre sur le visible, quitte à priver l'homme de sa vue; l'anathème philosophique rejoint l'imaginaire grec de la cécité dotée d'une valeur mythique de clairvoyance. L'aveugle au monde a retourné au dedans de lui son regard et connaît les mystères de l'âme. Le philosophe, lui, ne donne à voir que l'inessentialité du visible, tel Socrate au moment de sa mort. Regardez, il n'y a rien à voir : le spectacle offert aux disciples montre par défaut la délivrance de l'âme, la vacuité du *soma-sema*[1]. Ne reste qu'une dépouille, un tombeau, un signe vides. L'image présente l'exact opposé de cette direction. Au lieu de dénoncer le visible, elle le redouble, elle multiplie ce qui déjà est une copie, encourageant ainsi la dégénérescence du modèle. Ainsi elle reflète au corps sa propre visibilité, elle met en abîme son œil incertain, sa confusion naturelle. Par conséquent Platon amalgame et condamne tous ceux qui font usage des images, rhétoriques ou picturales, et le sophiste comme le peintre sont

[1]*Phédon*, 117e

communément accusés de mensonge et de tromperie[1]. La présence de l'image dans le discours, comme la reproduction d'un objet, constituent des leurres qui ont pour effet d'abîmer l'âme dans le corps. Les images politiques ou artistiques s'adressent à la sensibilité, aux instincts des hommes quand la raison voudrait au contraire brider leur corps. Et si Platon recourt à des mythes, puise dans leur creuset d'images, il les "utilise" en les vidant de toute leur charge corporelle. La démarche allégorique opère cette réduction, elle plie l'image à la stricte illustration d'un discours. Contre le faux-semblant de l'imaginaire, la raison allégorisée condescend au vraisemblable. Conjurant l'activité des images, elle transforme leur corporéité multiforme en une mécanique visiblement univoque: le corps de l'image se résume à l'animation fantoche d'un automate. Ainsi se construit la phobie d'une réalité incontrôlable, corporelle et imaginaire. Devant le risque d'une déprise de soi, la diabolisation conjuguée du corps et de l'image, c'est-à-dire la dénonciation de leur pouvoir séparateur, associe l'ascétisme et l'iconoclastie.

Cependant les courants philosophiques rebelles à ce dualisme, et donc restés dans l'ombre de la tradition, maintiennent aussi l'affiliation de l'image au corps. La pensée métaphysique de la visibilité se retrouve, inversée, au sein de conceptions contraires qui, par un renversement des échelles, fondent la vérité dans le corporel. Voulant remettre l'homme à l'endroit, les pieds sur terre, les matérialistes antiques affirment ainsi le primat des sens et donc du corps sur l'âme et l'esprit. D'après Épicure, la vision de l'esprit est identique à celle des yeux. Précisément il n'existe aucune raison de les distinguer car la vue est à la fois le vecteur et le garant de la vérité de toute vision. La composition de la nature suffit à en expliquer les causes et les effets, puisque le visible se manifeste d'organe à organe, de chose à chose. Depuis les corps émanent des atomes subtils qui se meuvent dans l'air au titre de simulacres et qui permettent au regard de percevoir des couleurs et des formes. L'image, au sens où nous la concevons distincte de la simple perception, surgit de manière problématique à propos des confusions, des rêves, des

[1] *Phèdre*, 248e

fantaisies. Ces phénomènes pourraient contrarier la thèse d'une vérité acquise par les sens, mais au contraire, les matérialistes affirment que seul l'esprit porte la responsabilité de telles erreurs. Si nous croyons voir des Centaures, explique Lucrèce[1], l'illusion en revient à l'esprit et à sa composition atomique trop ténue, sujette au vagabondage lorsque les sens endormis ont relâché leur vigilance. Une fois réveillé, les yeux du corps constatent la véritable nature du composé visible. L'image demeure assurément une substance corporelle, même si elle ne provient pas exclusivement du corps humain. Les simulacres sont des composés mobiles qui circulent dans les airs et se mélangent, associant par exemple le corps d'un cheval et celui d'un homme. Ces petits corps aux tissus très fins s'introduisent dans les pores des corps humains, réceptifs à ces chimères et à ces fantômes, autant d'images qui frappent sa vue. Par sa composition matérielle, l'image est un corps qui s'incorpore et vient hanter l'esprit. Cette fois-ci, seuls les sens et non plus la raison peuvent la démentir et s'opposer à ses métamorphoses continuelles. Le renversement a maintenu le dualisme et a perpétué la condamnation de l'image, fût-ce au titre d'un corps disparate.

Le corps affecté

Contre cette illusion du simulacre, la pensée métaphysique a pu rectifier le sens du regard et, la démarche scientifique aidant, concevoir une définition de l'œil et de son fonctionnement. L'entreprise cartésienne contribue ainsi à débarrasser la vision des questions liées à la ressemblance et aux épaisseurs corporelles. Rien n'émane des objets vus et la visibilité ne s'explique plus que par les lois de l'optique. La constitution naturelle du sujet voyant permet de comprendre comment se produit le sentiment de la lumière ou de la couleur[2]. Ainsi la visibilité s'inscrit dans le registre de la physique et Descartes en étudie les rayons selon les lois de la géométrie. Les images provenant de la perception semblent dès lors vidées de tout mystère, strictes effets des configurations

[1]*De la nature*, IV 732
[2]*La Dioptrique*, VI

oculaires. Précisément l'œil ne donne plus cours aux métaphores philosophiques sur la vision de l'âme. Il est devenu un objet de dissection que Descartes souhaiterait observer encore vivant, conservant ses humeurs cristallines. Celui d'un homme juste mort ou d'un bœuf peuvent malgré tout servir à l'étude, car une anatomie semblable rapproche l'œil humain et l'œil animal. La machinerie des corps dénonce l'onirisme des visions, et désormais les images n'intéressent plus que les opticiens et les géomètres.

Cependant des images non perçues demeurent, non réductibles à l'espace objectif de la géométrie. Les images mentales et surtout les rêves troublent les penseurs, idéalistes et matérialistes confondus. Aussi leurs réflexions sur le sommeil, celui des corps ou des esprits, prennent souvent la valeur d'un détail révélateur. A propos de l'imagination Descartes en distingue deux types, celle formée par l'âme, l'autre par le corps. La première relève de la volonté, elle consiste à imaginer ce qui n'existe pas et se rapproche des pensées car elle procède d'une action et participe d'une maîtrise. Les images qu'elles produisent restent soumises et contrôlées par un acte volontaire. En revanche, la seconde imagination procède d'illusions involontaires qui déportent la pensée. Là de nouveau l'image revient à sa nature corporelle. Et seule cette deuxième imagination appartient au registre de l'imaginaire, d'où sa valeur négative et son refoulement dans la mécanique du corps. Descartes n'y voit que l'effet d'esprits animaux agités, confondant les voies d'accès à l'âme. "Ils y prennent leurs cours fortuitement par certains pores plutôt que par d'autres."[1] Les images produisent ainsi des leurres de perception, se développant à la mesure d'une pensée nonchalante. Et la ressemblance dont elles donnent l'apparence ne tient pas à une analogie des objets perçus, elle vient d'un mimétisme exclusivement corporel. Les images se présentent comme la "peinture"[2] des véritables perceptions transmises par les nerfs. Phénomène corporel imitant un autre phénomène corporel, ainsi évolue l'image, toujours considérée comme un corps trompeur. Certes, Descartes emploie de nombreuses

[1]*Les Passions de l'âme*, art.21
[2] *idem*, art. 23

métaphores dans son discours spéculatif, certes il recourt fréquemment à l'analogie du raisonnement, mais il ne s'agit que de concessions et d'un usage instrumental de l'image. L'imagination productrice d'imaginaire, elle, reste marquée d'infamie; elle contrevient à la maîtrise du sujet pensant, car non seulement elle surgit depuis le corps, mais en plus elle manifeste un désordre, une déroute de ce corps.

La réévaluation de l'image pourrait venir d'une pensée qui évite le dualisme et conçoive l'imagination non plus en terme d'entrave mais selon une démarche positive. L'approche de Spinoza semble correspondre à ce changement de perspective, même si l'histoire du rationalisme la range dans le combat de l'âge classique mené contre les fausses connaissances. En effet l'imagination y est condamnée à cause de son usage anthropomorphe, associée à la superstition et à la manipulation des insensés. Cependant Spinoza ne s'en tient pas à cette critique, car le débat sur les vertus de l'image ne se limite pas au domaine de la connaissance; il concerne aussi l'accomplissement de soi, les sentiments, la sagesse. Assurément, si l'homme n'est pas capable de distinguer, grâce à la raison, l'irréalité des images, de savoir qu'une chimère n'existe pas, il court à l'erreur. Mais fondamentalement l'imagination ne vise pas, comme l'affirme Descartes, à présenter ce qui n'est pas. Elle participe de ce qui est en l'accompagnant, voire en le déployant. Inscrite dans la plénitude et la positivité de l'être, l'imagination jouit d'une dynamique propre à favoriser un épanouissement de nature. Spinoza fonde une *vis imaginandi* qui relève de la persévérance de toute chose en son être. Associée au *conatus*, l'imagination est affirmation. Alors qu'aux yeux de ses contempteurs elle représente un faux pouvoir, elle acquiert ainsi une vraie puissance. L'imagination procède d'un retour sur soi qui sollicite davantage son accomplissement. "Lorsque l'esprit se considère lui-même et sa puissance d'agir, il se réjouit, et d'autant plus qu'il s'imagine lui-même et imagine sa puissance d'agir plus distinctement."[1] La joie, par exemple, sera d'autant plus forte que seront imaginés les motifs qui la provoquent et les manifestations dont elle s'accompagne.

---

[1] *Ethique*, 3e partie, proposition LIII

Essentiellement, l'imagination de la puissance accroît la puissance et, dès lors, acquiert sa légitimité. Toutefois cette reconnaissance s'exerce une nouvelle fois à partir d'une allégeance au corps. Et l'image ne doit sa considération qu'à une pensée de la corporéité. Du coup elle est investie de toute la plénitude du corps, de sa nécessité positive. L'image s'explique exclusivement par le rapport d'un corps extérieur à un corps humain qu'elle affecte[1]. De ce fait elle témoigne à la fois d'une passivité du corps affecté, et d'une relative activité consistant à favoriser les passions joyeuses. Jamais cependant elle ne sort du registre corporel, et l'apparente délivrance que Spinoza lui accorde l'enferme plutôt dans la corporéité, l'astreint à l'étendue. La dignité à laquelle elle accède ne lui appartient pas : corporelle elle accompagne le déploiement nécessaire du corps.

Le sédiment imaginaire

La véritable réhabilitation de l'image suppose un renversement plus radical, une rupture avec les hiérarchies métaphysiques, une mise à jour des présupposés à l'œuvre dans l'opposition de la raison et de l'imaginaire. La philosophie au marteau de Nietzsche s'est attaquée au langage même de ces dichotomies en renversant non seulement les idoles métaphysiques mais aussi le socle qui les reçoit. L'architecture prédisposant toute réflexion sur les images et le corps relève en effet d'une grammaire qu'il importe de contester, faute de quoi le renversement n'aboutit qu'à un remplacement et la pensée risquerait d'édifier de nouvelles idoles en n'ayant changé que le vocabulaire de l'édifice. Nietzsche s'en prend donc au discours qui autorise des distinctions telles que celles du paraître et de l'être ou de l'image et du concept. Le regard sur le visible est en effet conditionné par une articulation à la fois métaphorique et syntactique liant la visibilité et la profondeur. L'implicite de

[1] "Les images des choses sont des affections du corps humain, dont les idées nous représentent les corps extérieurs comme nous étant présents, c'est-à-dire dont les idées enveloppent à la fois la nature de notre corps et la nature présente d'un corps extérieur." (*idem*, 3e partie, XXVII)

cette relation repose sur le privilège d'un arrière-monde qui donnerait à toute chose son sens et sa cohérence. Le visible trouverait ainsi dans l'invisible la profondeur qui le légitime. Le principe de la doublure de chaque réalité par son essence suppose donc une séparation et un discrédit de l'apparence au profit de ce qui se cache. Esquivant la question socratique du "qu'est-ce que", Nietzsche veut montrer "qui" promeut cette profondeur. Soupçonnant toujours un intérêt à l'œuvre dans l'édification la plus désintéressée, il met à jour la conséquence négative d'un éloge de l'invisible, c'est-à-dire le mépris du visible, et la replace à l'origine du raisonnement : ceux qui dévalorisent le visible souffrent d'une mauvaise vue qui les amène à survaloriser l'invisible. Précisément le défaut de vision, au lieu de se limiter à une imperfection accidentelle, est érigé en vertu par les hommes du ressentiment qui figurent en discours la laideur du monde visible et la beauté de l'arrière-monde invisible. Si l'image joue un rôle central dans cette critique généalogique, cela tient à la fois au refoulement que lui impose la pensée métaphysique et à sa position dans la grammaire du propre et de l'impropre. Avec l'image, Nietzsche peut désigner un oubli éminemment révélateur et proposer une autre visibilité du monde.

Priver le monde d'un au-delà suprasensible permet à Nietzsche d'hypothéquer les notions de copie, de ressemblance et d'apparence qui déterminent traditionnellement la réflexion sur l'image. Le démantèlement de la métaphysique s'opère d'abord par une inversion des valeurs et l'affirmation que le monde de la vérité, de l'idéal, de l'essence, ne résulte que d'une imagination morbide et d'une "illusion d'optique". A l'appui de ce diagnostic, l'explication psychologique montre l'esprit de calomnie et de vengeance qui sous-tend la survalorisation d'un monde meilleur et la suspicion portée contre la vie sensible d'ici-bas. L'instinct de vengeance, puis la morale du ressentiment, sont à l'origine de cette fantasmagorie qui prend les apparences d'un discours universel et rationnel. Cependant, une fois renversée le couple notionnel de l'être et du paraître, il faut dénoncer l'idée même d'apparence et renoncer à toute profondeur, à tout arrière-plan. "Le monde-vérité, nous l'avons aboli : quel monde nous est resté? Le monde des apparences peut-être?... Mais non! *avec le monde-vérité nous avons aussi aboli le monde des apparences!*"[1] Le monde n'apparaît plus comme une image. Il ne masque aucune vérité, car derrière le masque se trouve encore et toujours un masque, sans jamais le recouvrement d'une ultime vérité des profondeurs. Précisément le monde n'"apparaît plus", il est, selon sa pleine visibilité, dans la lumière du midi, c'est-à-dire sans aucune ombre. Dès lors l'image change de sens : elle n'est plus image *de* quelque chose, mais image en tant qu'être du monde, sujet de métamorphoses et d'énergies.

A l'origine même de toute expression se trouve le transport du sens et son irréductibilité au propre de l'essence. La métaphore acquiert donc une valeur décisive dans la pensée de Nietzsche. Au lieu de transporter le sens par une image ressemblante, elle se transporte elle-même dans la mesure où elle *est* le transport constitutif du sens et de ses métamorphoses. Le marteau nietzschéen frappe cette fois la distinction entre la métaphore et le concept qui fonde le discours spéculatif. La métaphysique doit être jugée, comme toute pensée, à son style. Or le privilège du concept qui la caractérise révèle à nouveau le refoulement intéressé de l'image. Nietzsche entend montrer la sédimentation imaginaire contenue dans les notions abstraites, car "les vérités sont des illusions dont on a oublié qu'elles le sont, des métaphores qui ont été usées et qui ont perdu leur force sensible"[2]. L'avènement du *logos*, tant vanté par les historiens de la pensée métaphysique, participe de cette dissimulation et de cette fiction constructrice. En effet les images n'ont pas disparu et le travail d'un philologue doublé d'un philosophe suspicieux décèle les implicites à l'œuvre dans les concepts tels que le bien et le vrai, dans la syntaxe qui les relie, dans les intérêts de ceux qui les promeuvent. Le reniement de l'image au sein du concept présente, en réalité, le symptôme langagier du ressentiment. La langue métaphysique, celle de l'abstraction, vise par définition à s'abstraire du monde et de

---

[1] *Le Crépuscule des idoles*, trad. H. Albert, Denoël-Gonthier, Paris, 1976, p.36

[2] *Le Livre du philosophe*, trad. A. Kremer Marietti, Aubier-Flammarion, Paris, 1969, p.183

sa diversité sensible. Mais les synthèses qu'elle organise ont un effet réducteur et appauvrissant, selon Nietzsche qui n'y voit que le style rachitique d'hommes indigents[1]. En revanche, le style métaphorique incarne la profusion de la vie et donne toute la richesse d'une pensée créatrice. L'écriture nietzschénne se déploie ainsi, contre toute architecture abstraite et sys-tématique, selon des registres très divers, de l'aphorisme au poème philosophique.

La réhabilitation de l'image vise ainsi à réactiver la mémoire occultée d'une pensée grecque n'ayant pas établi de frontières étanches entre philosophie, tragédie et poésie. Avec *La Naissance de la philosophie à l'époque de la tragédie grecque* et *La Naissance de la tragédie*, Nietzsche peut rappeler le substrat imaginaire de la pensée et articuler deux principes fondamentaux de la création artistique et intellectuelle, le dionysiaque et l'apollinien, la démesure vitale et l'équilibre rationnel. Au regard de cette association féconde, l'histoire de la pensée occidentale témoigne d'une hypertrophie de la mesure. Toutefois Nietzsche ne prône pas un principe contre l'autre, quoiqu'il soit souvent caricaturé comme un chantre de l'instinct irraisonné. De la même façon il ne joue pas la métaphore contre le concept, mais il déjoue leur opposition. Le concept n'est qu'un moment de la métaphore, un de ses passages. La formation des métaphores correspond en effet à un instinct[2] chez l'homme et se vit en une multitude de transpositions dont les concepts offrent une modalité parmi d'autres, telles que le mythe ou diverses figures de style et de comportement. L'intuition métaphorique s'inscrit dans le mouvement de métamorphose qui gouverne le devenir du monde et qui entraîne l'homme à se transporter hors de soi. Cependant la pensée exclusivement conceptuelle a discrédité cette mobilité, en reniant sa source imaginaire et en réduisant l'image à l'illustration. Selon un dessein polémique et libérateur, Nietzsche réactive ce fond intuitif en revivifiant les

---

[1] Les systèmes philosophiques sont réduits à des menuiseries démontables: "Cette charpente et ces planches monstrueuses des concepts auxquelles se cramponne le nécessiteux, sa vie durant, pour se sauver, n'est plus pour l'intellect libéré qu'un échafaudage" (*ibidem*, p.197)

[2] *Le Livre du philosophe*, op. cit., p.195

métaphores, en les frottant contre les concepts au titre d'une pierre de touche. Ni allégoriques, ni poétiques, ses images témoignent d'un usage non métaphorique de la métaphore. Leur impropriété constitutive les ouvrent à la circulation du monde dont elles métamorphosent le sens délivré de sa profondeur et dont elles présentent une visibilité adéquate à ses transformations.

La critique nietzschéenne a-t-elle mis fin au déni de l'imaginaire et plus généralement au dualisme métaphysique? L'analyse que Heidegger lui consacre inciterait plutôt à y repérer le dernier geste métaphysicien du dépassement, son achèvement au sens d'un accomplissement ultime. Concernant le présupposé que nous poursuivons à propos de l'image, nous retrouvons une nouvelle fois l'affiliation de l'imaginaire au corporel. Certes, le corps ne s'y réduit pas à une objectivité organique, puisqu'il est le lieu des forces contradictoires de la vie. Ni tombeau ni automate, il est "une grande raison, une pluralité avec un sens unique, une guerre et une paix, un troupeau et un pasteur"[1]. Mais précisément, c'est à partir du corps comme phénomène que se meut l'être du monde et que se déploient les énergies créatrices. Le corps pense et imagine tout à la fois. Aussi la création des formes et leurs métamorphoses proviennent de sa force et de sa régénération, de sa faculté à se surpasser, entraînant l'esprit moins à l'expression physique qu'au sursaut et à la transformation imaginaires. L'image vient du corps au sens où elle transporte la volonté de puissance vers les formes créatrices. Sans se réduire à l'activité biologique, l'imagination relève malgré tout d'un vitalisme.

Pandémie et prophylaxie

Tout en maintenant l'image dans la corporéité, la pensée nietzschéenne marque assurément une rupture. Elle sape l'idée d'une pensée pure dégagée d'images, et elle hante la réflexion sur la sédimentation imaginaire de tout discours et même de

[1] *Ainsi parlait Zarathoustra*, trad. M. de Gandillac, Gallimard, Paris, 1971 p.45

toute réalité. Son spectre se déploie sur l'imaginaire de l'écriture et sur l'imaginaire des images. Avec le premier versant, la question concerne la part imaginaire du signe, et la critique d'inspiration généalogique conduit à déceler les images à l'œuvre dans les discours les plus spéculatifs. L'archéologie du savoir proposée par Foucault et plus généralement les recherches sur l'outillage mental conditionnant les représentations intellectuelles participent de cette mise à jour : les pensées semblent d'autant plus pétries d'images qu'elles affichent une prétention à l'universalité et l'atemporalité de leurs concepts. La radicalisation de ce décryptage, et peut-être son impasse, interviennent lorsqu'il vire à la tautologie, désignant l'appartenance métaphorique de la notion même de métaphore. En effet, l'analyse des images vectrices de concepts relève aussi d'une conception classique de la métaphore, car elle suppose encore un lieu propre, un sens que les images figurent. Telle se construit l'argumentation de Derrida, dans "La mythologie blanche"[1], qui part du propos nietzschéen selon lequel la métaphysique a effacé la scène fabuleuse de son origine. Elle se poursuit par une contestation de la philosophie et de la rhétorique à pouvoir définir et repérer les métaphores, sous le prétexte que ces disciplines maintiennent l'opposition entre concept et métaphore et véhiculent une conception idéaliste de l'expression. Le repérage ou l'usage des métaphores relèvent au fond d'une réappropriation du sens et d'une concession aux détours par l'image qui se retrouve fatalement réduite ou sublimée. L'issue de cette critique rencontre l'image et sa prolifération sans plus en chercher la prise, abandonnant le concept à l'état d'un lieu émietté.

Toutefois, contournant cette fin de non-recevoir, le discours philosophique sur l'image trouve encore, après Nietzsche, des défenseurs comme Ricœur qui cherche à réinscrire la métaphore au sein de l'écriture spéculative. Refusant l'argument derridien du tout-métaphorique qui interdirait la distance critique nécessaire à l'étude des images, il maintient, dans "Métaphore et discours philosophique"[2], la

[1] in *Marges de la philosophies*, éditions de Minuit, Paris, 1972
[2] in *La Métaphore vive*, éditions du Seuil, Paris, 1975

relation décisive du concept et de la métaphore. Il affirme ainsi le dynamisme de l'énonciation métaphorique et lui confère une vertu heuristique. L'image libère les significations, dévoile la vérité grâce aux transpositions qu'elle organise. Il s'agit là de l'imagination spéculative, celle qui produit des métaphores vives. La sédimentation des images au sein des concepts, celle que désignent les contempteurs de la distinction entre le propre et le figuré, ne concerne que des figures lexicalisées, des métaphores mortes. Précisément, seuls les résidus d'images défuntes peuvent être convertis en concepts. Evitant le retour à l'image illustrative ou relevée par l'idée, Ricœur cherche à penser les tensions révélatrices entre le sens littéral et le sens figuré, et la nécessité pour l'interprétation d'aller et venir entre ces deux pôles sémantiques, sans que l'un ne puisse se substituer définitivement à l'autre. Cette démarche réintègre en fait une des voies du discours philosophique qui accorde à l'image une légitimation relative. L'origine d'une telle affiliation est repérable dès Aristote et sa réévaluation ontologique de l'image dans *La Poétique*. L'idée selon laquelle "faire de bonnes métaphores, c'est bien voir les ressemblances"[1] offrait déjà une place à l'image dans la pensée de la *mimèsis* et lui attribuait une structure et un rôle sémantiques. Précisément, si l'image acquiert une valeur, elle se réduit à une figure, à un vecteur dont la raison doit coordonner les déplacements. Et même lorsqu'elle échappe à une théorie de l'analogie, l'image semble maintenue dans ce carcan du sens qu'elle présente à sa manière. Certes, elle peut donner à "penser davantage"[2], comme le suggère Kant, toutefois elle demeure un "attribut" esthétique, qu'elle soit la métaphore sous le concept, ou l'œuvre de représentation qu'effectuent les beaux-arts. Ainsi la légitimation philosophique ne va-t-elle pas sans perte, et l'image se retrouve décharnée, elle ne présente plus qu'un corps squelettique, et dont l'articulation lui échappe.

L'imaginaire d'image connaît un débat semblable concernant la distinction entre l'image et la réalité. Le constat

---

1 *La Poétique*, 1459a
2 *Critique de la faculté de juger*, § 49

d'une omniprésence des images conduit en effet à révéler la progressive disparition de toute distance, l'impossibilité de référer l'image à autre chose qu'elle même. Cette radicalisation s'appuie sur la généralisation des moyens de communication visuels et sur le développement des nouvelles techniques d'images. D'un côté, elle s'inspire d'une analyse politique et observe la perversion des circuits de l'information, les médias déjouant leur fonction d'intermédiaire pour devenir la source d'une pseudo-réalité manipulée, voire inventée. De l'autre, elle considère l'évolution technologique des images dites virtuelles, le remplacement de l'analogique par le numérique, et la fin des indices de réalité et de vérité. Face à ces mutations deux propositions semblent se dégager : la première, en sympathie, assume le flux imaginaire et s'y livre avec le regard naïf ou parodique du suiveur ou du découvreur. Elle vit de l'intérieur la propension de l'imaginaire à constituer une réalité exclusive ou, ce qui revient au même, elle s'imprègne d'une surcharge de réel qui interdit tout recul. La seconde souhaite maintenir une distance critique, elle érige son antipathie en vertu, cherchant à retrouver, à l'extérieur du flot d'images, la raison invisible de l'être[1]. Nous retrouvons à nouveau l'opposition métaphysique tenant d'une part le règne de l'artifice, même si les apparences ont absorbé jusqu'à l'idée du paraître, et de l'autre le fond de l'être, accessible à ceux qui veulent ou peuvent encore retourner le regard vers l'essentiel, aveugles aux images. Cependant ces deux voies ne contournent-elles pas ce qu'est véritablement l'image en son inactualité, indépendamment de ses nouvelles modalités techniques et de son expansion culturelle? La première ne pense l'imaginaire qu'en terme de plénitude et d'illusion

---

[1] A partir d'un constat semblable, Baudrillard et Debray suivent ces deux chemins divergents. Selon le premier, nous avons atteint l'ère du simulacre, sans possibilité de retour; le miroir ayant absorbé son référent, il n'y a plus de place pour le négatif, la pensée critique (*Le Crime parfait*, Galilée, Paris, 1995). D'après le second, nous sommes entrés dans la vidéosphère qui remet en cause à la fois les modalités anciennes de l'image, et le sens du réel qui disparaît dans le virtuel et le télévisuel. Le diagnostic, cette fois alarmiste, débouche sur une réhabilitation de l'invisible (*Vie et mort de l'image*, Gallimard, Paris, 1992). Face à la pandémie des images, la joyeuse contagion de l'un s'oppose au discours prophylactique de l'autre.

généralisée, de sorte que disparaît l'imagination elle-même. En effet si plus aucun écart n'est possible entre la réalité et sa représentation, alors l'acte imageant se confond avec la vie autonome des images. Il n'y a plus rien à imaginer si la réalité se présente déjà au titre d'une image. L'écart produit par l'imagination ne relève que des trajectoires imaginaires indéterminées. Toutefois cette plénitude fait un peu rapidement l'économie d'une réflexion sur la visualisation, sur les diverses modalités des images, sur leurs effets de sens et de rupture. Avoir des images "plein les yeux" n'empêche pas l'existence d'un regard qui dispose singulièrement le regardeur à l'égard du monde. Le tout-image occulte cette requête d'un regard par les images et le mouvement qu'elle induit, dont nous chercherons à rendre compte.

A ce saut théorique dans un imaginaire immanent répond la volonté d'analyse de la seconde voie et qui procède d'un autre type d'aveuglement. Le premier consistait à nous placer devant un mur d'images, le plus près possible pour que nous n'ayons aucune possibilité d'en distinguer les motifs, ni d'en définir le cadre : tout recul interdit, nous sommes dans l'image sans référence, sans objectivation, sans regard défini[1]. A l'inverse, l'analyse nous demande de nous placer au plus loin de l'image, ou elle l'éloigne et la réduit à un objet observable au microscope. Cette réduction s'exerce selon plusieurs discours dont le plus évident consiste à transformer l'image en objet de savoir. Pris dans le champ de la culture, le visible imaginaire n'est plus pensé pour lui-même, il devient lisible. La représentation "dans" l'image relève des signes et des opérations de significations dont une lecture savante déchiffre les codes. Ainsi la sémiologie de l'image contribue au désenchantement de l'imaginaire en le décryptant. Elle renseigne assurément les regardeurs sur leur objet et montre combien l'image détient son propre langage. Mais le repli du visible sur le lisible fige le mouvement interne de l'image et ignore sa part irréductible à tout *logos*. Lire une image préserve en fait le sujet analysant de l'étrangeté imaginaire, de ce vacillement qui, même s'il n'évacue pas la culture, la

---

[1] Bill Viola a présenté une expérience visuelle de ce type avec l'installation vidéo *Passage*, 1987

dépose provisoirement. La "lecture" requiert l'œil de l'observateur, à distance de son objet d'étude, poursuivant l'illusion scientiste d'un contrôle par le savoir. Cependant un des plus talentueux sémiologues, Roland Barthes, quand il voulut penser l'image photographique, a mis en réserve cette ambition systématique en limitant sa pertinence au *studium*.

Toute lecture de l'image n'a certes pas forcément une visée réductrice ni savante, et peut la déchiffrer sans la clore. L'interprétation spéculative, notamment, poursuit ses extensions et découvre en sympathie la réactivation infinie du sens par les déplacements imaginaires. Ainsi l'herméneutique repère l'intention originelle à la source d'une image et la réinvestit pour explorer ses potentialités de sens. L'imagination retrouve ses droits et l'imaginaire son ouverture, cependant l'image demeure conçue en fonction du sens, et ne retient plus rien de sa matière spécifique, inessentielle au regard de l'intelligible. Le discours de l'interprétation n'accepte pas l'image lorsqu'elle perd le sens, car cette perte marque l'échec de la pensée — alors qu'il pourrait présenter une façon d'être du sens "par" son imaginaire. Elle n'offre qu'un saut de type métaphysique ou théologique, et reste encore appréhendé à l'aune de l'invisible ou de "l'invu"[1]. Lorsqu'elle s'intéresse à l'image, la pensée spéculative redoute de séjourner trop longtemps dans son trouble, de subir son étrange oscillation, d'imaginer sa vision fissurée. Les discours sur l'image l'approchent exclusivement en terme de présence et de plénitude, et s'ils admettent parfois qu'elle œuvre à une absence, celle-ci ne se tient jamais au cœur de l'image mais au-delà. Sa nature proliférante et difficilement contrôlable la rend suspecte. Aussi le rappel de sa lisibilité et de son intelligibilité autorise son étude, grâce aux attelles qui la disciplinent et la plient à la linéarité d'un discours. Corps indompté, elle aveugle le regard médusé par son spectacle; corps docile et désincarné, elle se fige sous le regard docte et traversant.

---

[1] Cf Jean-Luc Marion, *La Croisée du visible*, La Différence, Paris, 1991

L'organicisme imaginaire

L'incorporation théorique de l'image suppose ainsi diverses acceptions du corps, conditionnant les définitions de l'imaginaire. Une des versions les plus expressives de la plénitude substantielle conférée à l'image se trouve dans l'organicisme imaginaire, un courant de pensée qui traite l'image sur le mode du développement biologique. Repérable au sein de plusieurs écoles, telles que la mythocritique ou la mythanalyse, il ne revendique pas moins qu'une "science de l'imaginaire". Son modèle ne se limite pas pour autant aux sciences expérimentales et affiche des ambitions tant philosophiques qu'anthropologiques. Bachelard en constitue la référence tutélaire, permettant d'allier la rigueur de l'épistémologie à la rêverie poétique. Procédant d'une critique de l'iconoclasme occidental, cette démarche vise à réenchanter le monde en libérant son imaginaire que des siècles de monothéisme et de rationalisme auraient réprimé. L'étude des mythes anciens ou des représentations sociales doit montrer la permanence de ce fonds imaginaire et son efficace spirituel. Les travaux de Dumézil ou d'Eliade permettent ainsi de dégager des archétypes et d'assigner les images les plus diverses à ces paradigmes originaires. De même l'analyse littéraire peut-elle retrouver des images-clefs dans l'œuvre de tel ou tel écrivain et les référer à des figures ancestrales. Bachelard, par ses larges synthèses imaginaires, poursuit les images poétiques relevant des quatre éléments constitutifs de tout corps. Le fait qu'il désigne plutôt confusément sa démarche comme une psychanalyse ou une phénoménologie[1] semble révélateur de la grande variété des références théoriques de cette mouvance. La raison tient sans doute à la volonté de fédérer des disciplines séparées telles la sociologie, l'ethnologie ou les sciences religieuses. Gilbert Durand, chantre de la remythisation, confirme ce rassemblement et affiche le volontarisme institutionnel de la nouvelle science[2]. Les affiliations revendiquées en éclaircissent la double postulation.

---

[1] Cf l'introduction à *La Poétique de la rêverie*, P.U.F., Paris, 1960

[2] Cf *L'Imaginaire*, Hatier, Paris, 1994

Tout d'abord la psychanalyse est convoquée dans sa dérive jungienne. La proposition d'un inconscient collectif autorise en effet l'idée d'une transmission endogène des mythes et l'appréhension globale de ces phénomènes qui dépassent l'histoire individuelle. D'un point de vue métapsychologique, elle donne à penser à la fois l'énergie psychique et sa reprise par la médiation symbolique. D'un point de vue culturel, elle crédite les mythes d'un pouvoir personnalisant et organisateur des peuples. L'autre modèle revendiqué assoit le discours de l'imaginaire sur le territoire scientifique, puisqu'il concerne l'étude anatomique du cerveau humain. La référence physiologique vient confirmer la prédisposition naturelle de l'homme à créer des représentations selon un équilibre inné de ses deux hémisphères, l'un porté à la pensée verbale, l'autre aux images. Au nom du déséquilibre imposé par notre culture, il suffit d'alléguer cette nature contrariée pour transformer la science de l'imaginaire en thérapeutique sociale.

L'imaginaire se retrouve ainsi doté d'un processus de développement organique ayant sa source à la fois dans la physiologie du corps humain et dans le substrat culturel des représentations collectives. Il est une force qui se déploie sans sujet, au point que l'imagination ne produit plus véritablement de distance, d'écart entre le réel et l'image : imaginer revient à participer au ruissellement imaginaire qui se répand à travers les esprits, presque malgré eux. Un "ça" imaginaire se tient mystérieusement derrière les activités humaines, imposant ses archétypes aux images que nous croyons inventer librement. Et si les représentations changent, évoluent selon l'histoire et les civilisations, il ne s'agit que de mutations intrinsèques, de variations quasi-biologiques à partir de la matrice des mythes. C'est pourquoi les maïeuticiens de l'imaginaire n'hésitent pas à métaphoriser naïvement à partir des images qu'ils explorent, car ils pensent activer ainsi la matière imaginaire dont ils font partie. Bachelard avouait se livrer en toute confiance à ces déplacements sympathiques et impressionnistes dont se sont inspirés ses divers héritiers notamment littéraires.

Avec l'illusion de l'innocent voyageur, l'interprète travaille dans l'adhérence de ses propres images car il se croit porté par celles qu'il étudie. Précisément, l'imagerie de la science imaginaire pense en terme d'espace plein. L'imaginaire a ses régions psychiques, sa géographie culturelle, ses paysages littéraires et sa richesse élémentaire. Le monde imaginaire est plein, à tel point que Bachelard affirme l'impossibilité d'imaginer le vide. Par une métaphore explicative et particulièrement révélatrice il oppose le tiroir vide, seulement pensable et inimaginable, aux armoires pleines, dont les objets cachés alimentent notre imagination[1]. De fait, la plénitude des images s'inscrit dans la corporéité biologique dont le découvreur cherche l'animation mystérieuse. Cette réhabilitation organiciste est sans doute la plus achevée des incorporations de l'image, car elle se construit entièrement sur une métaphore — le développement organique de l'image — et elle accorde une confiance et absolue à l'imaginaire, sous couvert d'une démarche scientifique. Point ultime d'une vision de l'image-corps, l'analyse s'abandonne à la vie supposée des images, plonge aveuglément dans le substrat éternel de ses rêveries. La critique de la raison appauvrissante a franchi le pas vers l'irrationalité pour lui reconnaître une légitimité culturelle. Le romantisme allemand ou les mythologies indo-européennes[2] en sont les terres d'élection. Discours des racines, des coutumes ancestrales, de la puissance charnelle, la "science de l'imaginaire" repose sur une vision nostalgique du monde sacré. Aussi la visibilité des images qu'elle prétend réhabiliter est-elle troublée par le spectre d'une symbolique païenne.

Une chair non métaphorique de l'image

Assurément le discours de libération qui réhabilite l'image relève des mêmes présupposés que ceux de la critique iconoclaste. Le registre du corporel s'impose à l'étude de l'imaginaire et le rabat sur une logique plus générale ressortissant à la mécanique ou à l'organique. Cette interférence

---

[1] *La Poétique de l'espace*, P.U.F., Paris, 1957, p.19

[2] Ces références relèvent plus généralement d'un discours idéologique sur le déclin de l'Occident et une nécessaire resacralisation du monde, dont les implications politiques sont plus ou moins assumées par leur auteurs, comme en témoignent les engagements de Mircea Eliade.

témoigne-t-elle d'un oubli de l'image, dilué dans un ordre hétérogène? Il semble plutôt qu'elle révèle une parenté consubstantielle de l'image et du corps. Pour que l'imaginaire apparaisse dans toute son amplitude et sa visualité, il importe de comprendre en quoi il y a du corps dans l'image, sans poser au préalable une conception du corps. L'interrogation doit se porter sur le corps ou la chair même de l'image, afin d'en reconnaître la spécificité et le mouvement propre. Alors l'image pourra sortir de l'objectivation qui la réduit au lisible ou la fait sortir du visible. Ni chose, ni vecteur, elle se constitue en relation avec le monde et elle existe par le procès de sa présentation plus que par ce qu'elle présente ou représente. Son étude exige d'en penser le mouvement avant le contenu, et demande qu'on tienne ensemble le regard et l'image, sans privilégier l'un des deux. Faute de quoi l'image s'efface ou redevient objet. L'appréhension du corporel en mouvement au sein de cette relation d'un regard et d'une image suggère davantage une incarnation qu'une incorporation.

Ce déplacement du corps vers la chair et vers le mouvement qui la configure doit éclairer le mode de présence dont relève l'imaginaire et qui ne saurait se réduire à la perception d'un corps. Il peut nous conduire au cœur de la présentation, du processus visuel qui requiert le regard en même temps que sa fissure. Il rendra compte des effets de l'image sur le regardeur fasciné, troublé ou interdit, à partir d'une essence imaginaire. Cependant cette dernière se distingue d'un principe suprasensible et transcendant qui régirait le visible. L'essence de l'image se déploie dans la chair imaginaire car elle est l'incarnation qui en présente la visibilité singulière. Mais de quoi est faite cette chair, et surtout, à quelles conditions peut-on parler d'une "chair de l'image". Cette expression, repérable au sein de plusieurs discours esthétiques, se résume généralement à un emploi métaphorique. Elle exprime une sorte de confusion sensible devant la matérialité de la peinture. L'impression de pouvoir toucher le tableau, la force du matériau et de la couleur, suggèrent ce rapprochement tactile qui, au mieux, s'inscrit dans une théorie des correspondances entre les sensations. La métaphore trouve aussi une légitimation historique dans l'art de la figuration humaine, dans la mesure où le rendu de la chair, en quête d'une ressemblance parfaite, s'exprime en terme d'incarnat[1]. Mais un tel usage, au lieu d'entrer dans le processus de séparation et de déplacement propres à l'imaginaire, ramène l'image vers la chair humaine. Précisément, la métaphore humanise l'image et porte sur la chair un regard anthropomorphe.

Penser la chair de l'image de manière non métaphorique suppose de la débarrasser de tout discours humaniste sur la représentation et de ne plus la voir selon sa ressemblance. Cette chair n'est évidemment pas chair réelle, au sens d'une réalité perceptible et tactile. Pourtant elle est investie de chair puisqu'elle prend son départ dans un regard de chair. La vue qui se porte vers elle ne se réduit pas à une trajectoire optique, elle suppose une relation impliquant l'épaisseur charnelle. Tout regard engage le corps, contrairement à l'illusion d'un regard purement spirituel — métaphore privilégiée du discours métaphysique —, et il établit un rapport charnel dans la visibilité qu'il atteint. L'image détient certes sa propre matérialité, celle des différents supports de la présentation, comme les différents matériaux du plasticien ou les diverses modalités de projection visuelle. Cependant le phénomène de la présentation se constitue au sein d'un processus d'incarnation qui fait de la chair de l'image une chair distincte à la fois de la matière sensible qui lui donne une existence de chose, et du regard de chair qui met en œuvre et développe sa puissance imaginaire. L'objet de notre recherche consiste en cette distinction qui fonde la spécificité de l'image et autorise un emploi non métaphorique du terme de chair.

Comprendre comment le regard fonde une chair de l'image qui transmue la chair dont elle est issue exige de penser à la fois la réalité charnelle de l'image et la relation irréalisante que suppose l'imagination. La chair de l'image relève en effet d'un processus qui déplace le regard sur une chose du monde vers une irréalité dont nous verrons qu'elle ne constitue pas un second monde — l'univers supposé de l'imaginaire — mais positionne le regard d'une certaine

[1] Cf Georges Didi-Huberman, *La Peinture incarnée*, Minuit, Paris, 1985

manière, en tension permanente avec le monde perçu. La chair imaginaire suit ainsi un perpétuel mouvement alternatif qui la conduit du regard à la chose, et de l'irréalisation imaginative à la réalité de l'image. Elle relève donc d'une présence au monde en cours de transfiguration. La chair de l'image est une chair irréalisée : ni irréelle, ni non-réalisée, elle présente une réalité sur le mode de l'irréalisation. Sa présence au regard suppose ainsi une relation très singulière puisqu'elle en tire sa carnation et la modifie au point de mettre en cause la chair même du regard qui subit en retour l'irréalisation générée par l'image vers laquelle il demeure tendu. Et nous devrons étudier les effets rétroactifs de ces déviations imaginaires, de ces mouvements d'irréalisation qui bouleversent jusqu'à la prégnance charnelle du regardeur.

Assurément cette chair irréalisée suppose une faille au cœur de l'image et au creux de la relation visuelle entre le regard et l'image. Et il nous faut saisir ce processus de séparation le plus concrètement, dans la réalité charnelle de l'image, sans faire le saut vers une assomption spirituelle et invisible qui rendrait raison, en transcendance, de ce phénomène. Nous devons nous tenir au plus près de cette absence qui à la fois génère, développe et découle de l'imaginaire. Elle donnera à voir l'image défaite de ses fonctions, regardée dans sa présentation même. L'analyse de cette fissure propre à l'irréalisation imaginaire déjoue en effet l'analogie que présupposent généralement les discours sur l'image. Sans ignorer la ressemblance, elle nous amène à penser différemment les rapports du modèle et de sa représentation. Au lieu d'en rester à l'opposition de la ressemblance et de la dissemblance, la faille imaginaire nous conduira à réévaluer la semblance de l'objet. Elle donnera à comprendre, paradoxalement depuis l'absence, comment s'instaure une présence grâce à son irréalisation par l'image.

L'incarnation imaginaire

Auparavant nous devons asseoir cette conception d'une chair irréalisée sur une définition de l'incarnation à partir de l'imagination et de la chair. Deux voies s'offrent à ce parcours, la psychanalyse et la phénoménologie qui ont contourné l'opposition dualiste du corps et de l'âme sans l'annuler. La première évite l'objectivation de l'image dans la mesure où elle y découvre un travail du sens, ou des effets de sens, une expression du désir selon la figuration de ses déplacements. Elle permet de suivre les liens entre les poussées pulsionnelles et l'imaginaire du désir, et dévoile l'entrecroisement du somatique et du psychique à la base de toute représentation. La constitution des premières images parentales chez l'enfant montre aussi bien leur conditionnement par les compromis entre les désirs et les interdits, que leurs conséquences sur la détermination des futurs choix d'objet. Le regard et l'image semblent étroitement liés dans l'appréhension que le sujet a de son corps. La notion d'*imago* rend compte de ces complexes articulant les pulsions et leurs représentations, la vue des autres et l'image de soi. Encore faut-il la délester des archétypes symboliques dont Jung l'a chargée en l'introduisant dans le vocabulaire métapsychologique. L'*imago* témoigne des relations substantielles entre la perception et l'identification imaginaire. En analysant comment le sujet se constitue à partir de ce qu'il perçoit des autres, Lacan a dégagé ainsi le poids des représentations idéales au cœur cette perception. L'appropriation par l'enfant de son unité corporelle, passant d'une *imago* aliénée à une *imago* salutaire[1], ne s'effectue qu'au sein de ces effets de miroir et de reflets. Cependant cette analyse des rapports constitutifs du corps et de l'imaginaire ne semblent qu'un préalable à une étude du registre symbolique, ce qu'entérinent les écrits ultérieurs de Lacan.

Cette orientation confirme en fait une tendance profonde de la psychanalyse à privilégier le symbolique. Lorsque Freud étudie le travail du rêve, il privilégie le contenu, manifeste et latent, à travers les différentes opérations imaginaires dont il considère malgré tout les modalités selon qu'elles condensent, déplacent, figurent et réélaborent le matériau psychique. Mais l'interprétation replie les images oniriques sur une "pensée" du rêve, les fantasmes sur un "discours" du désir. Lacan accentue cette hypertrophie du symbolique au détriment du processus

---

[1] "Le stade du miroir comme formateur de la fonction du Je" in *Ecrits I*, Seuil, Paris, 1966, p.90.

imaginaire, d'autant qu'il réinvestit l'étude des représentations par les tropes du discours, fût-ce par le biais de la linguistique, comme en témoigne la reprise paradigmatique de la distinction opérée par Jakobson entre métaphore et métonymie. Considéré à travers les figures du semblable, l'imaginaire demeure, malgré la reconnaissance de son rôle au regard du corps, tributaire d'une conception de la ressemblance. Sans ouvrir une discussion épistémologique qui n'est pas l'objet de notre recherche, nous retiendrons cependant, pour approcher l'imaginaire, la part décisive qu'il prend dans toute représentation du corps de soi et des autres, rangeant toute idée d'authenticité et d'identité dans le domaine fictionnel.

Les liens dynamiques entre l'image et le corps, l'image et la chair, supposent de passer d'une image du corps à une chair de l'image. En proposant de revenir à l'appréhension première des choses, libérées de leurs représentations affectives, la phénoménologie ouvre une deuxième voie pour penser la relation de la conscience à l'image et sa présence imaginaire au monde. En deçà du symbolique, elle approche l'image sans présupposer un contenu, sans y rechercher systématiquement le sens. Elle part de l'intention d'une conscience tout en préservant la matière de l'objet visé. Aussi le sens qu'elle rencontre et traverse ne transcende-t-il pas la chair qui le constitue : il demeure sens incarné, dès l'origine et jusqu'à la fin de son apparition. La notion d'incarnation ne relève donc plus d'une inscription hétérogène — celle du verbe ou de l'esprit — dans la chair, car cette dernière participe inextricablement au phénomène. Retardant l'objectivation, la phénoménologie se tient dans l'apparaître de l'image. Selon l'héritage de Husserl et des *Ideen*, Sartre reprend la théorie de l'intentionnalité et décide de placer les termes d'image, d'imagination et d'imaginaire au cœur de la philosophie. Si "toute conscience est conscience de quelque chose", selon le principe husserlien, alors toute image est "image de quelque chose"[1], note Sartre, ce qui l'autorise à sortir l'image de tout contenu : elle se différencie essentiellement de l'objet qu'elle représente; de même elle ne relève d'aucune présence à l'intérieur de la conscience. On ne peut donc l'étudier ni

[1] *L'Imagination*, P.U.F., Paris, 1936, p.146

comme une chose perçue, ni comme un constituant psychique. L'image participe d'une intention, celle de la conscience imageante.

Précisément, l'acquis décisif d'une phénoménologie de l'image tient dans la distinction entre perception et imagination. Cette différence essentielle porte autant sur la définition de l'image que sur celle du regard. En effet pour qu'une image existe, il faut un acte imageant; ce principe prévaut non seulement pour les images mentales et oniriques mais aussi pour les images déjà constituées. Ces dernières, pour devenir des images, nécessitent un regard qui les fonde comme telles, c'est-à-dire qui fasse le saut d'une présentation matérielle à un mode de présence imaginaire : ainsi telle figure d'un tableau, tel portrait photographique seront distingués d'un ensemble de couleurs ou de formes et regardés comme des représentations. La présence de ces sujets représentés relèvera d'un imaginaire et non d'une réalité perçue. Cette évidence mérite d'être radicalisée pour affirmer que l'image ne ressortit pas strictement à la vue. Lorsque nous regardons un portrait nous ne le voyons ni comme la personne qu'il représente ni comme un objet sensible, car la visibilité imaginaire implique l'imagination du regardeur; la conscience n'est pas remplie par la profusion du réel, elle reconstitue l'image à partir d'un réel figuré. Et si de nombreux commentaires évoquent la force sensible d'un tableau ou les sensations imaginaires d'un univers romanesque, il s'agit moins d'une essence de l'image que de ses effets.

La phénoménologie se porte au contraire vers le processus constitutif de l'image. Elle pense la production imaginaire avant ses produits. L'image, du fait qu'elle se distingue d'un objet perçu, ne peut être étudiée qu'à partir de l'imagination : isolée, elle présente un amalgame de réalités qui manque de la précision suffisante pour séparer ce qui lui appartient et ce qui relève de son modèle[1]. La chose représentée par l'image offre l'apparence d'un objet sensible

---

[1] Sartre s'appuie sur l'exemple d'Alain qui montre l'impossibilité de compter les colonnes du Panthéon représenté dans notre image mentale, alors que nous croyons l'y "voir" très précisément.

mais ne forme aucunement un donné objectif. La stratégie sartrienne pour repenser l'imagination paraît très singulière dans la mesure où elle entend dénier tout pouvoir à l'image. Procédant par désacralisation, elle cherche à montrer le caractère flou, inerte, composite de toute réalité passée dans une représentation imaginaire. Proclamer la pauvreté de l'image, tel semble l'acte premier et nécessaire d'une réflexion qui se débarrasse des discours mythologiques ou impressionnistes sur l'imaginaire, sans retrouver l'anathème rationaliste critiquant ses perversions. Lui reprocher ses trahisons revient à lui accorder trop encore. Ses débordements, ses associations infinies, sa propension à dévier le sens par analogie ne peuvent lui être imputée car elles proviennent de la conscience imaginative et non d'une essence protéiforme. Les mystères qu'on lui suppose ont leurs raisons dans le regard des consciences fascinées. Par conséquent une interprétation ou une herméneutique de l'image viennent en porte-à-faux car elles présupposent hâtivement une vie de l'imaginaire. La prétendue phénoménologie bachelardienne se trouve reléguée à la fable et à la magie puisqu'elle dote les images d'une autonomie en oubliant qu'elles proviennent de l'imagination d'un auteur. Elle place la production imaginative de tel écrivain en aval d'un univers imaginaire qui existerait avant lui et dont il ne serait que l'expression. La cohérence d'images que l'interprète croit révéler concerne alors un imaginaire légitimé par la référence vague du collectif et de l'archaïque, identifié par des contenus, des thèmes ou des sensations. Et surtout elle ne rend pas compte du choix qu'a fait l'écrivain de ces images au détriment d'autres configurations, elle n'y décèle que l'activité immanente des images. A l'inverse, l'entreprise sartrienne s'intéresse à l'imagination qui les recrée, quitte à leur donner un statut secondaire : la table rase prive l'image aussi bien de sa vénération que de sa condamnation. Sartre propose ainsi une pensée iconoclaste de l'image.

Imaginer, voir, regarder

Délivrer l'imagination à la fois de l'image et de la perception ouvre la voie d'une essence de l'imaginaire et d'une réflexion sur son mouvement constitutif. Cependant cette émancipation comporte plusieurs risques. D'une part, elle interdit d'approcher les relations entre le perçu et l'imaginé. En effet, la distinction des vécus intentionnels, imagination ou perception, amène à penser qu'on ne regarde même pas une image : on l'imagine. On ne vise pas de la même façon un objet en le voyant ou en l'imaginant, car l'intention relève, comme l'affirme Husserl[1], de corrélats noématiques différents. Pourtant la perception ne connaît-elle pas des effets imaginaires? Alors même que nous percevons une réalité, une personne ou un paysage, une appréhension imaginaire peut venir doubler ou simplement troubler la perception première. Il s'agit toujours d'une attitude de la conscience, mais qui ne départit pas nettement les modes d'approche. L'alternative dont Sartre affirme l'exclusif et selon laquelle soit je vois Pierre, soit je l'imagine, semble moins tranchée. En effet je peux avoir Pierre devant moi et l'appréhender à partir d'une image que je me suis déjà formée de lui, ou bien la relation établie avec Pierre peut me conduire à vivre un rapport différent à la situation, de sorte que j'entre dans un imaginaire avec Pierre — qu'il en soit conscient ou non. La présence aux choses n'a pas toujours cette plénitude que suppose le remplissement perceptif et, sans aller jusqu'à la psychose, un imaginaire sous-jacent introduit souvent un décalage, une absence qui mettent à distance la réalité perçue. Je suis face à Pierre qui parle et, de manière "imperceptible", je ne l'écoute plus, je le regarde et son image décolle de lui, je m'écarte de Pierre en emportant son image, puis je reviens à lui encore là, légèrement différent après cette infime escapade imaginaire.

A l'inverse, l'imagination ne se donne pas exempte de toute réalité perçue. Il semble aisé de montrer que l'image mentale ne retient aucune matérialité sensible, toutefois une image picturale n'efface pas totalement sa texture ou son épaisseur qui sont partie intégrante de sa présence imaginaire. Sartre, par ailleurs, ne les ignore pas lorsqu'il commente des images où la matière joue un rôle prépondérant, tels des tableaux de Rebeyrolle ou des sculptures de Giacometti. Une

---

[1] *Idées directrices pour une phénoménologie*, trad. Paul Ricœur, Gallimard, Paris, 1950, p.315, et *Recherches logiques*, P.U.F., Paris, 1962, trad. Hubert Elie, Arion L. Kelkel et René Schérer, t.III, p.74

reproduction photographique de ces œuvres perd fatalement leur volume, leur profondeur, leur force d'apparition. L'image existe aussi à titre de chose, même si elle ne se résout pas à ce statut qu'elle excède par essence. A la fois concrète et abstrait elle procède d'une présence matérielle qui ne s'évanouit pas mais se transforme. Ainsi pouvons-nous remettre en cause l'affirmation d'une incompatibilité entre perception et imagination. D'après cette discrimination des intentions, l'image n'est plus "visible" mais seulement imaginable, or que signifie imaginer une image? Dans l'esprit de Sartre, il s'agit de refaire le parcours ayant mené de la réalité perçue à sa représentation imaginaire, le spectateur réitérant le saut de l'imagination. Cependant imaginer une image ne saurait reproduire à l'identique le premier acte imageant, car précisément le spectateur n'a pas devant lui une réalité mais déjà une image. Il serait donc plutôt porté à parcourir le chemin inverse, de l'image à ce qu'elle représente. Et encore, ce mouvement de retour repose sur une fiction car dans la plupart des cas le spectateur ne connaît pas la réalité imagée. Donc s'il imagine l'image, il redouble une opération déréalisante et il déréalise ce qui est déjà une irréalité. L'irréalisation se poursuit en abîme et produit une image d'image. La radicalisation n'a entraîné qu'une surenchère qui distancie l'image elle-même et non simplement la réalité.

Dès lors, il convient de rappeler l'image à l'imagination, de maintenir son mode de présence qui, certes, se différencie d'une visibilité objective mais n'en élimine pas définitivement la donnée visuelle. Ainsi préférerons-nous dire : on ne voit pas l'image, on la regarde. Le deuxième risque de la stratégie sartrienne tient en effet à l'oubli du regard, dilué dans la conscience intentionnelle. Suite au refus de considérer l'image comme une chose, le contre-pied théorique amène, par excès inverse, à occulter l'image elle-même au profit du processus qui l'engendre. En rappelant l'évidence qu'une image se regarde, il faudra s'interroger sur la signification de ce regard et tenir à la fois l'intention imageante et l'image, sans présupposer une antériorité ni une autorité de l'une par rapport à l'autre.

L'exigence d'une réflexion sur l'image au cœur de l'imaginaire suppose d'en définir la substance, d'autant plus singulière qu'elle présente une réalité irréalisée, une irréalité visuelle. Le mérite de Sartre est de soulever la question aussi bien pour l'image picturale que pour l'image mentale, et de tenter de la penser au-delà des distinctions entre les genres d'images. L'image mentale implique un *analogon* qui fonctionne comme celui d'une figuration plastique, et présente une réalité animée d'une intention irréalisante, pareillement à la présentation d'un tableau ou d'une photographie. Précisément cet *analogon* permet de conserver la matérialité d'origine et de la soumettre à la transformation imaginaire. La définition d'une chair de l'image, en un sens non métaphorique, suppose de saisir au plus près ce processus, cette métamorphose à l'œuvre dans l'acte imageant. La conservation d'une matière au sein de l'image, et l'irréalisation de cette matière, semblent difficiles à comprendre si l'on s'en tient à une définition objective, si l'on persiste à voir en l'image une chose ou un état.

En revanche, à partir du moment où l'on cherche un processus, la matière imaginaire se dévoile dans un mouvement, une activité transformatrice. Sartre aborde cette mutation matérielle, même s'il demeure tributaire d'une logique de la représentation. "L'image, écrit-il, est un acte qui vise dans sa corporéité un objet absent ou inexistant, à travers un contenu physique ou psychique qui ne se donne pas en propre, mais à titre de "*représentant* analogique" de l'objet visé."[1] A poursuivre ainsi le discours de la ressemblance, Sartre se condamne à parler métaphoriquement du corps et de la chair. L'image cantonnée à sa fonction de représentation ne peut que re-produire sur un mode analogique la corporéité de son modèle; elle ne produit elle-même aucune corporéité véritable. Elle s'est débarrassée de l'épaisseur et de la pesanteur des choses perceptibles. Certes, elle conserve une certaine opacité qui la distingue de la transparence — illusoire — du concept. Mais Sartre, fidèle à sa stratégie de rupture entre imagination et perception, ne lui concède pas la moindre facticité, la moindre matérialité active, puisque seule l'intention imageante l'anime. "La *chair* de l'objet, déclare-t-il, n'est pas la même dans l'image et dans la perception."[2] Quelle est

[1] *L'Imaginaire*, Gallimard, Paris, 1940, p.34
[2] *ibidem*, p.28

exactement cette chair, sinon une pseudo-chair, une quasi-chair? Celle de la conscience, celle du regard? Assurément pas celle de l'image, étant donné qu'elle concerne l'objet représenté. La "chair de l'image" relève donc d'une matérialité par procuration, voire d'une expression approximative : l'image se tient dans la proximité du corps, mais elle ne le touche jamais car alors elle retomberait dans le champ de la perception. Proche et essentiellement distante, elle se présente "comme" la chose, selon le rapport de dépendance du représentant et du représenté. Elle est l'irréel du réel, le pendant inversé de la présence perceptible. L'acte imageant a visé ce qu'Husserl appelle une *hylé*, et il la représente au titre d'une fiction. La matière qu'il maintient est devenue illusion de matière.

La corporéité fissurée

Cependant la modification entraînée par l'imagination ne se limite pas à un simulacre, et la déréalisation met en jeu un processus d'absence qui conduit à penser plus singulièrement la nature d'une chair imaginaire. Sans permettre véritablement une approche non métaphorique de la chair de l'image, Sartre accomplit un coup de force théorique qui nous met sur la voie, et nous évite de tomber dans le piège d'une organicité imaginaire. La mise en valeur de cette démarche risquée est l'occasion de souligner la réception paradoxale de la théorie sartrienne concernant l'imaginaire. En effet les historiens de la philosophie lui reconnaissent généralement d'avoir sorti l'image de son statut de chose, alors que cette "déchosification" revient plutôt à Husserl. En revanche ils lui reprochent la thèse de la "néantisation" comme si elle marquait un excès, Sartre poussant trop loin le refus de toute positivité imaginaire. Il nous semble au contraire que là réside le noyau de son propos. Que l'intention de la conscience, lorsqu'elle imagine, atteigne l'objet dans son existence ne permet pas seulement de distinguer imagination et perception. Cette atteinte confère un statut décisif à l'acte imageant par rapport au monde qu'il néantise selon divers degrés : il le met à distance, en sursis, il l'irréalise, le transforme, il le refuse, il l'annule. Sartre affirme d'emblée qu'imaginer un objet ou une personne revient à les viser au titre d'absents. Et même s'ils sont présents à côté de leur image, l'acte imageant vise à les faire s'absenter de ce qu'ils sont. Si nous avons nuancé plus haut l'incompatibilité entre percevoir et imaginer, il n'empêche que l'irruption de l'image produit un décalage, une absence de l'objet à lui-même. Précisément, l'image prend son sens de cet écart néantisant, à l'inverse de l'idée courante qui veut qu'elle représente l'objet, qu'elle en redouble la présence. Ainsi la matière de cet objet est-elle visée dans l'acte néantisant, non pour être oubliée mais afin de se présenter sur le mode du n'être-pas. Sa corporéité se tient au cœur de l'image en tant que corporéité imaginaire, corps irréalisé donc disparu au bénéfice d'une réapparition singulière qui la délivre des déterminations naturelles. La corporéité néantisée manifeste une présence défaite de toute organicité, suspendue à l'irréalisation imaginaire et à son cours instable. L'identité organique de cette corporéité s'est fragmentée, distendue en formant une chair de l'image.

Faute d'une telle corporéité, l'image s'efface et se réduit à un concept, toutefois elle met en jeu une chair en suspension de réalité. De là vient le rapport inversé de la présence et de l'absence par l'image, car plus la représentation imaginaire d'un être est précise, plus elle manifeste l'impossibilité de l'approcher réellement. La netteté d'une image mentale ou d'un portrait photographique peuvent donner l'illusion d'une proximité du modèle, comme si le regardeur pouvait aussi le toucher. Mais l'intention imageante suppose au rebours d'une telle croyance que l'on ne puisse ni toucher ni voir l'être représenté. La main comme l'œil se heurtent au glacis ou s'égarent dans la nuée de telles images; le modèle présente son irrémédiable absence, il est là de ne pas être là. L'ambivalence de l'imaginaire exige de penser l'irréalisation et donc de maintenir liés la réalité et l'irréalité, de sorte que l'imagination produise une tension. L'irréalité ne crée pas un monde imaginaire, elle s'inscrit au sein d'un processus de transformation qui présente le monde comme néantisé. L'image résulte ainsi d'une production qui tout à la fois constitue et isole son objet hors du monde dont il provient, et l'anéantit dans la mesure où elle fonde son absence.

Plus généralement, cette irréalisation productive ne saurait laisser indifférents la conscience, le monde et leurs rapports. L'intention imageante ne se contente pas de néantiser un objet, elle irréalise aussi la situation dans laquelle il se trouve et, par extension, le monde sur fond duquel il apparaît. La conscience qui imagine est portée à s'abstraire de la réalité par sa visée d'un être absent qui, au-delà de lui, entraîne la néantisation de toute chose. Vivant un de ses modes d'être — le pour-soi —, la conscience néantise sa relation aux éléments de la situation en conférant au monde une présence imaginaire. Sartre y décèle une expression de liberté, consistant à transcender le monde par sa visée imageante. Sans suivre forcément le propos métaphysique, nous pouvons marquer ici la définition d'un rapport imaginaire au monde et qui vise soit l'un de ses éléments, soit une totalité : la conscience imageante doit "poser l'objet imaginé comme hors d'atteinte par rapport à un ensemble synthétique, c'est-à-dire poser le monde comme un néant par rapport à l'image."[1] La réversibilité de l'intention imageante alterne ainsi la néantisation de l'objet sur fond du monde et la néantisation du monde au regard de l'objet en image. Le processus d'absentement, constitutif de l'image, met en œuvre davantage qu'une distance de l'objet à lui-même, il poursuit le vide provoqué par l'extraction d'un élément de la réalité. L'imagination a foré un trou qui modifie la visée du regard en l'obligeant à maintenir l'absence au cœur de la plénitude de monde. Cette lacune ponctuelle engage le regardeur au point de fissurer son propre œil, c'est-à-dire jusqu'à mettre en cause sa relation perceptive et la troubler par un décollement de la surface des choses. L'image en effet décolle l'objet, d'abord parce qu'elle le transporte au-delà, ensuite parce qu'elle y introduit une absence qui en détache la pellicule sensible. Le monde des choses est strié par les images et leurs découpes, par les clivages qu'elles imposent aux objets alors distraits de leurs adhérences. Arrachés à leur situation et mais aussi à eux-mêmes, les objets en image diffusent une absence au sein du monde qui suggère à la conscience son propre écart.

[1] *ibidem*, p.233

Le processus d'absentement, essentiel à l'imagination, peut sembler contredire l'incarnation imaginaire. Cependant nous devons délivrer l'incarnation des idées de plénitude, de chair organique ou de mouvance analogique. L'imagination procède d'une présentation inversée qui fait apparaître le monde sur le mode de l'absence et qui produit, par conséquent, une chair singulière et fluctuante : son mouvement ne relève d'aucune énergie matérielle, il vient de la tension qu'instaure l'image avec son référent. Le va-et-vient jamais définitif, modifiant continuellement les pôles asymétriques de l'objet et de sa représentation, organise l'échange de la présentation et de la disparition. Ainsi l'image incarne en néantisant, elle donne une chair qui efface son origine sensible sans la faire disparaître totalement. Pour cette raison, le néant est le site privilégié de l'imagination, à condition d'entendre le néant comme un principe actif et non plus au titre d'une antithèse de l'être. Contrairement à Bachelard qui ne conçoit qu'un imaginaire plein, débordant et infiniment prolixe, Sartre dégage l'essence de l'imagination à partir du vide[1]. L'auteur de *L'Imaginaire* se méfie de la profusion métaphorique pour penser moins le comblement que l'infinie réactivation du néant.

L'incarnation néantisante autorise donc une approche de l'image selon son processus. Toutefois elle ne doit pas oublier l'image et sa chair au profit de la seule conscience intentionnelle, car l'image ne résulte pas simplement d'un acte imageant, elle vient ou revient sur la conscience pour la disposer à la relation imaginaire. Sartre cherche surtout à fonder une ontologie en considérant la néantisation comme la liberté d'une conscience en perpétuelle instance de dépassement. Mais cette ambition théorique se réalise parfois au détriment de l'image, ou tout au moins d'une réflexion sur la demeure imaginaire, sur ce qu'il advient lorsque la conscience se tient dans le mouvement de l'image. Et plus fondamentalement, la pensée sartrienne sur l'imaginaire

[1] Incarner l'être ou incarner le néant, telles sont les deux voies de l'imagination, le choix de l'une ou l'autre permettant de distinguer l'écriture philosophique de l'écriture littéraire. Cf notre étude *Sartre, L'incarnation imaginaire*, L'Harmattan, Paris, 1996.

semble encore tributaire, voire prisonnière, d'une conception de la représentation. L'image dont elle traite est toujours celle d'un objet, elle présuppose un référent dont la transformation constitue le sujet de l'analyse. Cependant, pour aborder le sens non métaphorique d'une chair de l'image, il semble nécessaire de contourner le discours de la ressemblance. Afin de ne pas en rester à la matière de l'objet et à sa transformation imaginaire, nous devons penser le processus charnel de l'image elle-même, sans pour autant la réduire à une composition matérielle, mais en approchant la relation d'incarnation qui s'établit par la réciprocité d'un regard et d'une image.

La réversibilité d'incarnation

L'incarnation acquiert une chair effective à condition de mobiliser la dimension charnelle de la conscience même lorsque celle-ci s'abstrait du monde, par la pensée ou l'imagination. L'image requiert la singularité d'un regard qui engage le corps d'une autre manière que la perception visuelle. Leur relation établit une réversibilité d'incarnation par laquelle l'image révèle à l'œil sa dimension corporelle, c'est-à-dire l'investissement de tout le corps tendu vers ce qu'il regarde, et par lequel l'image prend son sens, son essor et sa chair grâce au regard qui l'atteint. L'expérience spectaculaire manifeste une appartenance à la corporéité au gré de l'acte imageant, une coprésence charnelle dans l'existence imaginaire. Reste à comprendre qu'il ne s'agit pas d'une réciprocité entre deux chairs identiques et que cet échange procède à des mutations. Avant le passage vers l'irréalisation imaginaire, il semble nécessaire de revenir à la présence du corps dans le visible ou à l'appréhension corporelle du visible : d'un côté voir suppose tout le corps dans la vision, de l'autre l'objet de la vision révèle une corporéité des choses. Cette problématique liant visibilité et corporéité se trouve au centre de la pensée de Merleau-Ponty et son évolution nous permet précisément d'aller d'une conception de l'incorporation à celle de l'incarnation. *La Phénoménologie de la perception* proposait déjà une réflexion sur la corporéité originaire du monde et de la conscience; elle dénonçait le corps instrumental et mettait en relief le corps propre intégrant l'épaisseur des choses. Toutefois c'est avec *Le Visible et l'invisible* et surtout *L'Œil et l'esprit* que se développe l'idée d'une chair de la visibilité. Merleau-Ponty y affirme l'ouverture du corps sur le monde par le regard, et sa présence aux choses vues qui le font voyant. Loin d'une optique cartésienne, aplanissante et conquérante, il entend déceler une étoffe commune du monde et de la conscience en leur relation de chair, conditionnant leur mobilité et leur visibilité.

L'essence charnelle du visible ne se manifeste pas sur le mode de l'objectivité, elle implique la conscience en son propre corps, par l'expression consubstantielle des choses, expression qui elle-même a besoin des corps pour exister. La conversion métaphysique du regard, des yeux du corps aux yeux de l'âme, a perdu son sens, car ce sont les yeux de chair qui appréhendent l'essence du monde. L'interrogation phénoménologique se déplace vers cette énigme, vers cette possibilité qu'une chose soit visible, qu'elle se présente au regard, qu'elle convoque la conscience et sa corporéité. Le sens d'une telle présentation suppose la réquisition du monde au titre d'une chair. Merleau-Ponty insiste sur son intrication, son entrelacs indistinguable et suggère en elle une *texture*. Précisément la commune corporéité de la conscience et du monde dessine un arrangement complexe, un tissage qui dispose leurs relations en les nouant. La formule charnelle de la visibilité se construit dans cet entrecroisement. Et si le visible y rencontre le tactile, il ne s'agit pas de correspondances car ils ne se limitent pas à des sensations : ils manifestent la "texture de l'Etre dont les messages sensoriels discrets ne sont que les ponctuations ou les césures, et que l'œil habite comme l'homme sa maison"[1]. L'influence heideggerienne oriente ici la présence vers une expression primordiale et une habitation originaire de la conscience. Ce qui nous intéresse davantage tient au fait que Merleau-Ponty retrouve cette visibilité seconde dans l'imaginaire.

[1] *L'Œil et l'esprit*, Gallimard, Paris, 1964, p.27

La texture imaginaire du réel

L'image expose les traces intérieures d'une telle visibilité, elle présente l'intrication charnelle à l'œuvre au sein de l'imagination. Par conséquent l'imaginaire ne produit pas simplement une présence pseudo-matérielle parmi les choses, mais il provient du tissage charnel propre à la visibilité du dedans et il révèle en retour la texture imaginaire du réel. La chair de l'image n'est pas un prélèvement de la chair du monde, elle en offre une modalité essentielle, révélatrice puisqu'elle rend manifeste la visibilité latente. Aussi peut-on définir les images, mentales ou picturales, comme des tissus imaginaires, des entrelacs charnels qui rendent visible la co-appartenance du corps et du monde. Cependant l'image ne procède pas d'un chiasme tactile qui échangerait la chair humaine contre la matière imaginaire. Le contact de l'image se réduirait à un toucher extérieur, celui d'une caresse ou d'une lacération, de toute manière condamné à la métaphore. En revanche, fonder théoriquement une chair de l'image suppose que le corps soit déjà investi par l'imaginaire, "hanté", suggère Merleau-Ponty, par la corporéité multiforme du monde, autant de spectres qui habitent le corps propre. Ce que manifestent ou qu'interrogent les représentations imaginaires ce sont précisément ces présences fantomatiques qui rappellent l'émergence des choses en nous. Sans pour autant vivre indépendamment de la conscience, l'imaginaire mobilise ces enchevêtrements corporels, car il est "le diagramme de sa vie dans mon corps, sa pulpe, son envers charnel"[1]. Dans la continuité de Sartre, Merleau-Ponty sort l'image de son statut d'objet et confirme qu'on ne la "voit" pas : elle conduit le regard sans se laisser objectiver. Toutefois il s'intéresse davantage aux traces qui composent l'image, et surtout il ne les réduits pas aux empreintes qu'auraient déposées l'objet représenté. A l'écart d'une fonction analogique, il aborde ces tracés selon une présence plus originaire, et qui précède la corporéité de telle ou telle réalité particulière que l'image représente.

---

[1] ibidem, p.24

Pour que la montagne Sainte-Victoire deviennent un sujet de peinture, il faut que déjà le monde ait présenté en elle son visage, que sa visibilité se soit donnée au regard de Cézanne. Et de son côté le peintre met en œuvre cette visibilité qui n'existerait pas si elle n'avait trouvé d'écho en son corps. La chair de l'image provient donc moins d'une corporéité visée et irréalisée que d'une visibilité charnelle mobilisée par l'imaginaire. Aussi la valeur expressive des images tient, au dedans, à la corporéité constitutive qu'elles convoquent au cœur de la conscience et, au dehors, à la révélation du monde par son envers imaginaire. La réversibilité de l'imaginaire expose ainsi les deux faces de la texture, le dedans tapissé par le dehors et le dehors tissé par les regards du dedans. La visibilité du monde est toujours imminente et toute image offre l'apparition de son lacis charnel. Merleau-Ponty autorise à penser l'image hors de la représentation, définissant sa chair en avant de la corporéité des choses. Un tableau abstrait, la mimique d'un comédien, une image mentale, participent à cette incarnation au cœur de l'irréalisation. La contradiction s'est effacée entre irréalisation et incarnation car l'imaginaire, tout en irréalisant le monde et la conscience du monde, n'en mobilise pas moins la chair qui se tient constamment au seuil de la visibilité.

Le regard conduit par l'imaginaire vise moins à combler une absence ou à prolonger une plénitude qu'à éprouver la possibilité du visible. Toutefois le monde ne présente pas sa visibilité charnelle de façon compacte et synthétique, au contraire il est traversé de ruptures qui obligent le regard à s'écarter à la fois des choses et de lui-même. Au lieu de se résumer au transport ou à l'échange des corporéités, l'épreuve imaginaire réside parmi les failles, les fissures du néant qui borde l'être, intimement lié à lui pour fonder toute apparition. Les images détiennent leur puissance d'ouverture au monde grâce à cette familiarité avec le néant, c'est-à-dire par leur façon de présenter les choses dans leur non-coïncidence. Le décalage de l'objet avec lui-même, rendu visible par la représentation, en révèle paradoxalement l'appartenance à l'Etre corporel, car la scission en constitue la modalité. Et plus généralement, l'image, fût-elle non représentative, provoque au sein du regard cette brisure de la corporéité, un jeu d'absence qui met en mouvement l'adhésion et la séparation. En effet, l'Etre présente une visibilité charnelle nécessairement lézardée qui dénonce toute conception positive de la vue. "La vision, écrit Merleau-Ponty, n'est pas un certain mode de la pensée ou de la présence à soi : c'est le moyen qui m'est donné d'être absent de moi-même, d'assister du dedans à la fission de l'Etre, au terme de laquelle seulement je me ferme sur moi."[1] Cette fission suppose que l'appréhension du monde participe d'une rupture qui ne touche pas seulement le rapport des choses mais le mode de présence qu'une conscience entretient à l'égard d'elle-même. La chair du monde, fendue en ses apparitions multiformes, l'amène à s'absenter au creux des interstices, les creusant et s'y fracturant, poursuivant ainsi la visibilité de l'Etre. L'image mobilise ce processus d'absence et donne à vivre au regard une errance qui à la fois le suspend et l'immerge dans la visibilité charnelle à laquelle il appartient, voyant et visible, œuvrant à l'apparition. Parce qu'elle ouvre des brèches autant qu'elle les découvre, l'image procède d'une chair non plus passive mais expressive, activant par distance et par proximité la vie imaginaire de la conscience, c'est-à-dire son tissu charnel, le chiffre de son entrelacs, ses variations et ses disparitions.

Penser l'incarnation imaginaire exige de tenir à la fois le mouvement et la chair, sans faire prévaloir ni le principe ni la substance. L'analyse phénoménologique nous permet d'approcher le procès charnel de l'image à condition de ne pas le référer au seul acte intentionnel d'une conscience. S'il a fallu sortir l'image de son statut d'objet, à l'inverse elle ne doit pas être réduite à la production d'un sujet imageant. Précisément la notion d'incarnation donne accès à une essence de l'image en intégrant la présence d'une chair imaginaire au sein de la conscience mais aussi la visée néantisante de cette conscience à l'égard du monde. Cette chair de l'image ne peut trouver sa référence dans le registre organique et suppose la conception plus vaste d'une chair des choses dont la légitimité demeure non métaphorique. A la différence de la vision naïve d'une vie propre de l'imaginaire, elle pose la coprésence charnelle de la conscience et du monde, dont l'entrecroisement fonde toute

---

[1] ibidem, p.81

visibilité. Aux deux extrémités de cette position apparaît le risque, encouru par Sartre, d'outrepasser l'image par la transcendance de l'imagination ou celui, encouru par Merleau-Ponty, de la dissoudre dans l'immanentisme de l'Etre. Il importe, par conséquent, de saisir l'image au sein d'une situation de visibilité qui la rend effective et qui implique toujours un regard.

L'activité conjointe de l'incarnation et de la néantisation, mise en œuvre par ce regard, vide l'image de son anthropomorphisme, autorisant à concevoir l'imaginaire comme une absence en acte : non une absence de fait mais l'absentement constitutif du regardant et du regardé. La visibilité imaginaire présente une chair qui est à la fois le lieu et le vecteur d'un tel processus. Sa présentation singulière échappe donc à la stricte représentation du monde supposé objectif; elle relève d'une présence-absence que nous définirons par le terme de *semblance*. Le travail de disparition et de construction effectué par cette semblance amène à repenser ce que la réflexion esthétique nomme ressemblance : en la confrontant au principe d'absence — non plus celui de présence, ni même par la dissemblance —, et en l'abordant selon la chair — non plus d'après la forme. S'il paraît impossible d'évacuer le discours sur la ressemblance, la chair de l'image, conçue à partir de l'incarnation et de la néantisation, doit délester l'imaginaire de certains présupposés concernant l'idée de modèle, notamment de modèle humain. Contre la thèse d'une représentation humaine positive par le biais de l'image, nous essayerons de montrer que l'homme se défait et se fait dans le défaut imaginaire. Ainsi en va-t-il du corps humain dont la surprésence iconographique manifeste peut-être l'impossibilité de sa représentation. La chair singulière de l'image expose moins sa ressemblance qu'elle n'en forge la semblance, car l'image ne représente pas le corps, elle le construit. A chercher l'objet corps elle le manque, à s'éprouver elle-même comme incarnation elle fonde le corps par et dans son absence. Ainsi donne-t-elle accès à ce qu'est le corps, ou du moins à sa manifestation : le défaut de l'image délivre une instauration.

Deuxième partie

LE CORPS DE LA REPRESENTATION

A première vue, l'image donne au corps l'espace de son déploiement. Corps symbolique ou naturel, celui-ci a progressivement gagné tout le champ de la représentation, et semble ainsi affirmer la prise du sujet humain sur le monde. Le corps dit la magnificence du savoir et de l'action, et l'homme se représente en lui sa prise de pouvoir, la connaissance de lui et de la nature. Au-delà du pictural, l'étalage des corps au sein de tous les modes de représentation ne laisse d'interroger tant sur l'origine de ce désir que sur les statut du corps, mais aussi sur la fonction de la représentation au regard du corps humain. L'histoire de l'art en interprète différentes étapes et propose, en synchronie, de comprendre des moments décisifs, tels que le naturalisme de la Renaissance, qui relient les techniques aux modes de pensée d'une époque. Toutefois elle s'intéresse avant tout aux corps de l'art, à leur présentation dans la peinture ou la sculpture, et c'est plus généralement une archéologie qui nous permet d'étudier le geste même de la représentation du corps, quels que soient son vecteur ou son support. Religieuse ou profane, artistique ou fonctionnelle, la représentation du corps s'inscrit dans un projet d'assujettissement qui semble circonscrire progressivement une forme du corps et du sujet. Cette évolution ne tient évidemment pas d'un progrès de l'esprit humain, comme le laisserait croire un idéalisme issu des Lumières. Si l'on y décèle une logique, elle relève moins de la Raison que des raisons socio-politiques. L'humanisme abstrait n'a certes pas fondé une image figée du corps; il a même contribué largement à la reconnaissance des corps dits sauvages, venant des contrées étrangères au Vieux-monde. Mais il a mis en place, à travers l'idée d'un "développement" de l'homme, une éducation du corps visant à le modeler selon un idéal civique.

L'image orthopédique

La progressive définition du corps à travers ses imageries sociales relève en fait d'une politique anatomique repérable dès la constitution des sciences modernes. Foucault a montré comment, depuis l'âge classique, se sont constitués des savoirs et des techniques réglementant la vie du corps. Son analyse des disciplines, au sein des pratiques carcérales et médicales, met en valeur un souci d'orthodoxie, repérable aussi bien dans les traités d'orthopédie ou d'horticulture que dans les règlements disciplinaires qui visent à plier le corps à des régularités spatio-temporelles. Le corps se dresse de plus en plus nettement au sein des représentations, à mesure que le sujet subit un dressage social, de manière manifeste au sein des pratiques répressives - dont la maison de redressement est un lieu explicite - mais plus généralement par le biais des prescriptions individuelles que motive une hygiène sociale. En effet, l'ère du bio-pouvoir, selon Foucault, se manifeste positivement - elle veut favoriser la vie - et doublement car elle enrégimente à la fois le corps anatomique par l'utilisation de ses forces et le corps espèce par la régulation des naissances. Ce qui intéresse particulièrement notre propos tient à la visibilité croissante qui sous-tend cette extension des contrôles. Techniques et savoirs concourent à mettre en scène le corps, éclairé par un regard continuel qui ne lui concède plus aucune zone d'ombre.

En perpétuelle représentation, le corps est objet d'un savoir et, consubstantiellement, d'un regard. D'un même geste vu et connu, il se définit dans l'image positive, dans les clichés de la réglementation sociale. L'analyse du panoptisme, dans *Surveiller et punir*, fait jouer un paradoxe décisif, la disposition circulaire de Bentham plaçant au centre un œil quasi-incorporel qui observe une multiplicité de corps. Cette architecture, modèle abstrait de l'organisation scolaire, militaire, carcérale et médicale, permet une économie du regard qui oblige l'être vu à se conformer à une image figée du corps. Loin d'être l'œil tyrannique d'un pouvoir concentré en un point, l'observateur central n'est qu'un metteur en scène ponctuel et le pouvoir est assumé par ceux qui le subissent, libres sous leur propre surveillance. Corps sain et droit, docile parce que visible, l'homme s'enferme dans son image, à partir des figures normalisatrices, censées promouvoir ses forces. L'extension de la visibilité aboutit ainsi à un pouvoir disséminé, et pourtant ténu, qui arraisonne les existences à un imaginaire coercitif.

La prolifération des images du corps correspond donc à une tendance de plus en plus totalitaire, même si elle s'exerce en douceur et positivement, procédant à l'érection de modèles multiples. Certes, on pourra observer que cette profusion même des images ne suit pas une volonté centralisatrice et qu'elle autorise une invention et une variété de formes non réductibles à la normalisation. La nécessaire transformation des objets de désirs dans le processus de consommation suppose l'innovation, la rupture avec les anciens modèles vite périmés. Le renouvellement des modes concernant le corps - vestimentaires ou de loisirs - et l'imagerie publicitaire conséquente, témoignent de cette diversité qui donnerait à croire que chacun peut s'inventer un nouveau corps, de nouveaux atours, une liberté précisément de le tourner à son gré. Cependant ces tournures n'ont rien d'un détournement d'image. Si elles ne renvoient pas expressément à des archétypes sociaux, elles exhibent davantage des ectoplasmes corporels qu'elles ne proposent de vivre différemment son corps. Elles induisent au contraire une désubstantialisation des corps, appelés à se mouvoir comme des émanations de ces modèles éphémères. On ne change pas de corps, on l'oublie plutôt. La fascination, ou le simple ralliement à ces images, entraînent une dépersonnalisation qui, en fait, tient moins au conformisme social qu'à un effet propre de l'imaginaire. Le trop-plein de représentation engendre une décorporation, car le sujet se voit dérober son appropriation imaginaire. Cette dépossession semble contredire l'incorporation évoquée plus haut par l'assujettissement aux modèles anatomo-politiques. En fait, elle la confirme, de façon plus subtile, la prolixité des formes n'étant que l'envers d'une conformité extensive, interdisant les déformations.

Les leurres sexuels de l'image positive

La représentation du corps sexué montre à la fois toute l'ambivalence d'une permissivité répressive et la transformation du corps en simulacre. En effet, le dispositif de contrôle et ses configurations imaginaires trouvent un champ d'application décisif dans la sexualité. Avec *La Volonté de savoir*, Foucault rapproche la langue de la censure de celle de la libéralisation sexuelle et y décèle un même souci de classer, d'identifier, qui range chaque pratique dans une typologie naturelle. Mais surtout, il fait du sexe une invention historique, propice à mettre en place un dispositif de pouvoir, et conditionnant la représentation de nos propres corps. "En créant cet élément imaginaire qu'est "le sexe", le dispositif de sexualité a suscité un de ses principes internes de fonctionnement les plus essentiels : le désir du sexe (...); c'est cette désidérabilité qui nous fait croire que nous affirmons contre tout pouvoir les droits de notre sexe, alors qu'elle nous attache en fait au dispositif de sexualité qui a fait monter du fond de nous-même comme un mirage où nous croyons nous reconnaître, le noir éclat du sexe."[1] L'imaginaire du sexe ne relève donc pas seulement d'un stade dans la formation de la personnalité, il passe par la représentation sociale de son "pouvoir" intérieur supposé, imaginé, obstacle à un pouvoir extérieur.

Cependant ce mirage insère, au contraire, les corps dans le dispositif de la sexualité et autorise la définition et l'examen des pratiques individuelles. Nous nous figurons ainsi notre sexe selon un positionnement imaginaire issu en fait d'une stratégie de contrôle des corps. Le déploiement de la sexualité dans les imageries sociales crée l'illusion d'une liberté, car là encore, tout semble permis du moment que tout est visible. Et si le discours publicitaire prétend créer des désirs, il est le vecteur d'une libido codifiée, pliée aux impératifs du marché; il parle de sexualité d'autant plus qu'il en neutralise, par des images convenues, les énergies transgressives. Dès les années soixante, Marcuse a su décrire ces phénomènes, dans *L'Homme unidimensionnel*. Il y analyse la prise en charge de la sexualité par une pseudo-sublimation - ou une

---

[1] Foucault, *La Volonté de savoir*, Gallimard, Paris, 1976, p.207

"désublimation contrôlée"- qui la vide de sa force en la modelant à l'espace limité des échanges réglés. Ainsi, plus l'imagerie sociale donne la sexualité en spectacle, plus elle la paralyse et l'inscrit dans la sphère de la technique : elle seconde les activités de consommation, elle devient elle-même une affaire technique et normative, répondant à l'impératif de jouissance ordonnée. "Cette mobilisation et cette manipulation de la libido expliquent en grande partie la soumission volontaire des individus, l'absence de terreur, l'harmonie pré-établie entre les besoins individuels et les désirs, les buts et les aspirations exigés par la société."[1] Le libéralisme économique produit de la sorte un leurre : une liberté des mœurs qui s'apparente à un choix de consommateur, déboutant l'in-détermination originelle du désir et sa puissance négative. La socialisation des pratiques, la sexualité réduite à l'apparence sexy, concourent à une désérotisation des activités. Repérant la transformation des figures contestataires dans la littérature, Marcuse montre le passage de la femme adultère à la ménagère névrosée, Emma Bovary sauvée aujourd'hui par la psychothérapie.

Le modelage de la libido oriente le désir vers des images modèles, des mannequins dont on ne peut dire qu'ils incarnent l'objet désiré puisqu'ils sont dénués de chair et se résument à leur images. Sortes d'icônes profanes, les "top models" constituent des images paroxystiques, par le biais de photographies anonymes et démultipliées. Corps diaphanes et irréalisés, ils déréalisent le désir de leurs adorateurs en le destinant collectivement à cette seule issue plastique et à la réitération d'une figure fermée. La codification de ces images les rend susceptibles d'une lecture sociologique, dans la mesure où nous désirons un objet culturellement marqué par la présentation de ses traits physiques. Toutefois, au regard des effets de l'image, nous observons ce phénomène de déréalisation qui conduit à une expropriation du corps par son édification imaginaire. Et si les critiques de Marcuse peuvent susciter elles-mêmes une analyse critique dans la mesure où, se référant abusivement à Freud, elles détournent l'opposition

[1] Marcuse, *L'Homme unidimensionnel*, Les Editions de Minuit, Paris, 1968, trad. M. Wittig, p.99

du principe de plaisir et du principe de réalité au profit d'un idéal de libération, ses analyses nous renseignent doublement sur le statut de l'image : elles montrent le paradoxe de nos sociétés qui semblent survaloriser le corps, selon un registre hédoniste ou biologique, et qui expriment d'autant un doute croissant sur les limites et la propriété du corps; elles suggèrent que le vecteur de ce processus tient dans un imaginaire positif, c'est-à-dire un usage aliéné de l'imagination, ainsi domestiquée au détriment de ses vertus négatives.

La prolifération des images réifiées, des clichés imaginaires, produit la confusion d'une fixité de l'image et d'une présence acquise grâce à la représentation. Elle semble le symptôme d'une volonté d'identification qui permet à l'homme de se définir en se dédoublant. Nous souhaitons montrer au contraire que l'image n'est jamais fixe, et que c'est le regard qui la fige, précisément pour bloquer son procès d'absence. Ce refus des potentialités propres à l'image s'exprime dans son envers : la multiplication des clichés, leur apparente variété, visent à un exorcisme de l'imagination. Ces images en effet obturent les écarts, les failles qu'implique le dédoublement imaginaire. Elles se chargent d'une positivité maximale afin de se confondre avec les choses. Et l'homme qui se représente en elles trouve ainsi une positivité rassurante; il contourne le risque du miroir brisé ou déformant, le vertige d'un corps non délimité, et donc l'horreur de la difformité. La négativité insidieuse de l'imaginaire est colmatée au profit d'un corps fétiche, objet d'une attention qui joue autant de l'exaltation que de l'oubli. Ce que nous regardons, c'est notre corps tel que nous le désirons à travers celui des autres, c'est donc tout sauf notre corps. Unité factice acquise par les pouvoirs supposés magiques de l'image. Mais si l'on retrouve magie dans image, l'anagramme est trompeur, car il suppose à la fois l'extériorité de l'image et son pouvoir. Or l'imagination qu'elle requiert suppose nécessairement une intériorité, et plus avant un brouillage de la frontière entre extériorité et intériorité. Et les prétendus pouvoirs de l'image relèvent d'une pensée superstitieuse qui leur attribue une autonomie. Nous verrons qu'il existe bien un procès en puissance dans l'image mais qui suppose l'entrelacs complexe du regard et du reflet, du perçu et de l'imaginé. Nul corps, donc, au sein de cette représentation qui tient de l'extase glacée. Plus on représente précisément le corps, plus il s'évanouit. L'exactitude lui est fatale. Simple figure anatomique, ses différentes postures imaginaires n'empêchent pas qu'il tienne ainsi du cadavre. Le corps en image se résout dans la morphologie.

Les corps démesurés

La propension de l'imagination à inventer des figures saugrenues et originales devrait pourtant offrir à la représentation du corps une grande liberté d'inspiration. De fait, l'intérêt scientifique et moral pour le corps n'a pas été d'emblée l'objet d'une codification et d'une délimitation. L'exubérance inégalée de Rabelais témoigne qu'à la Renaissance l'humanisme n'a pas systématiquement dressé des catégories normatives mais en a joué dans un plaisir de découverte et une disponibilité d'esprit éclairants. Le corps est inventé à mesure qu'il est dévoilé, car la connaissance provoque le recul des frontières intellectuelles, suggérant ainsi l'extension infinie des possibles. Après des siècles de refoulement religieux et de discrimination philosophique, le corps impose sa multiplicité, son polymorphisme, débordant les intentions coercitives. Les découvertes anatomiques, bravant l'interdit de la dissection, n'enferment pas l'être humain dans une taxinomie, au contraire, elles révèlent son incroyable diversité. Lorsque Frère Jean des Entommeures brise les corps de ses ennemis, Rabelais trouve l'occasion d'une accumulation de termes médicaux qui disent la variété des organes ainsi déployés en un tableau éclatant. La fausse unité d'un corps passé sous le silence de l'âme est contestée par son explosion au grand jour. Corps évidé par le scalpel du scientifique et l'œil du renaissant, il inscrit sa surabondance dans l'espace des représentations mentales et esthétiques. Sa déchirure l'arrache à l'uniformité, car cet organisme déchiqueté subit un mouvement de surcomposition plus que de décomposition. L'inventaire excessif suggère l'infini ressort. La science rabelaisienne ne fixe pas, elle déplie son objet et le multiplie. L'énumération linguistique en forme le vecteur : les mots savants du médecin côtoient les vocabulaires populaires et dialectaux, et participent ainsi de la variété corporelle en y apportant leur dot.

La représentation scientifique du corps ne relève pas encore d'une entreprise de classification et de fermeture par dénombrement et répartition. La connaissance fixera par la suite les mesures et la conformité, quand la découverte procédait de l'ouverture et ne craignait pas la démesure. Les géants de Rabelais autorisent l'expansion d'un corps imaginaire, c'est-à-dire du corps authentique et mouvant, jamais fini, jamais un, susceptible de transformations naturelles ou volontaires. Sa prise dans l'espace ne s'inscrit pas dans une progressive rationalisation conquérante qui permettrait au sujet humain de maîtriser son corps objet. Seule une conception abusivement rétrospective et cartésienne peut le laisser penser. Le gigantisme témoigne beaucoup plus du débordement et de l'indétermination, de l'indéfini et de l'expérimentation jubilatoire. Car l'ouverture et l'agrandissement permettent aussi les détournements les plus burlesques. Le corps instable devient la figure centrale à partir de laquelle se déforment les objets du monde qui entrent à son contact. Il engendre un tournoiement qui dévie les perspectives, plus qu'il ne se plie au lois de la perspective. L'extraordinaire inventivité du jeune Gargantua pour trouver le meilleur torche-cul possible montre un corps non domestiqué, aux désirs polymorphes et qui devient la pierre de touche du monde. La grossièreté, le registre du bas, ne sont que l'envers d'une réhabilitation, et surtout d'une libération des formes possibles du corps qui rentrera bientôt sous la visibilité normative du savoir et de la morale. Les sociétés disciplinaires relèguent la difformité dans les sphères marginales de la médecine et de l'art.

Figurer l'absent

Si l'imaginaire positif a enfermé le corps dans sa positivité uniformisante, c'est malgré tout l'imaginaire aussi qui permet son ouverture et son déploiement. Il faut donc sortir à la fois le corps et l'image de l'espace circonscrit de la représentation : l'image, assumée dans son effet d'absence, permet d'approcher au mieux le corps, son mode d'apparition et de disparition, sa présence singulière et fluctuante. Sans prétendre saisir une essence de la représentation, nous voudrions interroger le geste du dédoublement, afin qu'il nous informe sur le statut et le fonctionnement propre à l'image. Pour sortir de l'alternative entre visible et invisible qui hante toute réflexion sur l'image, il est nécessaire de reprendre la question de la figuration à son départ. Avant que la figure ne devienne le vecteur de la ressemblance, avant qu'elle ne se limite à la forme, qu'est-elle censée manifester ou faire advenir? Elle donne fondamentalement à voir quelque chose qui ne se déclare pas spontanément. Elle porte en elle-même une ambivalence qui tient à ce qu'elle présente une chose absente. De la sorte, elle renvoie effectivement à un invisible. Mais elle ne relève pas d'emblée du régime de l'image que nous distinguerons de ce mouvement de transcendance. La figuration offre une place à l'irreprésentable et sert originellement la formation des idoles. Jean-Pierre Vernant a montré comment la Grèce archaïque est progressivement passée de la présentation symbolique des dieux à l'art des faux-semblants, et son analyse nous conduit à l'essentiel pour comprendre le legs de l'idole à l'image, ce qui les distingue, ce qui reste et ce qui change dans ce passage. "Il y a au départ de l'entreprise de figuration la tentative paradoxale pour inscrire l'absence dans une présence, pour insérer l'autre, l'ailleurs dans notre univers familier"[1] écrit-il dans *De la présentification de l'invisible à l'imitation de l'apparence*. La figuration du divin met en jeu deux intentions paradoxales, l'une qui consiste à présenter un intermédiaire à la portée des hommes, l'autre qui exige de maintenir la distance entre les hommes et les dieux. Ainsi la figure rapproche en même temps qu'elle écarte. Elle vient au monde par une forme, voire une matérialité, qui rendent l'absent visible et tangible, cependant qu'elle marque l'inaccessible, qu'elle se présente au titre d'une trace. Quelque chose s'est manifesté, s'est déposé, et témoigne d'une présence qui s'est absentée de son lieu de présentation. Lorsque Vernant analyse le *xoanon*, cette idole en bois de forme rudimentaire, il observe à la fois l'étrangeté de l'objet, et

---

[1] J.P. Vernant, *Mythe et pensée chez les Grecs*, Editions La Découverte, Paris, rééd. 1988, p.341

son mode de visibilité si singulier : à la fois secret et public, il est caché pour préserver son caractère surnaturel, et il est dévoilé pour initier ceux qui le contemplent à la vision de l'invisible.

Sans être encore une image, et sans prétendre à nulle ressemblance, il montre, en sa matière, la présence en lui-même d'autre chose que lui-même. Sa fonction relève plus généralement des rites d'initiation qui lui donnent sa plus grande efficacité, et les remarques de Vernant nous suggèrent deux idées importantes aux vues d'une définition ultérieure de l'image : d'une part la figure suppose un rite - religieux, social - et plus généralement une ritualisation du regard. On ne contemple pas une figure innocemment, mais à partir d'une situation historique et culturelle qui met en scène l'objet, "encadre" ses significations et dirige sa transcendance - même dans la relation intime, mais jamais solitaire, d'un regard. D'autre part la figure ne vise pas à figer un être en l'enfermant dans une forme; au contraire elle mobilise l'activité du regard, elle met en mouvement les corps autour de l'objet. Loin d'une fixation, la figuration met en branle les regards et les esprits, elle organise une agitation qui tient à l'introduction, dans un espace circonscrit, d'un objet qui manifeste un ailleurs. Dans le champ du visuel et révélant un hors champ, ce mouvement semble tenir d'une absence, d'un vide qui fait tournoyer le lieu de la présentation. Il semble donc logique que le commun des mortels redoute une telle vision, car elle lui renvoie sa mortalité et le pouvoir du divin. Voir pleinement l'idole, c'est devenir fou, dit Vernant, et il ne sera pas étonnant que l'image, même prosaïque, produise parfois un dérangement du spectateur. Amadouer cette puissance, telle semble une des fonctions de l'image et de la figuration profane, car les hommes, bientôt représentés, reflèteront une part de divin, selon une visibilité apprivoisée. Avec l'image demeure une absence mais sans transcendance.

L'invention du corps par l'image

Comment s'accomplit cette transformation et cette orientation vers la copie des apparences, la *mimèsis*? Le plus intéressant pour notre perspective tient à l'irruption conjointe - et quasi-substantielle comme nous le verrons - du corps et de l'image dans la représentation. L'image *invente* le corps humain. Cette formulation d'apparence excessive mérite des éclaircissements. Certes l'image dévoile une réalité du corps, puisqu'elle s'accomplit, comme le dit Vernant "à travers une découverte du corps humain et une conquête progressive de sa forme"[1]. Mais ce que l'homme conquiert dans l'image relève moins d'un savoir que d'une unité imaginaire; il rassemble des éléments dispersés, faits de sensations, de leurres et de dépendances pour construire *son* corps en le projetant sur *le* corps ainsi unifié. Le corps n'échappe pas à cette équivocité; pour cause il n'est jamais définissable et isolable que par l'imaginaire. Et si l'on tente malgré tout d'en cerner la "réalité", il s'effondre dès qu'on en fixe les limites, réduit à la physionomie, à l'unité composite et inhumaine d'une viande ou d'un squelette. A preuve, le réalisme supposé à l'origine du geste de la *mimèsis* est simultanément repris par une idéalisation qui amène à ne représenter que de beaux corps. Et à travers eux, les hommes contemplent encore la beauté divine[2]. La notion de corps relève de constructions propres à chaque civilisation, à chaque moment de l'histoire et donc à des modes très divers de représentation, au sein desquels l'imaginaire joue un rôle prépondérant. Il acquiert un semblant d'unité en devenant spectaculaire, dédoublé pour être constitué, pour acquérir une identité que sa nature dément. Il demeure pluriel malgré tout, lieu de croisement où les forces vont et viennent.

Lieu qui ne pose aucune place, qui n'existe précisément que par ces mouvements centrifuges et centripètes, le corps présente une unité en instance de délitement. Eminemment soumis aux variations, il impose au sujet de vivre une continuelle transformation qu'il conjure par les illusions du visible ou de l'invisible : soit il croit aux images et il s'imagine que son corps leur ressemble, telle une effigie circonscrite dans un espace; soit il croit à l'inessentialité du corps et à

---

[1] ibidem, p.347
[2] Cf J.P. Vernant, "Le Corps divin", in *L'Individu, la mort, l'amour*, Gallimard, Paris, 1989

l'immortalité de l'âme, se dissociant de son propre corps jusqu'à la psychose. Selon cette deuxième voie, nulle surprise de trouver chez Socrate une commune dénonciation du corps et de l'image. Survisibilité du corps ou invisibilité de l'âme, vraisemblance ou faux-semblance de l'image, les oppositions se rejoignent ainsi dans la croyance en un corps et une image qui se donnent pour ce qu'ils sont et se limitent à la plasticité de leur présentation. Le débat repose à chaque fois sur des représentations du corps qui, liées ou non à une systématisation philosophique, témoignent de ce que le corps est bien "inventé", exorcisé ou assumé, figé en vase clos ou poursuivi en ses fuites. Si l'image semble décalquer le corps et s'orienter alors vers la ressemblance, elle ne s'exerce que sur un objet qui existe déjà à titre de représenté, puisque le corps n'a pas d'unité objective en soi. Dire que l'image se fonde sur l'ambition de représenter fidèlement le corps semble une formulation fautive, non qu'elle indique une copie de copie, tombant ainsi sous la condamnation platonicienne, mais elle laisse croire à une réalité préexistante qu'en fait elle contribue à forger; ce corps aléatoire, versatile, perméable accède à l'homogénéité grâce à son exposition imaginaire. L'image ne l'imite pas, elle lui confère plutôt la cohésion qui lui fait naturellement défaut. Elle le produit plus qu'elle ne le reproduit. Et nous verrons que cette production de corps implique une corporéité très singulière de l'imaginaire.

L'image rattrape la fuite substantielle du corps au moyen de l'apparente unité d'une forme et d'un cadre. Elle concentre ses effets sur une présence dont elle conjure l'absence. Considérant le progressif affranchissement de l'image à l'égard de sa fonction religieuse, le changement de régime dans la représentation peut s'énoncer ainsi : l'idole visait à présentifier l'absence, l'image tend à contenir l'absence dans la présence. De là vient son irrésistible ambivalence puisqu'elle retient ce qui s'absente nécessairement, et qu'elle fait advenir cette fuite dans la présentation même. Le dieu que l'idole convoquait dans sa matérialité non imitative restait logiquement absent, appartenant au monde suprasensible et invisible. Il n'entrait dans la visibilité que pour rappeler et confirmer aux hommes sa puissance. L'ici et l'ailleurs du dieu n'était donc pas séparés par un abîme infranchissable et demeuraient selon une harmonie cosmogonique établie. En revanche, l'absence maintenue dans l'image suppose une effraction; elle ne garantit aucune frontière entre la présence et l'absence. Au contraire la présence y est toujours menacée, constamment évanescente, et d'autant plus lorsqu'elle donne l'illusion d'une présence assurée, lorsqu'elle fait croire à la fixation définitive d'un objet sur un support. Ce qui est tracé dit aussi bien ce qui est resté que ce qui est parti; et plus encore, ce qui est resté manifeste et engendre la disparition et la transmutation de ce qui s'est déposé.

Image et cadavre

Une fois dénoncée la conception naïve de la mimèsis, le changement qui mène la figuration vers un art de la ressemblance ne peut plus se résumer à une conquête technique, mais relève d'une appréhension différente du corps. Et les progrès historiques dans la connaissance du corps, concomitants à l'essor de l'image profane, appartiennent plus généralement à une évolution des mentalités et de la représentation de soi. Comment s'effectue cette transformation? Elle se développe selon une conception et une organisation nouvelles de la visibilité divine et humaine. Du côté des dieux, la représentation s'oriente vers un anthropomorphisme ambivalent : les divinités sont peu à peu représentées à la manière des hommes ou les hommes se présentent, dans la figuration, sur le mode de la beauté divine. Du côté de la figuration humaine, la disposition de la visibilité passe aussi par la représentation de l'invisible, en la personne du mort. Il semble que pour arriver à représenter "le" ou "un" corps humain, il faille d'abord le fixer en deçà ou au-delà du vivant. Est-ce à dire que le corps en vie demeure irreprésentable, ou qu'il n'accède à la figuration que de biais? Le corps mort est celui qui, enfin stable, offre au regard un objet. Blanchot a suggéré que le seul instant où le sujet se ressemble, où il accède à la ressemblance, réside dans sa posture cadavérique, lorsqu'il devient présent à lui-même par son ultime fixation[1]. Le corps défunt serait-il le corps abouti? Le dernier au bout des multiples avatars du corps vivant. Le

[1] Blanchot, *L'Espace littéraire*, Gallimard, Paris, 1955, p.350

corps dans lequel se sont imprimées toutes les variations, un corps palimpseste. Ou ne produit-il qu'une illusion de corps, et la figuration assumerait ainsi son propre artifice, renonçant à la prétention de représenter, de saisir ce qu'est le corps? A moins que la représentation du corps ne révèle par là sa propre impossibilité : en figurant le corps, elle le tue. Dès lors, l'esprit de la figuration consisterait à représenter l'impossibilité de représenter, comme l'indiquent de nombreuses démarches modernistes. Une fois encore, l'anthropologie fournit des éléments de réponse et suscite des interrogations décisives pour une pensée de l'image.

Les études sur la représentation de la mort renforcent en effet l'interdépendance du corps et de l'image, dès la culture grecque, en ses mœurs et son langage. La dénonciation platonicienne du corps comme prison de l'âme joue sur l'association des termes *soma* et *sema*, permettant la comparaison du corps avec le tombeau. Si les commentateurs du *Phédon* prolongent couramment l'étude étymologique du sema pour le penser au titre de signe, il faut rappeler, du côté du corps, que soma désigne aussi le cadavre. Précisément le corps devenu inerte, et duquel l'âme s'est enfuie, semble accéder paradoxalement à son indépendance, à sa pure matérialité. Enveloppe désormais vide, il ne contient plus rien que lui-même, ou plutôt il contient le vide laissé par l'âme, sa trace, ce qu'elle a déposé pour le faire arriver à cette ultime composition. Le corps défunt ne rejoint pas encore la matière informe, tout en n'étant déjà plus "habité", animé par un principe insaisissable. C'est à ce titre de dépôt qu'il acquiert son unité, certes éphémère, mais que l'image vient immortaliser. Une fois passé dans l'imaginaire, le corps peut accéder à l'effigie, peut représenter "définitivement" l'être qui le vivait.

L'image prend son essence en ce moment limite : entre-deux état, en cette phase indécise où le corps a cessé d'être vivant et conserve malgré tout les traits de sa vie passée; il se maintient par tout ce qui fait date en lui, ce qui s'est sédimenté, ce dont il est l'aboutissement; ainsi configure-t-il une synthèse de la pluralité, de la perméabilité, de la variabilité de ses gestes, ses humeurs, ses expressions. Les multiples accidents survenus en lui ont perdu leur effet de hasard et semblent désormais naturels, lui appartenant en propre. Les déformations, les empâtements, les flétrissures se réunissent et se figent dans la figure terminale, l'achèvement du corps parvenu au bout de lui-même, quels que fussent les attentes ou les espoirs forgés pour lui. Le corps défunt surprend à la fois par son étrangeté et son évidence: étrange car il n'est plus l'expression de l'aléatoire humain, de l'imprévisible, car il se fige dans une apparence de choix, celui d'une stature et d'une posture sans appel, sans communication; le corps ne délivre plus qu'un seul message, celui de cette immobilité comme voulue, et qui perd ce statut de message car il a fait disparaître tous les autres éléments de la communication; plus d'adresse, plus de contexte, sinon le transfert de l'expression vers un ordre inaccessible à ceux qui restent. Le corps prend ainsi un caractère d'évidence car il présente l'adéquation de l'apparence à son état. Il ne dit rien d'autre que ce qu'il est désormais, le corps de la fin, de ce qui ne peut plus se dépasser, se régénérer des forces du monde. Corps surprenant et pourtant qui ne peut plus surprendre. Il ne nous prendra plus par surprise; il est hors de toute surprise, et sa pose inattendue ne renvoie qu'à ce qui attend naturellement tous les corps. Corps évident parce qu'évidé de toute intention, il se tient dans une présence qui à la fois remplit et troue l'espace de sa présentation. Il prend une place imposante car ce qui l'environne ne prend désormais sens que par rapport à lui; le mort "repose" parce que son corps a pris la pose fulgurante qui nous transforme en spectateur de sa déposition. En même temps il nous transporte au-delà de tout support, et convie notre regard vers l'invisible qui l'attend, et dont la décomposition manifestera le chemin. Il nous sort de l'espace visible à partir de sa trop grande visibilité: il est là trop là, insupportable à voir.

Que l'image se tienne à ce moment de tension, de réversibilité dans la présence et l'absence propre au corps défunt, cela signale son statut funéraire : elle porte l'insupportable. Encore faut-il distinguer ses fonctions et son essence. A titre d'effigie, elle s'inscrit dans un rituel qui transforme le corps du mort en objet de déploration et ainsi elle humanise la mort en permettant une médiation vers un au-delà en continuité avec le monde terrestre et visible. Cependant elle engage la figuration sur une gageure d'avenir : d'abord, la représentation change le visible vu en un visible regardé, en un visible représentable. En effet le visible n'est pas naturellement prédisposé à la représentation, et cette conversion suppose une mutation du regard, et plus généralement des mentalités. Ensuite et surtout, l'image insère la représentation de l'invisible dans le visible représentable, c'est-à-dire dans les réalités offertes au regard, circonscrites habituellement par leur statut d'objets vus. Elle les transforme en êtres à la fois présents et absents au sein de leur représentation. Précisément l'image se construit à partir de la représentation du corps défunt et confère dès lors à tous les objets un statut d'être en sursis, en voie de disparition dans leur présence même. En cet instant "capté" par l'image, lorsque le mort est à la fois retenu par sa constitution passée et happé par sa décomposition prochaine, s'inaugure une visibilité non mimétique mais résolument active.

Le regard de l'absence

Paradoxalement la représentation trouve son mouvement propre, déclenche son procès spécifique, en s'approchant du corps dénué de vie, offert à la passivité. Tandis que la volonté de représenter le vivant fige inévitablement le corps en mouvement, la visibilité du corps défunt instaure une image qui ne se referme pas sur ses procédés et sur sa plasticité. Il convient donc de s'entendre sur le sens de la *mimèsis* qui aurait introduit une crise décisive dans le système de représentation, passant de l'invisible divin à la visibilité humaine. D'une part elle ne se résume pas à une technique de l'imitation, d'autre part elle n'établit pas un nouveau système cohérent : elle exprime - produite et produisant - l'incertitude profane de la représentation humaine, la découverte vacillante du corps, de la chair, de l'incarnation sans dieu. L'iconographie mortuaire nous le fait comprendre d'autant mieux qu'elle introduit des ruptures dans les normes de représentation. Françoise Frontisi-Ducroux a en effet montré qu'en principe, sur les vases grecs, les humains ne sont jamais représentés de face sauf dans le sommeil ou la mort. Habituellement figurés de profil, les personnages composent un ensemble cohérent de relations internes à l'espace de représentation; le jeu des regards, des gestes, la disposition des corps leur confèrent l'apparente autonomie d'une diégèse. En revanche, lorsque l'un d'eux est présenté de face, il interrompt la cohésion et provoque une déviation des regards à la fois dans et devant l'image. La frontalité déroge à la norme figurative et convoque le spectateur : "à l'isolement du mourant, détournant son visage du monde qu'il est en train de quitter, se superpose une interpellation directe au spectateur, sollicité par cette rupture de l'objectivité de l'image et par l'intrusion de ces regards dans son propre espace"[1], écrit l'auteur qui analyse l'ambivalence de l'apostrophe, signifiant à la fois l'adresse frontale au spectateur et le détournement de l'attention de ce même spectateur. C'est dire que l'interpellation le place dans une situation instable. L'objectivité désormais impossible l'oblige à se mettre en question, à mesurer sa position de sujet, à réévaluer la distance qui le sépare de l'image et de son contenu. La mort le regarde. On se doute, au souvenir de la maxime de La Rochefoucauld selon laquelle "le soleil ni la mort ne se peuvent regarder fixement", combien cette épreuve déstabilise la spectateur soudain "objectivé" à son tour par l'éclat de l'image. A moins que la fonction de l'image ne réside précisément dans l'accoutumance à la mort; mais cette version rassurante de la représentation semble trop simpliste : la déroute au regard de la mort engendre plutôt des figurations débridées, hors norme, faites d'hybridations ou d'effacements. La mort n'est jamais fixée en un moment ou à une place et la représentation ne peut l'isoler dans le temps ni dans l'espace. Tantôt elle montre le corps effondré après le coup fatal, tantôt - et le plus souvent - elle se tient à la veille de la mort, aux derniers instants du vivant. La frontière incertaine entre vie et trépas suppose que l'image suive ce passage de manière intermittente, inscrivant la discontinuité au sein de son propre espace. Elle imprime dans l'œil du spectateur le chaos du départ et de la séparation. Elle fonde son essence et sa matérialité sur cet état incertain et vibratoire, à l'acmé du corps, au faîte de sa présence, c'est-à-dire au moment de sa transition.

---

[1] Françoise Frontisi-Ducroux, *Du masque au visage*, Flammarion, Paris, 1995, p.90

Ainsi la désacralisation de l'image, son apparente humanisation, sa conversion par la *mimèsis*, héritent-t-elles du procès d'absence que mettait en œuvre la représentation divine. Mais alors que l'invisible était présupposé, par l'existence des dieux, dans l'image humaine il est découvert : il surgit au cœur de l'image et il s'offre sans voile au regard. Au travers d'une idole, le dieu est présenté à la fois comme étant ici, visible, et n'étant pas là, hors de la visibilité. Au sein de l'image en revanche, l'homme est là dans son effacement imaginaire. Il n'y a plus rien à rechercher ni à présupposer, rien derrière la figure, aucun invisible. C'est la figure elle-même qui constitue le procès de la disparition, qui présente le visible comme s'effaçant. Nous voulons ainsi suggérer que la *mimèsis* ne copie pas le réel pour le fixer, pour y adhérer; au contraire elle dédouble le réel qui se retrouve décollé de lui-même selon une doublure qui introduit son absence, dévoile sa capacité à disparaître. Encore une fois, nous ne voyons pas le monde dans l'image, nous l'imaginons, nous le mettons à l'épreuve de l'imaginaire. C'est pourquoi la représentation de la mort semble si décisive, car elle témoigne le plus radicalement de cette présence-absence. A cet égard les tableaux dits macabres ne peuvent se résumer à une dénonciation de la vanité humaine ou des images flatteuses; ils se placent plutôt au cœur de la représentation et de ses effets tant sur le modèle que sur le spectateur[1].

D'ailleurs le procès d'absence ne vient pas vraiment du contenu de l'image, du représenté, car même les images les plus "positives" sont minées par un mouvement d'effraction. Si la mort en face apostrophe le spectateur, la plénitude de vie le provoque aussi devant l'image, bruissante et silencieuse, imposante et fuyante. Ainsi Bataille a-t-il analysé l'*Olympia* de Manet : débarrassée de tous les artifices représentatifs, des ornements liés à la figuration des corps féminins, elle ne dit rien d'autre que sa présentation : "cette femme est là; dans son exactitude provocante, elle n'est rien; sa nudité (...) est le

[1] De manière à la fois paradoxale et révélatrice, les illustrations des traités médicaux de la fin du XVIIIe siècle ont donné lieu à des figurations "artistiques" du corps mort et disséqué, au point d'encourir les foudres des anatomistes qui, devant de telles exubérances et profusion d'écorchures, ne reconnaissaient plus leur objet, disparu par excès de visibilité morbide.

silence qui s'en dégage comme celui d'un navire vide : ce qu'elle est, est l'"horreur" sacrée de sa présence — d'une présence dont la simplicité est celle de l'absence"[1]. Aucune profondeur ne vient tirer le spectateur vers un arrière-plan hétérogène à la représentation; la présence se donne exclusivement, s'impose par son exactitude au regard ainsi dérouté car empêché de biaiser face à la présence. Le sens s'est effectivement effacé comme le remarque Bataille, et davantage, c'est le corps qui s'efface, du moins comme corps humain investi par tous les projets qui le transcendent habituellement.

Au lieu de manifester une direction, une intention, le corps se tient là, dans la fragilité et l'évidence, suspendu à l'image, selon une sorte d'égalisation qui le différencie des corps réglés, activés par les disciplines ordinaires. Récemment ce sont des vidéastes qui cherchent à représenter le corps humain, et l'un d'eux, Bill Viola, utilise toutes les ressources de l'installation vidéo pour faire apparaître cette présence imaginaire, activée par un processus d'absence. Les séquences où il montre des corps immergés dans l'eau — *The Messenger*, notamment — semblent participer de ce phénomène : un corps s'abîme progressivement dans un en-deçà invisible mais qui ne cache aucun arrière-plan, car cet invisible ne relève que de l'image. Sa disparition suggère les effets propres à cette zone souterraine : l'ivresse indéfinie, l'angoisse de la perte. L'effacement mis en œuvre s'effectue selon une durée non rythmée; le corps s'en va, au fond ou à plat; il manifeste la disparition de toute figure. Dès lors, il n'y a plus rien à voir, que l'œil de l'eau. Demeurent une impression aqueuse, une transparence étale, et pourtant mouvante : une limpidité qui ne fait rien transparaître et qui délivre l'image par sa suspension, exposant à la fois son irréalité et sa matérialité. Le corps n'a laissé aucune empreinte, seulement le doute sur son incertain retour. Et lorsqu'il revient, sa visibilité se reconstruit avec une extrême lenteur.

Cette réapparition ne dit pas la résurrection glorieuse du corps, mais la difficulté à saisir ses contours. Elle suit la progressive réintégration d'une forme dont on ne sait si elle se

---

[1] Bataille, *Manet*, Skira, Genève, 1993, p.62

construit par le retour d'un "réel" ou la recomposition visuelle d'une image et ses déformations plastiques. Elle semble hésiter entre une présentation en deux ou trois dimensions, hésitation orchestrée par la quatrième dimension de la vidéo qui introduit le temps de la présentation. Le corps revient peu à peu, en quête d'une respiration. Le manque d'air est visible, par sa rétention dans l'eau, par ses vides et ses pleins : les bulles d'air. Ainsi revient-il, avec sa présence élémentaire et triviale. Son retour est un rappel à l'évidence. L'homme réapparaît avec sa peau blanche et non plus translucide, avec son sexe, sa pilosité, ses yeux qui regardent "évidemment". Mais cette évidence qui ressurgit des profondeurs appelle un nouveau regard; elle ne relève plus de l'objectivité visuelle qui nous fait dire "c'est bien un corps, je le reconnais". Il s'agit plutôt de l'évidence après l'évidement. Le corps s'est vidé de tout ce qui n'est pas lui, des artifices de la représentation.

Il revient pour cette respiration du dehors, pour s'imposer à la vue et à l'inspiration : il est porté à la surface, et il nous porte à éprouver le mouvement de la vie, la respiration vitale, la circulation retrouvée, la naissance et l'échange de l'air... avant de disparaître de nouveau, sans qu'on sache si la plongée suit une décision, un choix du départ ou un mouvement filmique, une diffusion en boucle, répétitive : nous sommes en-deçà de la volonté. La séquence nous plonge dans l'immanence de ce qui est, du corps en son va-et-vient d'existence, en son instabilité naturelle. Précisément, Bill Viola témoigne de ce que l'image, traitée non positivement, est la mieux appropriée pour dire, pour exprimer le corps qui prend sa dimension grâce au procès imaginaire. Il demeure, il "repose" dans la vie de l'image. Reste sa place après la disparition, une présence effacée, la présence de l'effacement. L'image conserve à titre d'absence ce qui s'est absenté, ce qui est d'autant plus là qu'il s'est, non pas évadé hors de l'image, mais diffusé dans la chair imaginaire, une matérialité faite de disparitions et de mémoire indécise. Ce spectacle donne à penser le corps ordinaire, aléatoire et nécessaire, fulgurant et fade, par une image qui le présente à la fois mouvant et suspendu. Il ramène la "représentation" aux premiers moments de la figuration humaine, de la présentification qui pose et dépose le corps dans l'image.

L'anthropologie nous a ainsi appris qu'à la source du geste figuratif se trouve une disposition singulière du regard. Irréductible à une théorie, la représentation ne se construit pas en système, et n'acquiert jamais l'autonomie d'un espace. Elle manifeste, historiquement, une appréhension du visible et a partie liée avec le corps : elle le construit, lui confère une unité figurative, mais aussi elle le fait disparaître dans l'image en découvrant les modes d'apparition du corps pour la conscience. L'imitation produit donc la dissemblance et plus essentiellement l'absence, contrairement à l'opinion — répandue tant chez les détracteurs que chez les idolâtres — selon laquelle la *mimèsis* fixe le réel par sa ressemblance. L'approche imaginaire du corps en sa perméabilité, en ses mutations, offre à l'image une essence et une matière. En ce tenant auprès du corps mourant, de la chair en sursis, elle rencontre ce qu'elle est, une instance duelle qui procède à la fois du dévoilement et du recouvrement, de la vue et de la cécité. S'adressant au regard selon cette équivocité, elle y acquiert sa matérialité singulière nourrie de la conscience spectatrice, œil voyant et visible qui fait vivre charnellement l'image, prédisposée à cette incarnation spectaculaire.

Le spectacle imaginaire

Le vacillement du corps dont s'inspire l'image - et qui lui donne sa respiration, son mouvement - suppose une activité contradictoire dont la représentation est le théâtre. La concomitance de deux directions opposées tord l'image, la travaille selon des forces antagonistes, parfois jusqu'à son déchirement, voire jusqu'à son échec. Elle génère un procès dramatique de la présence et de l'absence, luttant ou composant au gré de l'irréalisation propre à l'imaginaire. Les retours infidèles d'une réalité déformée manifestent les arrachements continus, insidieux ou flagrants, que l'image orchestre en elle-même et hors d'elle-même. Le réel y devient transposé, défaussé, mais aussi réactivé pour se maintenir dans sa référence première, fût-ce au titre d'un modèle perverti. Les retournements, les fausses sorties, les rebondissements, les illusions masquées procèdent ainsi d'une théâtralité silencieuse. L'image met en scène l'incarnation singulière qui tient contigus les deux versants, d'un côté l'apparition et la plénitude, de l'autre la disparition et le vide. "L'image est un conflit peint, théâtralisé, elle joue le réel, sous les espèces de substances antinomiques"[1], observe Barthes à propos de Racine et de ses "tableaux vivants". Le théâtre offre en effet une version "vivante" du procès imaginaire qui se constitue en direct devant des spectateurs conviés à autoriser le fonctionnement de la représentation. La scène organise précisément la présence de corps, leur prise, en même temps que leur existence fictive, irréalisée, tout en maintenant leur chair, leur présence proprement physique.

Avec le théâtre, la question de l'imaginaire et de son incarnation singulière se radicalise. La présence de "vrais" corps suscite une interrogation sur leur statut au sein d'une fiction. Corps d'acteurs et corps de personnages entretiennent une relation consubstantielle qui ne se réduit pas à des rôles ni à des transpositions. Les corps qui se produisent sur la scène ne sont pas de véritables corps au sens objectif, même s'ils existent à titre d'organismes; car ils subissent une épreuve de déréalisation qui leur permet d'accéder au rang de "figures" vivantes. La relation paradoxale entre le comédien et son personnage relève du débat dramaturgique, particulièrement depuis Diderot, mais nous intéresse ici moins pour la question du jeu théâtral que pour le strict statut du corps en acte devant le spectateur. Sa présence joue en effet sur deux tableaux : elle implique d'une part le corps de l'acteur, sa singularité qui s'impose au rôle, qui l'incarne de sa chair proprement humaine; nous "voyons", à ce titre, tel acteur donner sa pâte à un personnage; nous apprécions différemment Laurence Olivier ou Gérard Desarthe jouant Hamlet, offrant deux corps bien différents. Assurément il ne s'agit jamais du corps de l'un ou de l'autre, mais du corps irréalisé d'Olivier ou de Desarthe, d'une version que chacun propose de son corps pour le présenter en Hamlet. Cependant leur présence corporelle se déploie sur un second tableau, celui d'une configuration imaginaire où les corps prennent place dans un ensemble

[1] Barthes, *Sur Racine*, Ed. du Seuil, Paris, 1963, p.26

d'objets imaginaires. Ils s'inscrivent dans un univers fictif composé de trajectoires, de décors, de possibilités intrinsèques. Le corps des acteurs se trouve en quelque sorte vampirisé pour devenir une image mouvante et participer au déploiement imaginaire. L'illusion théâtrale repose ainsi sur un double mouvement d'irréalisation et d'incarnation : le corps de l'acteur impose sa chair en la transformant selon son rôle, et la scène présente ce corps comme élément d'un tableau imaginaire. Tout comédien sait combien l'incarnation d'un rôle suppose un travail de son corps en vue de sa transfiguration, comme tout metteur en scène doit penser le jeu à partir du corps singulier de chaque acteur. Le théâtre suppose donc cette double incarnation, l'acteur donnant sa chair, et la scène la maintenant au titre de chair imagée. Le spectacle théâtral nous permet ainsi d'approcher le sens d'une chair de l'image. Il ne nous présente pas des images de corps réels mais plutôt des corps dont la chair irréalisée vivifie le substrat de l'image et contribue à sa carnation devant le regard du spectateur.

Les deux corps du théâtre

Le caractère dramatique de la scène provient de ces procès d'incarnation qui ne se donnent jamais comme définis, stabilisés; au contraire, l'entreprise se compose de façon perpétuellement instable. L'incarnation advient ou non, selon la puissance de déréalisation qui se manifeste sur scène. Elle produit des aller et retour qui conduisent le spectateur à saisir tantôt un personnage irréel tantôt un acteur irréalisé, à mélanger perception et imagination : il perçoit un corps qui vit dans une image, il imagine ce corps perceptible. Du fait de cette instabilité, il appréciera un moment la performance de l'acteur, un autre moment la puissance du rôle. Cet équilibre précaire témoigne à la fois des limites et des possibilités du théâtre. Ionesco avouait à ce sujet son désappointement devant toute représentation théâtrale. Fasciné par le spectacle lorsqu'enfant il le vivait comme une vérité plus vraie que nature, il le déteste ensuite, une fois découvertes les ficelles du théâtre. La désillusion lui vient aussi de la présence corporelle des acteurs, car l'envoûtement, la magie du spectacle s'effacent au moindre incident, l'éternuement d'un acteur, la chute d'un élément du décor; et la simple conscience de ce risque empêche la prise de la fiction (interdit qu'elle "prenne" comme on le dit d'une émulsion). Les pleurs du comédien, sa gestique, ses éclats de voix sont de trop, ils empâtent l'image proposée qui exsude ses humeurs.

Les deux corps du théâtre, celui de l'acteur et celui du personnage, s'excluent, et plus généralement la chair de la fiction et la chair de la représentation ne produisent qu'un mélange hétérogène sans confusion possible. "Le théâtre, écrit Ionesco, me semblait essentiellement impur; la fiction y était mêlée à des éléments qui lui était étrangers; elle était imparfaitement fiction, oui, une matière brute n'ayant pas subi une indispensable transformation, une mutation."[1] L'impureté dénoncée suppose un antagonisme entre l'imaginaire et la réalité; l'illusion théâtrale n'atteint pas son but faute de pouvoir lever la perception, faute de transfigurer les corps trop humains. Soit le comédien impose sa corporéité débordante et nuit ainsi à la cohérence de la fiction, soit il s'efface en devenant une marionnette déshumanisée mais au détriment du spectacle. Ionesco rend toutefois hommage à Jean Vilar pour ses parfaits dosages qui maintiennent harmonieusement les deux exigences : la liberté du comédien et la nécessité imaginaire. Cependant s'agit-il d'un "dosage", et cet équilibre souhaité ne relève-t-il pas, en ce cas, d'un certain réalisme du théâtre comme représentation imaginaire d'une réalité, conception que Ionesco lui-même a contribué, par ses pièces, à dépasser? Le double corps du personnage, et ses deux versants, supposent davantage une fusion produite par l'action théâtrale et qui permet de constituer une image vivante. Le corps du comédien existe en effet mais transformé par la fiction qui n'est pas seulement celle du rôle à jouer mais aussi la fiction de son corps, la présentation de son propre corps comme fiction. Et le corps du rôle s'incarne de cette posture imaginaire, de cette chair qui se recompose dans l'horizon unitaire d'un personnage. Ne vient qu'un seul corps, produit en image, projetant sa chair irréalisée au sein de la chair imaginaire, y participant au titre de cette double incarnation.

---

[1] Ionesco, "Expérience du théâtre", 1958, in *Notes et contre-notes*, Gallimard, Paris, 1966, p.50

Toutefois peut-on penser la représentation théâtrale comme une image, et à quelles conditions? N'est-ce pas oublier la présence même des éléments qui participent au spectacle - aussi bien les acteurs que les spectateurs -, qui autorisent son déroulement? Cette présence ne relève pas a priori du régime imaginaire et de sa présentification sur mode d'absence. Les décors, les comédiens et le public sont bien là "en chair et en os". La relative imprévisibilité du spectacle, et du coup son aléatoire, le différencient des images "mouvantes" du cinéma et de leur succession réglée. Et la représentation ne procède pas d'une projection dans la mesure où la scène n'est pas réductible à un écran. Pourtant ces objections ne semblent pas pertinentes car elle s'exercent au nom d'un imaginaire "pur" contestable. La matérialité dans l'image reproductrice existe malgré le procès imaginaire. Ainsi le tableau impose ses matières et ses couleurs, tout comme son support, et même son environnement que nous percevons toujours au sein de notre appréhension imaginaire. Seule une conception réductrice de la représentation peut croire à l'effacement de la matière picturale au profit d'une image pure à l'égal d'une production mentale. Quant au caractère aléatoire de la représentation théâtrale, de nombreuses œuvres modernes tomberaient sous la même objection, tableaux cinétiques, mobiles ou installations jouant de l'imprévisible. De même certaines œuvres de lumière[1], sans support, témoignent qu'une image peut se constituer sans "écran". Mais plus fondamentalement, le déni du théâtre comme imaginaire vient d'une conception fixiste de l'œuvre d'art: il suppose que l'image existe en tant que telle, indépendamment des conditions de sa présentation, qu'elle ne change pas car son processus de fabrication est clos. C'est oublier le procès de l'image, car il n'y a pas "image" de facto, même si une image est effectivement présentée. L'appréhension de la représentation comme image implique un acte de la conscience, qu'il soit volontaire ou non, conscient ou pas. Il faut toujours un regard pour que l'image soit.

---

[1] Celles de James Turrel notamment, que ce soit dans l'espace d'un "tableau" ou d'un opéra (*To be sung*).

Certes le regard du spectateur de théâtre dépend d'abord de la mise en scène, de la disposition spectaculaire qui oriente les points de vue. Et le metteur en scène décide du procès imaginaire et des modalités de l'incarnation, acceptant ou dénonçant le contrat qui unit le public à la fiction. Ainsi la ligne de démarcation qui sépare l'orchestre de la scène, et la réalité de la fiction, peut-elle être franchie par des acteurs qui se mêlent au public. La confusion produit alors des effets contradictoires : soit l'illusion est dénoncée comme telle et les acteurs, proches des spectateurs, se présentent avec leur humanité commune, jouant à jouer la comédie; soit l'irréalisation s'étend sur le lieu de réception et l'image intègre les spectateurs dans son procès. Ce ne sont plus les acteurs qui redeviennent humains au contact du public mais les spectateurs qui se trouvent pris dans une illusion qui rend leur présence jouée passivement. L'alternative ne se construit pas toujours de manière aussi tranchée, encourant l'indécision du spectateur. Toutefois elle témoigne de cette incarnation à plusieurs niveaux propre à la représentation théâtrale : elle indique le va-et-vient du corps présent et du corps joué, du corps assumé et du corps fictif, elle suggère la possibilité pour les corps - de l'acteur prioritairement mais aussi des spectateurs - de s'irréaliser, de s'éprouver dans la possibilité de la fiction. Ce débat qui permit de sortir de la conception réaliste de la représentation s'est construit à partir de deux théories dramaturgiques fondatrices du XXe siècle.

L'entreprise d'Artaud, tout d'abord, vise à effacer la séparation conventionnelle entre le réel et l'image, typique du théâtre bourgeois qui maintient chacun à sa place et paralyse les effets transgressifs de la fiction. Par un coup de force il transforme l'illusion en vérité afin de provoquer, au sens fort d'appeler la parole, le public habituellement passif. La scène constitue le lieu d'un échange éruptif, les spectateurs devenant acteurs du spectacle. La représentation théâtrale doit s'effacer non pas au profit d'un imaginaire merveilleux mais afin de libérer les énergies contenues par tous les types de représentations sociales. L'incarnation engagée par cette dramaturgie aux "gestes actifs"[1] — répondant selon Artaud à

---

[1] Artaud, "Théâtre oriental et théâtre occidental", in *Le Théâtre et son double*, Gallimard, Paris, 1938

un "langage" corporel — est censée convoquer l'expression primitive des corps, leur vérité secrète. Cherchant également la rupture avec l'illusion théâtrale, mais selon une démarche inverse, Brecht donne aussi à penser la définition du théâtre comme image. Paradoxalement la représentation théâtrale est présentée à ce titre pour être mieux dénoncée. Brecht veut éliminer tous les embryons d'incarnations imaginaires et briser les ambiguïtés qui tiennent aux effets équivoques de la fiction, car l'illusion théâtrale lui semble vectrice d'idéologie, c'est-à-dire d'une présentation mensongère de la réalité. Elle impose au public une position passive qui le conduit à tout admettre sous prétexte de fiction. L'imaginaire doit être démystifié sous le regard critique du spectateur qui lui oppose un jugement rationnel et lucide. La sympathie s'effondre, l'illusion apparaît pour ce qu'elle trahit, ainsi s'organise la "distanciation", sa pédagogie théâtrale et sociale. L'épaisseur des corps disparaît pour laisser place à l'objectivité des figures que souligne la mise en scène et ses effets de rupture.

Le mime funèbre

Cependant l'extension du territoire scénique ou la dilution de la frontière entre public et acteurs ne parviennent qu'à contourner la question de l'imaginaire dans l'image. Et peut-être reposent-elles sur une conception illusoire du corps : d'une part une confiance naïve accordée au corps comme puissance propre, un vitalisme prétendu salvateur, d'autre part une négation du corps charnel au profit de la figure et du symbolique. A côté de ces deux démarches emblématiques de la révolution théâtrale au XXe siècle se dessine une voie singulière et problématique, celle de Genet, en apparence moins radicale, et qui pourtant radicalise au maximum la question des apparences. En effet Genet maintient le cadre, la scène fixe; il ne souhaite en aucun cas rompre la convention spectaculaire et la disposition scénique qui délimite rigoureusement la place de chacun. Cependant ce respect du cadre recèle des fins délétères puisqu'il vise à produire une "déflagration". L'intuition originelle de Genet tient à l'appréhension de l'espace théâtral et de sa fonction sociale et métaphysique : il affirme la parenté du théâtre et du cimetière.

Selon lui, la colatéralité des deux lieux bénéficierait à l'un et à l'autre : la mort y gagnerait sa dramaturgie et sortirait de son embaumement sinistre; et la représentation se nourrirait de la gravité mystérieuse des tombeaux.

La figure fondatrice de cette concomitance est le mime funèbre. Genet y établit la source du théâtre à l'égal des mimes émergeant du chœur antique lors des fêtes dionysiaques. Lors d'un enterrement il devance le cortège et, devant le cadavre, il rejoue la vie du défunt, le ranime par l'imaginaire et le fait de nouveau disparaître. Le mort ne doit être enterré qu'après cette mise en scène funèbre, qu'après avoir acquis cette unité fictive qui présente aux yeux des vivants les grands traits d'une existence passée. Nulle parole ne vient dire, commenter ni juger la vie du défunt. C'est le corps du mime qui incarne, dans la durée circonscrite de sa représentation, les moments éclatés et disparates de cette vie, lui donnant ainsi corps et unité. L'essentiel se résume en une geste cérémonielle. Le mime funèbre semble à mi-chemin de la statue funéraire antique et de la photographie du défunt : comme le *kouros* des tombes grecques il unifie le souvenir du mort en une figuration ritualisée, par le biais d'un corps autre; toutefois il en reprend les caractéristiques singulières et ne le fige pas dans un modèle idéal et impersonnel; comme la photographie du disparu que les survivants conservent, le mime funèbre essaye de reproduire ce qui faisait la personnalité du défunt, sa différence irréductible. Mais son jeu implique une transfiguration, un artifice qui s'oppose au pseudo-naturel de la photographie. Le mime se situe donc au point de réversibilité qui d'un côté cherche la ressemblance et de l'autre érige la dissemblance.

Nous retrouvons l'équivocité du corps et de l'image, l'approche du corps par l'image de sa disparition. Ici le corps "est" l'image. Mais de quelle nature est ce corps-image? La saisie de ce double corps, charnel et fictif, suppose une problématique proche du mystère de l'Incarnation et de la double nature du Christ. L'opposition originaire entre la christologie de l'union et la christologie de la séparation témoigne de cette corporéité tantôt charnelle, tantôt symbolique, tantôt humaine, tantôt divine. Toutefois un tel modèle méthodologique nous amènerait à reconduire, au profit de la synthèse, les présupposés dualistes, et à réintroduire l'invisible métaphysique dans la compréhension de l'image. Précisément Genet, si attentif à la question du miracle et de la déchéance du corps, donne à penser une corporéité transfigurée qui, tout en renvoyant à autre chose qu'elle-même, trouve en soi sa définition, non synthétique. En elle la réalité et la fiction ne s'annulent ni ne se résolvent, car l'image ne relève pas d'un processus dialectique. Genet emploie le terme de déflagration[1] qui offre une indication précieuse et ne se limite pas au scandale provoqué par le sujet de ses pièces. Au sens fort elle déclenche la combustion d'un corps. Loin d'une réalité reproduite sur scène, le théâtre organise une mutation touchant autant le corps humain des acteurs que les corps matériels qui composent le lieu scénique.

La "projection" que suppose l'image doit s'entendre moins comme le lancer d'une matière sur un support qu'en tant qu'une explosion disposant une nouvelle naissance des corps à eux-mêmes. Les corps sont toujours là mais empreints d'une substance autre qui les projette au-delà de leur chair, qui leur confère cette matérialité imaginaire à la carnation singulière. Elle les retourne, à la manière d'un vêtement dont on expose la doublure. Sans qu'il s'agisse d'une dialectique du dedans et du dehors, la théâtralité déploie les corps en suspension. Elle les conserve au titre de corps disparus, plus que de simples traces, des souvenirs présents, schèmes ou matrices, fondus par combustion. Pour cette raison peut-être, les pièces à la théâtralité la plus achevée, comme celles de Racine, laissent aux spectateurs un goût de cendres. L'existence en image maintient cet équilibre instable des matières en rupture, par la fission théâtrale. "Chaque geste suspendra les actrices"[2], recommande Genet au metteur en scène des *Bonnes*. L'expression est à prendre en deux sens : le geste théâtral l'emporte sur la présence du comédien qui se retrouve interdit, biffé par le mouvement de son corps devenu chair d'image; plus profondément, le corps de l'acteur est suspendu, entre deux états, comme sur un fil qui à la fois relie et coupe.

---

[1] Genet, *Lettres à Roger Blin*, in *Œuvres complètes IV*, Gallimard, Paris, 1968, p.221

[2] Genet, "Comment jouer Les Bonnes", in *Œuvres complètes IV*, op. cit., p.267

L'existence ainsi suspendue ne s'arrête pas pour autant, car en son flottement tout se joue, aussi bien le statut que le sens du corps. Le geste retenu des actrices leur interdit de faire corps avec leur personnage, il les oblige à se risquer dans le vide de la suspension, à connaître l'épreuve imaginaire. Genet se méfie d'une trop facile sexualisation des rôles. Et lorsqu'il souhaite des acteurs mâles pour jouer les bonnes, il cherche moins la mise en scène d'une inversion qu'un moyen de déjouer l'identification sexuelle. La sexualité très prégnante doit subir aussi la déflagration, et si Genet demande aux actrices de ne "pas monter sur scène avec leur érotisme naturel, (...), ne pas poser leur con sur la table", il leur recommande toutefois l'œil pur de celles qui "déchargent en vrac" et se livrent à la projection désordonnée de leur corps, à la combustion de leurs désirs joués. Les vêtements, ou plutôt l'accoutrement des comédiens participe également à l'extravagance du corps, les robes improbables permettent au corps d'évoluer à la frontière de ce qu'il est, en suspens, c'est-à-dire en vacance : plus que divaguer, il extravague.

Oscillant entre brûlure et fumée, flamme et cendre, le corps théâtral produit un événement imaginaire. Peter Brook le dit à sa manière pour penser la mise en scène hors de tout esprit d'imitation. S'inspirant de la tradition japonaise du Jo-Ha-Kyù, il montre comment le spectacle, pour être vivant au sens fort, et non illustration ectoplasmique, passe par ces trois étapes : la première convoque le "matériel", accroche le public en diffusant une énergie qui active les corps; la deuxième établit la fable, la fait circuler par des gestes qui brûlent suffisamment les corps pour créer une lumière, mais sans incandescence; la troisième effectue le saut ultime, la tension atteint son plus haut degré, elle vibre de tous les corps devenus lumineux par cette combustion réussie. Peter Brook compare ainsi l'événement théâtral et l'arc à charbons qui produit sa lumière, et il rappelle combien le but du dramaturge est d'inventer une matière vivante, d'incarner un schéma par la transformation des corps, faute de quoi la représentation se limite à l'illustration. Cela dit cette intensification luminescente n'a rien d'un feu d'artifice et se construit à l'opposé de tout expressionnisme corporel. Contre l'exhibition des corps imposant leur matérialité, la mutation par l'image implique un effacement. De la vient le subtil équilibre que déploie la chair de l'image en présentant l'épaisseur d'une disparition. Peter Brook le suggère en décrivant les trois stades par la transformation du silence : "rien n'exprime mieux les étapes que les degrés du silence, silence ordinaire, silence plus intense ou silence à couper au couteau."[1] Telle est sa densité singulière de cette incarnation imaginaire que produit le théâtre. En tant que metteur en scène, Peter Brook nous fait comprendre que cette image n'est pas seulement affaire de texte mais qu'elle se constitue aussi par le regard du public participant, grâce à la dramaturgie, à cette combustion qui relie deux pôles. Il nous conduit ainsi au cœur de l'image, à ce qui la constitue, le regard éprouvant une chair dense et silencieuse qu'il anime à mesure qu'il s'y brûle, qui disparaît à mesure qu'il la compose.

La scène du reflet

Le théâtre, impliquant le spectateur dans le travail d'une image, est une mise en scène de l'imaginaire et non la mise en scène imaginaire de la réalité. Genet pousse à bout ce processus au point de faire voler en éclat la dualité de l'image et de son référent, et donc la question même de la ressemblance. Derrière le reflet ne se cache plus aucune réalité, tout au plus découvre-t-on un autre reflet. Nul merveilleux pourtant ne vient se substituer à la représentation, car Genet maintient de façon terriblement perverse la tension entre le modèle et la figure, il active toujours le désir du référent et déroute d'autant le lecteur ou le spectateur qui s'y cherchent, en quête de repères. Superbe authenticité et suprême escroquerie, Genet déclare que son théâtre lui permet de se voir nu, de saisir son être. L'aveu prend sens de sa référence au fameux "madame Bovary c'est moi" et suppose la complexité d'une écriture qui permet à un sujet de se construire en se réfléchissant. Il tient aussi de la supercherie dans la mesure où Genet impose moins une image de lui qu'une corrosion de toutes les identités. Au fond de cette mise en

---

[1] Peter Brook, "L'événement naît de la combustion", in *L'Art du théâtre* n°9, Actes Sud, Arles, 1988, p.174

abîme se trouve une stratégie qui dispose des pièges au moyen des images. La mise en scène de soi et des autres ne suit aucun projet de révélation ou, selon le langage tragique, de déclaration. Tout est clair en soi puisque la seule clarté réside dans la lumière incandescente de l'image théâtrale et de sa combustion spectaculaire.

De toute façon le réel est déjà pétri d'imaginaire; dès lors le spectateur est voué aux fausses vérités. Et si Genet feint de le dégriser, à l'instar du désenchantement brechtien, c'est pour mieux le replonger dans l'être imaginaire, dans une image qui a vampirisé les illusions du réel. Il rappelle donc aux metteurs en scène tentés par ses sujets scandaleux et provocateurs que la fonction et la fiction de son théâtre relèvent d'une autre démarche. Ainsi du *Balcon* dont la signification satirique ne vient pas de la référence au bordel de luxe et à ses notables clients, mais qui s'instaure essentiellement à partir de "la glorification de l'Image et du Reflet"[1]. L'expression est à entendre selon de multiples sens, à voir en ses diffractions. Le reflet vient d'abord de l'image, censée refléter le monde, puis il se diversifie dans l'image car les reflets sont eux-mêmes reflétés sans cesse — Genet utilise constamment cette réflexion, chaque personnage jouant le rôle des autres et devenant lui aussi un rôle, un reflet de ce que les autres jouent. A un troisième degré, l'image théâtrale se présente comme un reflet qui ne reflète plus rien mais se présente malgré tout au titre d'un reflet, un miroir aux alouettes qui fait tourner les références. La notion de reflet, héritée de la peinture, dit aussi la distance visuelle que suppose le théâtre et la métamorphose des corps en une matière projetée, leur étalement sur un espace plan. Toutefois Genet distingue l'Image "et" le Reflet, de sorte que nous pouvons comprendre l'image comme un régime dont le reflet alimente le processus. Loin de se réduire à une plastique, l'image théâtrale met en œuvre la corrosion de la réalité, la déflagration des corps par leur retour calciné. Ainsi prend sens le Reflet, conformément à son étymologie : il fait revenir en arrière.

[1] Genet, "Comment jouer Le Balcon", in *Œuvres complètes IV*, op. cit., p.276

Le geste du retour définit peut-être le théâtre lui-même et permet de distinguer les différentes conceptions du texte et de la dramaturgie selon la manière dont leurs auteurs traitent ce passage. La représentation s'établit en effet sur la répétition et le retour. "Représenter" ne signifie pas seulement présenter un nouvelle fois mais implique deux modes de présentation. Le texte, tout d'abord, suppose une transcription du réel en signes et un premier écart qui tient à l'étrangeté — à l'arbitraire — du système de "représentation" linguistique. Ensuite le moment fondateur du théâtre tient à une transposition seconde du texte en image. Une nouvelle étrangeté survient d'autant que cette image est constituée de matérialités hétéroclites (unifiées par l'acte de la représentation) telles que les corps, la voix, la scène, la durée, le "décor". Octave Mannoni approche ce problème lorsqu'il fait du personnage "une image qui parle, et qui parle même une image de parole"[1]. La représentation théâtrale ne se réduit donc pas à la transposition de la réalité, elle présente à sa manière le premier écart, la dissemblance constitutive du signe à l'égard de ce qu'il désigne. Elle redouble d'autant que le redoublement n'est pas régi par le même écart, celui de l'image imposant son régime à celui du signe. Dès lors représenter signifie moins présenter deux fois que présenter le "re-" de la répétition. Le théâtre présente l'écart dans le retour d'un référent dissemblant, qui s'est absenté au passage : sans avoir pour autant disparu, il revient en ayant perdu de sa matérialité, de son sens, de ses limites.

---

[1] O. Mannoni, "L'illusion comique ou le théâtre du point de vue de l'imaginaire" in *Clefs pour l'Imaginaire ou l'Autre Scène*, éd. du Seuil, Paris, 1969, p.178. Toutefois Mannoni reste prisonnier de deux principes, la dénégation et l'identification. Selon lui, le spectateur opère une réduction de l'illusion théâtrale, ce qui lui permettrait de gérer sans fascination ses structures inconscientes. Croyant dépasser la théorie aristotélicienne de la *catharsis*, Mannoni en conserve, avec Freud, le moteur, c'est-à-dire l'analogie et l'identification. Et il demeure dans la conception duale de la représentation. Mais le théâtre ne joue pas strictement d'une alternative opposant l'illusion et le réel, le faux-semblant et la vérité. Certes nous "savons" que ce qui se déroule sur scène n'est pas vrai, mais pour autant nous n'allons pas réduire ni résoudre l'illusion au profit d'un arrangement intime. Nous nous livrons au procès de la dissemblance et de l'hésitation; et si nous projetons nos désirs, ils ne nous reviennent pas à l'identique.

La répétition ne répète pas telle quelle la chose, car le retour en arrière ne produit qu'un rappel en écho, fait d'incertitudes et de transfiguration. Les représentations théâtrales usent ainsi diversement de ce retour, jouant sur l'illusion de la ressemblance, ou assumant pleinement l'artifice et la dissemblance, ou travaillant sur le décalage et l'incertitude. Le premier écart s'efface parfois, lorsque la représentation ne s'appuie sur aucun texte, laissant place à l'improvisation, toutefois le langage verbal demeure. Et si même le verbe disparaît, repliant la représentation sur le mime ou la pure scénographie, alors c'est le langage des gestes qui subit la transfiguration imaginaire en se diffusant au sein d'une nouvelle matérialisation.

Le reflet donc ne reflète rien d'autre que le Reflet (ce que radicalisent certains auteurs, comme Calderon, qui présentent la réalité elle-même comme un songe) : il reflète le geste du retour, le processus du délaissement, de ce qui reste en arrière. Le retournement mis en œuvre par l'image théâtrale organise un rappel sur le mode de la fuite. Tel est le "contre-coup" du théâtre, cet effet second qui donne à ce qui se présente une présence à l'envers, le congédie à mesure qu'il le montre. Le reflet, comme retour en arrière, revient sur un lieu disparu dont la scène est l'image, dont la scène montre la disparition. Maintenant l'illusion d'un référent sur lequel il se retourne, il suggère l'impossibilité de ce retour. La représentation donne à imaginer ce qu'était ce référent, ce qu'il n'est plus, non au titre de l'authentique mais en tant qu'origine suspendue. Le théâtre participe ainsi de l'hésitation consubstantielle au procès imaginaire. La tension qu'il organise par les aller et retour du reflet crée la lumière, offre à l'image sa visibilité singulière, une combustion qui mêle la foudre et le vide, puisque la déflagration génère une disparition. Ce qu'on appelle l'action théâtrale pourrait tenir dans cette opération et son caractère à proprement parler dramatique. Genet encore le suggère : "le drame? S'il a, chez l'auteur, sa fulgurante origine, c'est à lui de capter cette foudre et d'organiser, à partir de l'illumination qui montre le vide, une architecture verbale — c'est-à-dire grammaticale et cérémoniale — indiquant sournoisement que de ce vide s'arrache une apparence qui montre le vide."[1] L'apparence du vide produit une présence, une image, qui met en scène, dans la représentation même, le vide lumineux et sa corrosion à l'égard de l'espace et du langage. La délimitation du lieu théâtral permet d'en faire une cérémonie, une célébration rituelle de ce vide à l'œuvre. La glorification de l'image et du reflet s'entend alors comme d'un sujet en gloire, présenté par son éclat, son rayonnement mystérieux, son auréole de sainteté.

Le corps des revenants

Dès lors quelle incarnation se produit sur la scène? Que devient le corps de l'acteur? La cérémonie l'institue dans l'image; à la fois elle le tue et lui donne naissance; elle le délivre de son existence arbitraire au profit d'une nécessité imaginaire : hors du théâtre le corps subit la pesanteur des choses, l'aléatoire des choix humains; devenu théâtral il manifeste un ordre figural. Certes le corps de l'acteur en scène demeure avec ses aspérités, son poids, ses particularités; cependant les décisions et même les aléas de l'acteur s'intègrent dans la configuration et s'imprègnent de la matérialité imaginaire. Aucune contradiction ne s'oppose à la communion d'un corps et d'un espace vide, à partir du moment où l'on entend ce vide non comme état mais en tant que mouvement et processus. "Il y a" bien quelque chose sur scène, des objets, des corps, des limites, mais ces éléments sont là, disparus. Et leur présence paraît d'autant plus forte qu'ils disent leur disparition. La densité du corps d'un acteur suppose que la plénitude de sa chair organique s'efface au profit d'une présence en image, d'une teneur vivante, c'est-à-dire en développement. Soumis à ce procès, à la déflagration théâtrale, l'acteur n'en revient pas, au double sens de l'étonnement, de la fulgurante transfiguration, et du retour interdit ou inédit. Georges Banu peut ainsi rapprocher la dramaturgie de Genet et celle du théâtre japonais qui accorde une telle importance au départ de l'acteur. "L'acteur de *nô* s'efface, l'acteur de *kabuki* s'exacerbe. Et cette ultime image

[1] Genet, *L'étrange mot d'...* in *Œuvres complètes IV*, op. cit., p.13

se fixe. Définitivement."[1] Le retrait ne s'inscrit pas seulement dans le dispositif de l'intrigue et le découpage des scènes, à la manière des codifications classiques du théâtre français. Il suppose de penser la présence de l'acteur au sein de l'image, selon son rapport au plein et au vide. L'image qu'il laisse suppose tout le travail de la présence corporelle, orientée vers l'effacement, avec le *nô*, ou vers l'ultime exacerbation, avec le *kabuki*. L'artifice théâtral assumé se distingue ici d'une rigueur formelle; il prend tout son sens d'une pensée de la présence, d'une concentration sur le corps en image. En voie de disparition, tel se présente l'acteur dont le jeu consiste à organiser son départ, d'autant mieux qu'il fixera, par ce rituel, sa survivance imaginaire.

La disparition est inscrite dans le corps imaginaire de l'acteur à la fois par sa destination et, encore plus fondamentalement, par son origine. S'il "n'en revient pas" d'être sur la scène, c'est qu'il y existe au titre d'un mort-vivant. L'image présentée peut en effet se définir comme un spectre, car l'acteur évolue sur scène au titre d'un *revenant* : il revient alors qu'il a disparu, il est présent alors qu'il s'est absenté, définitivement et spectaculairement. Le reflet qui fonde le principe de représentation trouve là son essence puisqu'il offre un retour en arrière par une image qui témoigne de la perte. L'acteur "hante" littéralement la scène théâtrale, de là vient que le décor paraisse "habité" comme on le dit des maisons que les fantômes visitent. Le spectacle se présente au regard de cette façon singulière, non comme une réalité tangible mais comme un spectre que l'on voit sans pouvoir le toucher. La présence spectrale modifie la visée du regard en lui donnant à voir ce qui n'est plus et qui demeure pourtant visible. Ainsi, l'image qui prétend refléter est une image qui revient pour donner à ce qu'elle présente une consistance spectrale : en un sens elle fait revenir le réel diffracté, en l'autre sens elle retourne le regard face au réel devenu fantomatique. Le spectre est à voir aussi dans ses effets optiques. Il décompose la lumière en la diffractant ou en la réfractant. La présence scénique relève de cette distribution en prisme, dans la mesure où elle fait voir une image de réel aux statuts

---

[1] Banu, *L'acteur qui ne revient pas,* Gallimard, Paris, 1993 p.19

différenciés. Myriade de reflets qui à la fois réorganisent les références et les font miroiter sans retour, cette image développe son propre rayonnement, de sorte que la lumière théâtrale ne réponde plus d'une projection.

La nature spectrale du théâtre donne à comprendre la présence autoréférentielle des spectres — personnages de revenants — qui interviennent dans de nombreuses pièces. Sans oublier les multiples significations et symboliques d'un tel motif, nous pouvons toutefois interpréter leur manifestation comme un miroitement du théâtre sur lui-même. Rien d'étonnant, à cet égard, que le plus célèbre des spectres, celui d'Hamlet, surgisse au sein d'une œuvre qui use de la mise en abîme, du théâtre dans le théâtre. Si le spectre paternel, dans la pièce de Shakespeare, représente des valeurs archaïques venant hanter un univers corrodé où ces anciens principes vacillent, il est aussi le double originaire du fils. Hamlet père revient du monde de la ressemblance, de la filiation par répétition, et se heurte à la dissemblance, à la faille qui rompt l'analogie. Le père est doublement mort car il a disparu dans son reflet. Croyant assurer sa descendance, c'est-à-dire se continuer dans la lignée, le père s'est vu descendre "par" le fils, déposé, au sens où l'on dépose un roi ou une statue. Son retour spectral manifeste sa disparition, son éternel flottement dans l'imaginaire du fils. La figure du retour en arrière est donc présente sur la scène, d'autant plus dense qu'elle est désirée par Hamlet fils. Sur le mode de la dénégation, l'héritier légitime se réfère d'autant plus à la figure paternelle qu'il diffère le moment de lui obéir et de lui succéder. L'assignation à la ressemblance vient s'échouer dans un rôle, celui du fils comédien, celui de la comédie du fils. Le spectre d'Hamlet père est présenté comme un fantôme ("*poor ghost*") issu des ténèbres mais il n'est que l'ombre du jeune Hamlet. En un retournement à la fois fatal et moderne, le père devient une copie à la merci du fils. Il le suit comme son ombre, alors qu'Hamlet fils rêve d'une existence sans ombre, car il doute des arrière-mondes. Jusque dans la chambre maternelle, le fantôme se fait l'ombre du désir incestueux du fils, le guidant, l'arrêtant, le couvrant de ses ailes. Visible uniquement pour son fils, son corps est passé dans l'image, et sa présence oblige le regard à fixer le vide ("*you do bend your eye on vacancy*"). Ombre fugitive qui passe aussi dans le corps de Claudius, il promène son absence autour des personnages et produit une diffraction des présences corporelles. Ainsi le spectre d'Hamlet est-il emblématique du procès théâtral, du devenir fantomatique lié à la représentation de la réalité. La présence sur scène a la caractéristique des spectres : nous n'y croyons pas et pourtant ils nous hantent, car ils recèlent tout ce qui a disparu, ce qui ne revient qu'à titre d'image dans notre mémoire.

Les anticorps

La présentation de l'acteur sur scène montre ainsi combien le corps est irreprésentable, et le théâtre témoigne paradoxalement de cette impossibilité. Le corps en chair et en os y subit à la fois une désincarnation et une réincarnation imaginaires. De manière encore plus manifeste qu'avec la sculpture et la peinture à l'aube de la représentation humaine, le théâtre présente le corps dans son procès de disparition; il convie la collectivité des hommes à ce spectacle, travaillant à même la chair organique. En effet il emploie un corps déjà-là, et il "essaye" sa possibilité d'existence, il la soupèse. Puis sa décomposition dans le spectre lumineux de la représentation le transfigure et, selon l'alchimie imaginaire, transmute sa corporéité en modifiant son mode de visibilité. La nature spectrale du théâtre produit ainsi des figures œuvrant diversement à l'absence des corps soudain fragmentés, feuilletés, effacés ou décalqués. Ces tremblements propres à l'image semblent menacer continuellement et insidieusement les corps en scène, ce qui n'empêche en rien la capacité d'un acteur à "incarner" fortement, voire excessivement, selon un jeu expressionniste, un personnage dont la présence nécessite un tel investissement. De même, la teneur fantomatique n'enlève en rien au spectateur la capacité à s'identifier à une présence. Au contraire elle la favorise d'autant plus que cette incarnation du personnage par l'acteur sollicite un mode d'incarnation très proche pour le spectateur vivant le procès imaginaire en son for intérieur. Et c'est peut-être cela qui constitue l'unité d'une représentation — l'événement théâtral — : la superposition des incarnations imaginaires qui produit une densité vécue des acteurs et du public. Mais cette unité ne relève pas de la synthèse, ni de la communion, ni d'une identification collective. L'image ne se donne pas à voir également ni uniformément, elle induit une déroute qui déjoue à la fois la possibilité d'une identification à un modèle, et l'univocité de son processus. Chacun suit ou ne suit pas, à sa manière, la voie imaginaire engagée par l'acteur et la mise en scène.

Parmi les figures vectrices d'un tel mouvement, les anges ou les mannequins, les fantômes ou les invalides intensifient curieusement la présence scénique. Souvent ce sont les auteurs qui ont le plus dégradé le corps qui l'ont rendu le plus prégnant, ainsi de Beckett ou d'Arrabal. Leur façon de porter atteinte au corps semble témoigner de ce qu'il demeure en image hors d'atteinte. Beckett, plus radicalement, introduit dans l'espace scénique un "anticorps" théâtral qui produit un effet dévastateur à l'égard du référent corporel et de ses imageries, mais qui présente aussi une défense interne par laquelle le théâtre défend son processus imaginaire contre ce qui le dénature. Le premier de ces principes vise les définitions anthropologiques du corps. Dans *Fin de partie*, Ham est aveugle et paralysé tandis que ses géniteurs résident chacun à l'intérieur d'une poubelle. Dans *Oh les beaux jours*, Winnie est enterrée dans un mamelon et Willie ne sort de son trou que pour ramper vainement au-devant d'elle. Beckett présente ainsi le négatif du corps debout, celui de l'*homo erectus*; les personnages "s'adaptent" au milieu qui les ramène vers le bas, comme si la fable darwiniste faisait l'objet d'une antiphrase ou d'un anti-jeu. Les corps rampants exposent l'envers du miroir et font le lit du corps mobile, intentionnel, unité de mesure du monde. Au lieu du corps humain marquant et quadrillant son territoire — la scène du monde — par la marche volontaire, Beckett installe des corps en défaut, obligeant l'acteur à nier ce qui habituellement lui offre un terrain d'expression. Le langage corporel s'estompe ou du moins doit trouver une nouvelle signification proche de l'empathie. Ces corps déchus manifestent d'autant plus leur défaillance que les personnages s'appliquent à l'entretenir. La déliquescence à l'œuvre les transforme en les rappelant à la chair, à ses effritements, à ses éboulements, tous ces accidents de terrain qui dénient les prétentions territoriales. "Le beau jour où la chair fond à tant de degrés" s'exclame Winnie. Le corps s'écoule, en lui-même et hors de lui-même, comme vampirisé par l'espace, "sucé" dit encore le personnage, par en bas ou par en haut, vers la terre ou le ciel, de sorte que sa pesanteur devient douteuse.

Tel semble effectivement la destination d'un corps en scène, selon le deuxième principe de l'anticorps. Il défie les lois de la gravitation, il s'affranchit de l'attraction terrestre. A la fois il s'enlise et il flotte : rivé à un espace qui le paralyse, et délivré par et dans l'image. Précisément cette image excède l'espace matériel de la scène, elle dépasse la ligne de flottaison censée délimiter les zones de représentation. Le corps s'y déplace donc en suspension et y perd ses limites ordinaires. La défection corporelle du personnage beckettien s'exprime souvent par l'incontinence, les diverses humeurs qui s'échappent, sueur, morve, sang, urine. A plusieurs niveaux d'entente, ces émissions involontaires disent combien le corps ne peut se contenir de lui-même et, plus largement, comme il ne peut être contenu tel quel en l'image. Il la déborde ou s'y dilue. Illusion pour illusion, Marivaux montrait la double inconstance du cœur dans ses faux-semblants, Beckett expose la double incontinence du corps tremblé. Et il inscrit cette perdition au sein de l'expérience réflexive du personnage qui sent — par tous ses sens — disparaître son corps, réitérant jusqu'à l'obsession l'ouverture et la fermeture des yeux, la jointure et la séparation des mains et des lèvres. Au bout du compte, Ham se sent "vidé", désarticulé comme son chien en peluche auquel manquent une patte et un sexe; Winnie énumère ce qu'elle peut encore voir de son corps et gonfle les joues en vain; "...un rien de front... de sourcil... imagination peut-être". La paralysie et la cécité les condamnent à imaginer leur corps. Et même cet effort ne conduit qu'à la fragmentation, au démembrement, bref au constat de l'impossible unité. Beckett, travaillant avec une acuité et une violence extrêmes la question du point de "vue" et de la visibilité, manifeste par le spectaculaire l'incertitude du corps propre et sa vocation à la métamorphose. Tantôt bouche-trou, il prend la forme imposée par le moule théâtral, par les creux de la scène. A proprement parler, sa chair fait corps avec le décor, y puisant sa pâte et ses figures. Tantôt diasporique, il se désagrège et réduit la présence aux débris, à ce qui reste : l'événement d'un battement de cœur ou d'un doigt qui bouge. L'anticorps beckettien ramène ainsi le corps à cette présence résiduelle et déplace l'horizon de son intégrité dans le seul espace théâtral.

La théâtralité du corps

Par retour, la présentation spectrale du corps sur une scène de théâtre révèle peut-être là sa vocation naturelle à la théâtralité. La simple prétention à l'unité ne procède-t-elle pas de l'image, du jeu, du désir d'impressionner un spectateur? Toute appropriation du corps suppose une construction fictive qui configure la chair non comme l'expression de ce qui est mais en tant qu'invention et tension de ce qui pourrait être. Nous observons combien le corps se fait et se défait à la fois dans les images, comment il tente de se constituer par décalque, endossant des rôles comme de nouvelles peaux. Les études ethnologiques s'intéressant aux interventions sur le corps témoignent de ce que ces pratiques rituelles définissent le propre de l'humain : l'investissement symbolique ne s'ajoute pas à la nature, il fonde l'unité — tant singulière que collective — de l'homme se construisant une image de son corps et s'inscrivant dans une communauté par ses comportements corporels. Ce sont évidemment les rites les plus éloignés de nous qui nous apprennent l'artifice et la fonction sociale de nos usages, qu'il s'agisse des marquages, des parures, des déformations ou des différentes "blessures symboliques". Le corps s'apparente à la page, la toile ou la scène, à cette réserve près qu'il ne fait qu'un avec l'écrivain, le peintre ou le dramaturge. Il ne se résume pas à un support ni à un instrument, fût-il le premier objet technique de l'homme ainsi que l'affirme Marcel Mauss. Il est à la fois la matière, le vecteur et l'instance par et en lesquels l'homme configure son identité. Nulle surprise dès lors à ce que sa représentation devienne l'enjeu décisif d'une appropriation de soi et d'une définition collective. La subjectivité se dessine naturellement au gré des imageries sociales qui incitent aux rôles de composition les plus convenus. Mais la théâtralité, telle que nous l'avons abordée, instaure une décorporation, une fragmentation qui détruit l'image fixe par sa "déflagration".

Ainsi le corps dévoile-t-il ses véritables dimensions dans cette incandescence et cette absence latentes au fond de lui.

Cette paradoxale dévastation du corps dans sa construction même s'expose au démembrement tel que nous l'observons dans les pièces de Beckett. Cependant il peut suivre un cheminement inverse qui participe d'un évidement identique. A l'opposé de la dégradation, l'érection du corps relève d'une stratégie personnelle où se dilue la subjectivité. Elle suit la voie d'une édification imaginaire par laquelle le corps traverse les images en les dénonçant et en s'y abîmant, dessinant la silhouette d'un ange à la fois déchu et glorieux. L'œuvre-vie de Mishima semble de ce point de vue incarner avec une radicalité absolue les contradictions et les illuminations de cette perspective, dans la mesure où toutes les représentations de son corps semblent préparer minutieusement la mise en scène de sa suppression. Le suicide de Mishima va bien au-delà du stéréotype final, devenu prétexte à fascination morbide, et il masque autant qu'il exprime les entreprises multiformes de son auteur. Sans qu'il soit question ici d'approcher la singularité complexe de Mishima, sa démarche de représentation doit nous éclairer sur le statut du corps non seulement "dans" l'image mais aussi "en tant qu'image".

Le corps est à proprement parler irreprésentable, non seulement du fait de l'image et de son procès interne mais aussi du fait du corps lui-même et de son irréductibilité. Le parcours de Mishima manifeste ces deux principes. Il part d'une fixation analogique aux images, d'une volonté de se définir exclusivement dans les portraits-clichés qu'il glane parmi les photos en vogue ou qu'il crée littérairement. Puis il y déploie une stratégie destructrice par laquelle il lacère ces imageries et se diffracte lui-même, cherchant à ouvrir le trop-plein de son corps. Enfin l'organisation méticuleuse du suicide reprend toutes ces images, leur confère une unité rétrospective afin de les faire éclater spectaculairement, afin aussi de mener le corps à la délivrance d'une vérité qu'il recèle. Au bout du compte, les nombreux corps imagés valent, dans ses œuvres et dans sa vie, comme des corps parodiés qui dénoncent les comédies du moi et permettent peu à peu de concevoir une dramaturgie totale fusionnant l'acteur, le dramaturge et le metteur en scène, où se découvre non plus la plénitude de la chair mais la force du vide détruisant les incarnations successives et incertaines.

Le premier temps, donc, multiplie les images de corps. Ce miroitement artificiel des silhouettes ne nous confronte pas seulement à l'impossible objectivation d'un corps; il nous amène aussi à penser la construction imaginaire du corps à partir de son indisposition originelle. L'appropriation se construit de manière oblique et filtrée selon une projection de soi qui réfléchit dans les images des désirs encore indéterminés quant à leur objet. L'imaginaire de Mishima témoigne ainsi d'une sorte d'imagier, catalogue de corps désirés auxquels s'identifier, augurant de constructions qui prennent valeur de révélations. Une synthèse fictive s'ébauche sur le mode imaginaire, dont l'envers est un éparpillement de soi parmi les formes stéréotypées : le chemin vers l'intégrité d'un corps propre passe, dans l'image de soi, par l'identification à des clichés. Ainsi Mishima nous donne à suivre ces pistes par une auto-analyse piégée. *Confession d'un masque* explique la découverte par un adolescent de ses désirs pervers grâce à certaines images. Toutefois l'aveu paraît trop évident et l'on s'illusionne à croire le masque levé, car précisément c'est un masque qui se confesse, et la déclaration de vérité ne produit qu'un nouveau masque. La littérature semble en effet le meilleur miroir aux alouettes permettant de disposer des leurres, mais aussi installant par ces leurres des épreuves du corps comme autant d'impressions photographiques. Les jeux de rôle organisés par l'autofiction sont à la fois produits et producteurs de corps : par analogie le sujet se mire dans les formes convoitées, il se regarde désirant-désiré; mais en retour il se prédispose à endosser le corps exposé, il s'imagine l'incorporer. Le cliché semble ainsi réversible; d'une part il répond à nos désirs, d'autre part il les reconstruit. L'artifice littéraire peut en éviter la fixation en redéployant des scénarios, ce qu'on appelle communément l'"imagination" ou l'"invention" du romancier.

Les corps en images donnent naissance à tout un travail figuratif par lequel le sujet découvre ses désirs et calque son propre corps. Les constructions littéraires et artistiques ne ménagent pas simplement une réfraction : par l'esthétisation des corps, elles organisent un espace imaginaire qui structure en retour le corps propre de celui qui imagine. Ainsi du Saint-Sébastien de Guido Reni que le narrateur fasciné se plaît à décrire, à commenter, à chanter, ou dont Mishima prend la pose sur une photographie. Les mains attachées en l'air sur un tronc noir, le corps blanc transpercé de deux flèches, l'une dans l'aisselle gauche et l'autre au côté droit, configurent le désir selon une topographie réglée. Les formes, les lieux, les positions une fois figurées, le sujet peut à loisir déployer ses désirs en variations esthétiques. Sébastien se réfléchit dans Antinoüs, Endymion ou les esclaves de Michel-Ange. Les musculatures se répondent, les postures lascives rejouent l'abandon, les corps renvoient au même corps qui veut à la fois prendre et être pris. Le narrateur jouit infiniment de cette répétition fétichiste, redessinant les formes, composant des poèmes sur Sébastien, projetant une thèse sur les relations fonctionnelles entre les courbes du torse d'un éphèbe et le taux de son débit sanguin. Les hommes de chair qu'il rencontre n'ont d'intérêt que pour leur ressemblance plus ou moins imparfaite avec ce modèle originel. La conformité à l'image-icône constitue le gage du désir. Guido Reni est à Mishima ce que Botticelli est à Swann. L'écrivain construit un objet de désir dans une série de répliques, de miroirs réfléchissants qui tiennent autant de l'imagerie homosexuelle et de sa galerie de portraits que de l'esthétisme littéraire et de ses artifices maniérés.

La passivité supposée du corps en image permet l'activité de constitution par laquelle le sujet, spectateur et acteur, s'imagine devenir ce corps tant convoité pour subir les outrages qu'il a désiré lui-même commettre. En-deçà du spectacle sado-masochiste se tient l'activité narcissique du sujet aux panoplies réversibles. En effet il est aussi Sébastien qu'il désire; il se désire tel qu'en Sébastien il est désirable. Cette transposition de soi devient la condition d'une érection du corps : érigé en image, ce n'est plus le corps réel, mais le corps approprié en ressemblance-dissemblance, atteint dans l'unité factice d'une icône personnelle. L'image permet au voyeur narcissique de se désirer et de se tuer, de s'admettre et de se détruire, de se confronter à l'énigme de sa propre construction. Se dresse un corps à la fois voulu et refusé, glorifié et lacéré, sublimé et sacrifié. Le corps en image est un corps immolé.

Le spectacle du vide

L'érection sacrificielle trouve alors sa finalité dans l'ouverture spectaculaire de soi, le projet dramaturgique d'une déflagration corporelle. La démarche à la fois éthique et esthétique de Mishima vise à "ouvrir son corps au théâtre du vide", selon la formule de Severo Sarduy. Le corps devient ainsi le sujet et l'objet, le lieu et le moteur d'une incarnation paradoxale. Pour être vécu et assumé comme corps propre il doit suivre un procès d'incarnation imaginaire. Mais toute incarnation une fois réalisée se retourne contre elle-même : d'abord parce qu'elle reste une existence qui conteste l'existence, ensuite parce que le corps ne peut être accepté que dans la constitution, dans l'action, et qu'il se perd dans le résultat, même réussi, d'une image constituée. L'enjeu de l'édification corporelle réside donc dans le maintien d'une tension autofondatrice dont le sens est la délivrance du néant. Mishima s'est engagé dans l'esthétisation de cette libération. Faire advenir, surgir, jaillir le néant du sein de son corps, tel apparaît son projet.

Vider le corps revient à donner corps au vide, ainsi fonctionne la dialectique de la désincarnation et de l'incarnation. Le corps acquiert par là sa perfection, au cours d'une destruction qui l'exalte. Il engage aussi le sentiment de l'existence qui ne se développe pleinement qu'à la rencontre de la mort. La somptueuse musculature reste insuffisante en elle-même, et elle ne trouve son plein accomplissement que dans l'incision de la chair, la tranchée qui met à nu le sens profond de tout cet effort de constitution. Le ventre devient ainsi le lieu d'une éclosion de vide, la page d'où l'absence constitutive fait irruption. Il recèle une "grossesse de néant", selon la formule de Maître Eckhart. Mais la désincarnation élaborée par Mishima s'inscrit bien dans la chair et ne s'en tient pas à une mystique de l'âme. C'est à la pointe du sabre que survient le néant. Et le néant ne se résume pas ici à un nom qui cacherait la mort; au contraire il prend l'apparence de la mort pour se déployer.

Le corps se dévoile non seulement par le vide qui le constitue mais aussi par la théâtralisation de ce vide. La mort rituelle suppose une véritable dramaturgie du néant dont Mishima a travaillé continuellement les mises en scène. Il expose ainsi des objets rituels, sabre, houe, poignard, épée... autant de pinceaux ou de plumes qui tracent les lignes du corps pour la mort. Outils de calligraphie charnelle, ils écrivent et incisent le corps. Ces mises en scène par réglages successifs essayent des configurations jusqu'à l'obtention d'une forme pure. La théâtralisation se soucie des moindres détails, jusqu'au maquillage des cadavres. Mishima décrit notamment, dans *L'Ethique samouraï*, l'usage des cosmétiques au cours de la préparation du suicide rituel, le *seppuku*. Motivé par son souci permanent de contrôle, le samouraï se met du rouge sur les joues pour avoir un teint de fleur de cerisier et ne pas perdre, une fois mort, les couleurs de la vie. Le fard exalte la mort en composant un masque tragique de la chair défunte. Et l'incarnat resplendira d'autant mieux qu'il sera éclairé par les douces lumières de l'aurore, au soleil levant, comme le visage d'Isao à la fin de *Chevaux échappés* qui, les yeux fermés, voit monter le disque du soleil. Cette geste héroïque témoigne d'un paradoxe propre au corps, car la mort volontaire résulte d'une parfaite maîtrise de soi, d'une contention extrême, et en même temps elle exalte l'abandon et l'ouverture. Elle réalise ainsi une appropriation non subjective.

La poursuite d'une image du corps, le projet et la réalisation de sa plus parfaite configuration conduisent finalement à un déni à la fois d'objectivité et de subjectivité. En effet le corps ne tient pas dans l'image et ne s'y investit totalement que pour y éclater; et ce travail d'auto-constitution aboutit à l'expression d'un corps impersonnel et immémorial. Le corps n'individualise que par défaut, et l'intégrité recherchée ressortit à une corporéité plus vaste. "Le corps porte en lui assez de force convaincante pour détruire le halo comique qui nimbe une excessive conscience de soi"[1] écrit Mishima dans *Le Soleil et l'acier*. Sa démarche heuristique ne se résume pas dans la mort; elle vaut comme la requête d'une légèreté du corps enfin libéré de son ombre. Par ce détachement final et radical, le corps n'est plus "attaché" à une ombre portée; il s'est libéré de cette trace qui rappelle le sujet à sa ressemblance. L'euphorie d'un corps délivré de la pesanteur par une danse qui permet son envol rejoint le grand midi nietzschéen. Sur le deuil de la métaphysique et des arrière-mondes invisibles peut s'édifier un théâtre lumineux, lorsque le soleil pointe droit sans plus laisser d'ombre. L'image ne tient plus de la surface, ni de la projection; elle est l'objet lui-même se tenant dans son apparition. L'apparition finale de Mishima semble la quintessence de l'image, elle reprend toutes celles qu'elle a traversées, et se présente extatiquement, par le mouvement de son arrêt, à jamais inaccessible. Elle met en scène une nécessité accomplie esthétiquement, elle accouche du vide actif au cœur du corps-image. "La beauté est structurée de néant"[2] lit-on dans *Le Pavillon d'or*. Elle n'existe nulle part, mais dans chaque détail elle est un pressentiment du vide. Elle ne se manifeste que dans cette tension extrême et instable qui vise à incarner le néant. Dès qu'elle advient, elle disparaît dans l'image qu'elle a fixée; elle requiert alors son abolition pour espérer une résurrection. Par là le corps diffracté, confronté à ses images incertaines, en lutte perpétuelle avec sa propre existence, accède à cette beauté par l'exhibition de son théâtre intérieur. Le corps a pris son relief de son évidement.

Cette radicalité dans la présentation glorieuse et sacrifiée du corps nous place au cœur de la visibilité du corps. Elle manifeste tout le paradoxe du corps en image : il est à la fois trahi et institué par la représentation. Cette ambivalence essentielle amène à dénoncer autant l'objectivité d'un corps naturel que la positivité de l'image censée figurer le corps à l'identique. Elle conduit à penser l'image comme distance mais non par projection. Ou alors il faut y voir une projection de soi à distance, éloignement constitutif de la réflexivité, qui ne joue

---

[1] *Le Soleil et l'acier*, Gallimard, Paris 1973, trad. T. Kenec'hdu, p.48
[2] *Le Pavillon d'or*, Gallimard, Paris 1961, trad. M. Mécréant, p.367

d'aucune application, d'aucun décalque, d'aucune reconnaissance. Le référent se jette sans la certitude d'un retour. Le reflet tient de l'apparition profane, il relève du phénomène de la présentation. Ce qui est passé, ce qui a été jeté, ne revient plus selon la connivence initiale du corps et de la représentation, et se délite au profit d'une réflexion inédite, d'un écart édifiant bien qu'étrange. L'image me touche quand je ne la touche plus, quand je me suis dessaisi de moi en elle. Elle s'est affranchie de tout indice, de tout contact. L'image intacte est celle sur laquelle je ne pose plus ma main et qui, si je l'approche ne renvoie qu'une surface plate et froide, celle d'une chose inhumaine. Tel est le jeu de la ressemblance : je me reconnais à partir de ce qui venant de moi diffère et s'absente de moi.

Troisième partie

LA SEMBLANCE

Une approche de l'image comme phénomène ne peut éluder la question de la ressemblance. Le sujet a été abondamment traité au point de susciter les plus diverses études, esthétiques et philosophiques, propres à l'histoire occidentale. Notre développement conduit logiquement aux réflexions sur la dissemblance par l'image. Toutefois nous essayerons d'aborder ce sujet de biais, en travaillant moins la différence que l'absence, moins la trahison que le retournement. Plutôt qu'étudier ce à quoi ressemble l'image, nous observerons ce que semble être l'image : sa semblance plus que sa ressemblance. Cette démarche implique de considérer l'orientation généalogique du sujet "vis-à-vis" de son modèle; et elle suppose presque naturellement de penser la parenté. Délivrée d'une conception réductrice de l'imitation, la ressemblance se découvre peut-être dans le mouvement de la poursuite. Si elle ménage effectivement la suite analogique d'un modèle, sa dérive implicite engendre une sorte de course-poursuite dont le spectateur constate l'espacement progressif. Cet éloignement dévoile une vérité de la ressemblance et suppose un renversement d'optique : comme pour la présentation de la re-présentation, il importe de saisir la semblance, sa fondation, afin de comprendre ce que signifie res-sembler. La ressemblance sera dès lors analysée non plus selon d'où elle provient mais *à partir* de ce qui la suit.

La déliaison des figures

Le renversement suppose de contester l'évidence logique par laquelle le modèle fonde la copie, comme le passé anticipe le présent, comme le père institue le fils. Sans nier l'ordre de cet héritage, il est possible de montrer combien le passé prend son sens du regard présent, combien le père trouve sa loi dans la transmission elle-même. Il faut nous déprendre de l'argument généalogique, de son antériorité fondatrice afin de marquer la position contingente et précaire du modèle qui n'existe pas en-soi mais parce qu'il est reconnu comme tel. Ce n'est pas parce que le modèle a précédé la copie que la copie prend son sens du modèle. A l'inverse nous pouvons affirmer avec autant de légitimité que le modèle prend son sens de sa reproduction — voire de son abandon — dans la copie. De la sorte, le modèle se modèle par la copie. Et la copie se trouve en double position d'une légitimation vers l'arrière et d'une déliaison vers l'avant. La dissemblance tient moins à l'imperfection reproductive qu'à l'aventure de l'altérité, qu'à la rencontre de l'étrange et du doute qu'exprime le "il semble". La ressemblance défaille à ce soupçon. "Ça lui ressemble" laisse place au "il semble que ce soit lui". "Il semble", c'est-à-dire "ça en a l'air" : une apparence, un visage, une présentation intangible. "Il me semble" amène la suspension d'une certitude, brise le caractère flagrant de la ressemblance. J'y crois mais je n'en ai pas la preuve. La décision revient au choix, conscient ou pas, d'assumer peu ou prou l'autorité du modèle. Le doute introduit ainsi une distance à l'égard d'un archétype qui n'impose plus sa référence, ni son uniformité.

Les corps découvrent leur singulière étrangeté, ils ne ressemblent plus systématiquement à ceux de leur espèce ou de leur lignée. Ainsi que le remarque Levinas, l'assignation des visages à un modèle implique leur réduction à des "traits" reproductibles, à une physionomie naturelle. Ses analyses désormais fameuses sur le visage et son irréductible altérité permettent de comprendre qu'au creux de la ressemblance se trouve une étrangeté, un vide, une absence constitutive. "Tout en lui me regarde, rien ne m'est indifférent. Rien n'est plus impératif que cet abandon dans le vide de l'espace, trace de l'infini qui passe sans pouvoir entrer - où se creuse le visage comme trace d'une absence"[1]. Lorsque je rencontre autrui, authentiquement, je ne peux décrire son visage; lorsqu'il me regarde, je ne vois pas la couleur de ses yeux. Le visage s'offre dans sa nudité, son caractère démuni; il est sens à lui seul, non relatif à un modèle; il déborde perpétuellement sa signification. "Le visage est présent dans son refus d'être contenu. Dans ce sens il ne saurait être compris, c'est-à-dire

[1]*Autrement qu'être*, Livre de poche, Paris, 1974, p.148

englobé"[1]. Cette altérité et cette infinité existent avant l'origine, avant la ressemblance, avant la reconnaissance de l'espèce. Selon Levinas, le refus de cette proximité de l'un et l'autre dans leur dissemblance vient de l'intervention d'un tiers qui tend à replier les visages sur ce à quoi ils ressemblent. Le visage de l'autre n'est plus qu'un parmi d'autres, identifiable, dévisagé au sens fort : "La relation avec le tiers est une incessante correction de l'asymétrie de la proximité où le visage se dé-visage."[2] Le tiers m'amène à regarder l'autre comme un élément interchangeable de la totalité humaine. J'occulte son unicité en ne considérant l'autre que du point de vue de l'appartenance, à une famille ou à une ethnie. A l'opposé des physiognomonistes, et des avatars modernes de Lavater (enquêteurs de police, idéologues racistes, ou morpho-psychologues), Levinas affirme qu'un visage n'est jamais identique à un autre. Il rompt ainsi avec l'idée de totalité, qui suppose l'égalité des visages. A la pensée du Même, il préfère l'idée d'infini qui admet l'inégal, l'autre irréductible. Le prochain est lointain, proche précisément par son éloignement, par sa séparation.

Cette dissemblance de l'autre à l'égard des autres me confronte à ma propre dissemblance à l'égard des modèles. Cette fois, "celui à qui je ressemble" devient plus obscurément "il me semble comme moi". A la fois nécessaire et arbitraire, le modèle perd son injonction naturelle à la ressemblance. Contrairement à tout ce qui nous relie au monde de la référence, de la parenté, c'est par ce qui me succède que j'acquiers une semblance, non par ce qui me précède. Je ne me regarde plus dans ce à quoi je ressemble — la paternité obligatoire — mais je me ressemble dans ce que je regarde — la filiation aléatoire. Les traits physiques par lesquels on identifie ma parenté avec tel ou tel membre de ma famille perdent de leur pesanteur anthropomorphe devant le débordement des visages dissemblables qui me convoquent de toutes parts. L'appartenance à la physionomie familiale se trouve reléguée au rang de l'organique ou de l'imagerie, et non de l'humain. Elle se dessine pourtant de manière douce, dans

---

[1]*Totalité et infini,*, Livre de poche, Paris, 1971, p.211
[2]*Autrement qu'être*, op. cit., p:246

le regard familial et sa tendresse impérative. Donnant cours à la nostalgie — même fictive — le retour sur les figures de l'enfance ou les ascendants familiaux suscite un trouble, une hésitation entre le désir fusionnel, identitaire, et le sentiment d'une étrangeté, d'une dépossession du soi devant sa préhistoire. La reconnaissance impose une allégeance, elle configure le corps du descendant, contraint d'endosser le paradigme physique de sa lignée. Elle fait jouer un second stade du miroir, une appréhension imaginaire de mon unité par la continuité.

Telle se manifeste la fonction orthopédique de la photo de famille. Je ne me reconnais que d'après les traits communs, partagés avec ceux à qui je ressemble. Condamné à la répétition du même, à la ressemblance itérative, je me fonds dans le type, je reflète l'empreinte. Dans son autobiographie impossible, Barthes évoque délicieusement cette gêne devant une photographie de ses ancêtres. L'image reproduite a pour légende "le roman familial", manière de dire à la fois le jeu freudien de l'enfant à l'égard d'un parent étranger et désiré, et le plaisir d'une construction imaginaire et littéraire à partir des clichés biographiques. Le commentaire exprime la tyrannie de la ressemblance et la déroute, la voie sans issue incarnée par le descendant : "Me voilà pourvu d'une race, d'une classe. La photo, policière, le prouve. Ce jeune homme aux yeux bleus, au coude pensif, sera le père de mon père. Dernière stase de cette descente : mon corps. La lignée a fini par produire un être pour rien"[1]. L'arrêt sur image vient fixer l'identité par l'analogie familiale, mais le dernier fils ne souhaite pas poursuivre la référence. La généalogie s'achève sur un "être pour rien", qui ne veut plus "descendre", suivre la pente; il existe comme le creux, le vide au sein de la corporéité familiale, gagnant sa singularité par cette impasse, plus que par un impensable refus de l'ascendance. Malgré ce qui le retient, l'empâtement de son corps dans celui du grand-père puis du père, il interrompt le cours, distend le fil. Par un emploi divergent de son corps, dégagé de la procréation-projection de soi, il dénoue les amarres et engendre un flottement généalogique. Le déficit paternel a permis le largage de la ressemblance.

---

[1] Barthes, *Roland Barthes*, éd. du Seuil, Paris, 1975, p.23

Ressemblance et reconnaissance

La levée de l'injonction à ressembler, au profit d'une semblance équivoque, ne s'exerce-t-elle que sur le mode du renoncement? Nous pouvons aller plus loin pour découvrir un véritable renversement dans la relation au modèle, en suivant cette filiation par laquelle le modèle se modèle, comme nous l'avons suggéré. Relativiser l'importance de l'archétype revient naturellement à déplacer le rôle de la paternité, à déjouer son autorité dans la ressemblance. L'entreprise va sans doute à l'encontre de toute une culture du modèle paternel, mais elle relève moins d'une dénonciation que d'une inversion. Un récit d'Hérodote nous en fournit une suggestion[1] : passant en revue les peuples libyens, l'historien grec rapporte les coutumes des Auses et insiste sur les figures féminines — déesse, filles, héroïnes — de ces nomades. Il évoque une communauté sexuelle au sein de laquelle ne se forme aucune liaison de couple. L'absence de mariage l'amène à comparer les membres de ce peuple à des bêtes suivant leur désir inconstant, s'accouplant au gré de leurs envies. Toutefois la question de la généalogie se pose pour les enfants issus de ces usages communautaires, car la paternité persiste quand même, l'enfant n'étant pas simplement celui de sa mère ni celui de la collectivité. La reconnaissance s'effectue alors au moment d'un rassemblement, trois mois après la naissance d'un enfant : d'après la ressemblance le père "reçoit" son fils. Le choisit-il, l'adopte-t-il? Hérodote ne le précise pas. Est-ce le fils qui devient fils par cette désignation? Ou est-ce le père qui se trouve désigné par la ressemblance? L'enjeu semble de taille dans la mesure où soit le père impose sa marque dans cette élection d'un fils qui lui ressemble, soit le père est choisi, destiné, par la ressemblance du fils. Selon qu'on choisit d'instituer le fils ou le père, la traduction dira "l'enfant est tenu pour le fils à qui il ressemble"[2] ou "celui à qui l'enfant ressemble est reconnu pour son père"[3]. Si le texte d'Hérodote

---

[1] *L'Enquête*, IV, 180

[2] traduction Ph. E. Legrand, Belles Lettres, Paris, 1945

[3] traduction Andrée Barguet, Gallimard, Paris, 1964

semble plutôt orienté vers la première hypothèse (*toutou païs nomizetai*), les ressorts de la ressemblance (*oikè*) demeurent énigmatiques.

La procédure de reconnaissance ne laisse pas de nous étonner. Elle met en jeu le droit et la nature. Comment décider de la paternité? D'après la ressemblance naturelle, le fils est attribué au père; dès lors c'est la nature qui s'impose au droit. Ces pratiques des peuples libyens ont nourri la réflexion antique sur la famille et la société. Si Platon concevait la communauté des femmes et des enfants comme déliée de l'esprit individualiste et partisan au profit de l'amour de la Cité, Aristote lui objecte l'inévitable présence de la ressemblance. Celle-ci conduit les frères et les sœurs, les pères et les enfants à se reconnaître et à reconstituer leur parenté. Aristote s'appuie précisément sur l'exemple des Auses[1] pour montrer la persistance de la nature dans la filiation. Les traits physiques fournissent autant d'indices révélateurs et trahissent la transmission naturelle et la ressemblance que même les animaux, vache ou jument, manifestent. Toutefois la comparaison d'Aristote a ses limites, car chez les humains un acte de reconnaissance suit cette loi naturelle et relève alors du droit civil. Ainsi la déclaration de naissance procède-t-elle de deux registres, car d'un côté elle semble entériner ce que la nature a rendu "clair", de l'autre elle clarifie l'engagement du père. Et il semble bien que pour les Libyens la reconnaissance par la ressemblance naturelle vienne combler l'absence d'une déclaration volontaire. Le cas des Auses paraît extrême car il fait une loi de ce manque d'une déclaration du père. Plus généralement, le recours à la ressemblance vient du défaut de reconnaissance paternel. Mais elle souffre d'un problème de fiabilité face à la déclaration juridique : autant le père qui choisit son fils, par un acte délibéré et juridique, authentifie la parenté, autant le père qu'on a désigné comme tel pourra douter des signes de sa ressemblance avec le fils supposé. L'observation des traits physiques ne procurera jamais une absolue certitude, alors que la conviction suffit à la reconnaissance volontaire.

---

[1] *Politique*, II, 1, 13

Les réticences d'Aristote s'inscrivent dans une ambivalence propre à son temps. D'une part s'y exprime le souci grec d'instaurer la marque du modèle et de fonder une autorité naturelle, d'autre part se développe une pensée du droit et des actes juridiques permettant d'instituer la Cité. En effet l'imaginaire archaïque — tel qu'il nous apparaît à travers Hésiode — concevait la filiation comme l'empreinte paternelle déposée dans la matrice féminine, et fondait la ressemblance à partir des indices. Aussi la pensée politique classique tente-t-elle d'établir le lien social en agençant l'appartenance familiale et la reconnaissance des citoyens au sein de la communauté. La *koinônia* athénienne témoigne, à cet égard, d'un pareil agencement : le mot désigne la communauté généalogique et politique, et repose sur l'idée que les citoyens athéniens sont originairement né d'un même sol. Le mythe constitue ainsi le socle de la pensée et de la pratique politiques, définissant les membres de la communauté au titre d'autochtones, nés de la terre commune, descendants du premier citoyen[1].

Chacun est "à l'image" de cet ancêtre prototypique. Mais Aristote souhaite conserver la singularité des fils, et ne pas la dissoudre dans une généalogie communautaire et anonyme. Le père fondateur, ou le principe instituant, doivent se poursuivre en des filiations différenciées, car l'ambition aristotélicienne vise à concilier l'unité et la singularité. Et à trop vouloir élargir la parenté le lien social risque de se distendre, contrairement aux intentions unificatrices. "Si chaque citoyen a mille fils, ceux-ci ne sont pas les fils de chacun, mais le premier venu est également le fils du premier venu, si bien que tous s'en désintéresseront également"[2]. La crainte qui s'exprime ainsi semble tenir à l'absence d'un premier modèle. Si la référence initiale fait défaut, le processus social ne peut se développer en un sens unitaire. En ayant mille fils, chaque citoyen peut reconnaître en n'importe qui son propre fils, mais ce qui est en jeu ici, implicitement, c'est la connaissance de soi. Le père ne doit pas simplement reconnaître le fils mais aussi se

---

1 Cf Nicole Loraux, *Les enfants d'Athéna. Idées athéniennes sur la citoyenneté et la division des sexes.* Editions la découverte, 1984, pp 36-37.

2 Aristote, *Politique*, trad. Jean Aubonnet, Belles Lettres, Paris, 1960, p.55

reconnaître lui-même dans le fils. Or il paraît difficile de se reconnaître dans mille fils. Que mille autres soient à mon image, cela suppose que mille autres images me renvoient mon identité comme multiple et douteuse. En fin de compte, si un individu ne reconnaît véritablement personne, ou ne conçoit que des reconnaissances fractionnelles, il ne peut se reconnaître pleinement en personne, en aucun de ses concitoyens frères ou fils. "Je suis tout le monde" revient à penser que "je ne suis personne". L'identité se dilue dans une multiplicité non différentielle.

L'exemple, historique, mythique ou utopique, d'une communauté des femmes, permet ainsi de penser en creux la question du père, celle du modèle et de la ressemblance[1]. Un autre commentaire sur les étranges coutumes des Auses nous permet d'avancer un peu plus loin dans la remise en cause et le déplacement du modèle. Au XIXe siècle, le juriste et historien Bachofen a imaginé découvrir un droit des femmes dans l'Antiquité, voire une gynécocratie originelle. Dans le cas des Auses, il interprète l'attribution des enfants aux pères selon leurs ressemblances physiques comme "le passage du droit maternel, du *jus naturale* dans sa pureté, au principe du mariage"[2]. La communauté des femmes et des enfants est décrite implicitement sur le registre de la plénitude indifférenciée de la nature, tandis que l'intervention de l'homme au titre d'un père relève d'un prélèvement et introduit une rupture. Le droit positif instaure un principe de séparation qui ôte à la mère une part de son droit sur les enfants et autorise le droit du père. Et précisément c'est la ressemblance qui constitue le vecteur de cette transition : tout en se fondant sur la nature, à partir des traits physiques, l'homme soustrait

---

[1] La transmission par la mère, ou la ressemblance entre mère et fille, constituent aussi naturellement une source de réflexion que de récentes recherches anthropologiques auront à nous soumettre. Mais historiquement et culturellement les implications politiques, juridiques ou philosophiques ont été presque exclusivement pensées à partir de la relation père-fils.

[2] Bachofen , *Le Droit maternel, recherche sur la gynécocratie de l'antiquité dans sa nature religieuse et juridique*, trad. Etienne Barilier, L'Age d'Homme, Paris, 1996, p.115

l'enfant à la domination de la mère et institue, par le droit civil, son pouvoir de préemption paternelle.

Au-delà de cette interprétation historique aujourd'hui très discutée, les ressorts de la ressemblance entre père et fils apparaissent dans leur complexité et leurs artifices. L'argument qui sous-tend l'analyse de Bachofen consiste dans la nature fictive de toute paternité. Avoir un enfant ne constitue symboliquement pas grand chose, mais être père suppose une construction. En généralisant l'exemple des Auses, dont la promiscuité sexuelle implique logiquement une grande difficulté à établir les paternités, Bachofen renchérit sur l'opinion proverbiale selon laquelle on n'est jamais sûr du père, même dans le cadre du mariage. Sans considérer la misogynie implicite de ces réflexions, nous observons qu'à travers la symbolique parentale la paternité repose toujours sur une conjecture. Si l'appartenance de l'enfant à la mère semble garantie par la gestation charnelle[1], l'appartenance au père nécessite un discours. Celui-ci prend des formes diverses, acte juridique de reconnaissance, fiction généalogique, identification imaginaire. Il implique généralement la composition, voire l'édification d'une ressemblance. Et au regard de cette entreprise identitaire, la ressemblance strictement physique se résume à une figure factuelle, surinvestie postérieurement. On glosera sur un menton ou des oreilles typiques d'une même lignée. Mais l'évidence est trompeuse et se réfugie dans l'alibi de la nature pour échapper au doute. Ce sont souvent les premiers regards de la "famille" qui confèrent aux traits de l'enfant une incarnation symbolique, et qui expriment ainsi leur désir d'appropriation par la traque des analogies charnelles. Subie ou choisie, la ressemblance procède d'une invention.

Ce détour par les Auses et leur procédures de filiation nous conduit au cœur de la réflexion sur l'imitation. Il amène à penser d'abord la semblance avant la ressemblance. Il permet de comprendre que ressembler relève d'un acte et non d'un état de fait. Il suggère que le rapport entre le modèle et sa réplique

---

[1] Ce qui ne saurait évidemment occulter l'importance du symbolique pour la mère. Cf sur ce sujet Elisabeth Badinter, *L'Amour en plus*, Champs Flammarion, Paris, 1980

résulte d'une relation instable, où la copie se trouve parfois en situation d'antériorité et d'autorité.

Une réflexion sur la représentation imaginaire ne saurait donc se passer d'une critique de la ressemblance. En effet la notion d'image se construit toujours à partir d'une semblance dont l'origine et le résultat impliquent nombre d'autres catégories. La naissance de l'image représentative dans l'Antiquité indique combien cette construction reste étroitement liée à un cadre mental où se côtoient les mots d'*eikôn* et de *mimèsis*. Et Jean-Pierre Vernant a montré que cette interdépendance se tissait dans le spectacle tragique, par la présentation au public de personnages, de "figures" humaines évoluant sur une scène. La fiction joue son rôle instaurateur, elle fonde le modèle qu'elle prétend imiter. Elle définit des formes qui autoriseront ensuite les hommes à se voir conformes. Le modèle social repose en effet sur un imaginaire qui conditionne la similitude aux autres et à soi, car les hommes ne se ressemblent pas naturellement et il y faut une appréhension de l'image pour configurer leur appartenance. "Cette semblance première à travers laquelle se fait reconnaître pour chacun son identité n'est pas de l'ordre d'une imitation trait pour trait, écrit Vernant, mais d'une congruence par rapport à une norme, d'une évaluation par rapport à un modèle exemplaire."[1] Et l'exemplarité fondatrice se construit par les images qui permettent aux hommes de lier ce qu'ils sont à ce qu'ils paraissent. L'image a ceci de vacillant qu'elle met du jeu dans l'adéquation et la superposition des formes, comme autant de patrons qui doivent s'ajuster en vue d'un unique vêtement. Ainsi l'imaginaire et sa propension à la démesure donnent paradoxalement à l'homme son étalonnage. Au lieu de créer des chimères ou de nourrir les contes de grand-mères, ils offrent la mesure et l'évaluation.

---

[1] Jean-Pierre Vernant, "Figuration et image" in *Entre Mythe et politique*, éditions du Seuil, Paris, 1996, p.392

Ce rôle spéculaire de l'image comme lieu et vecteur d'identification ne doit toutefois pas la réduire au titre d'un miroir humain. Une interprétation humaniste risque de résumer l'image à un instrument de mesure grâce auquel l'homme s'approprierait son identité, définirait un moi victorieux et imposerait ses dimensions au monde. Si effectivement le portrait humain participe de cette volonté de figer l'espace et le temps au profit d'un pouvoir personnel, cette intention édifiante se heurte aux procès retors de l'image qui doit en assurer la réalisation. Certes, de nombreux historiens de l'art ont montré comment la peinture des corps humains témoignait des apprentissages par l'homme de son autonomie. Mais analyser les évolutions de la représentation humaine comme autant d'étapes marquant le progrès de l'humanité vers la connaissance de soi relève d'une épopée esthético-philosophique plus que d'une analyse de l'image. Afin de répondre à la stricte question de l'unité de mesure octroyée par l'image, nous pourrions suggérer qu'elle permet en même temps une présentation en démesure, selon des proportions et des effets polymorphes. Cependant nous préférons sortir du terrain de la représentation et de la ressemblance, trop investi par un humanisme réducteur et uniformisateur, pour penser la réfraction de l'homme en image à partir de son défaut.

Selon cette perspective l'homme s'absente en se regardant. Son identité se construit à mesure qu'elle prend forme et qu'elle sursoit à cette forme. En différant la ressemblance, le sujet encore multiforme accède à l'altérité de l'autre et à sa propre altérité, par échos, ainsi qu'on le dit de certains tremblements d'images. Les reflets bougés déjouent le narcissisme et son péril, pour simuler un retour perdu. Cette poursuite, au double sens de recherche et de continuité, me renvoie à ce que je peux être et non à l'imposture de ce que je crois être. La semblance ne confirme pas mon adéquation au modèle — celui de l'imaginaire familial et social —, elle répand devant moi les possibles incarnations que produisent les regards. La version humaniste de l'image laisse ainsi place à un imaginaire aléatoire par lequel l'homme est "essayé", mis à l'épreuve de ses différences potentielles. Du point de vue esthétique, la critique antihumaniste a brisé la vision édificatrice de la représentation, mais elle ne peut nous satisfaire car elle demeure sur les mêmes catégories de la ressemblance que l'humanisme. Il ne suffit pas de dire que certaines images modernes — notamment depuis le surréalisme — déforment l'humain, le déshumanisent. En effet la "déformation" ne prend son sens que de l'a priori discutable de la forme ressemblante[1]. Elle donne l'illusion qu'il y aurait d'abord la ressemblance, alors que celle-ci est un effet, non une source.

La ressemblance est seconde : c'est pourquoi elle peut donner l'impression d'une dissemblance contradictoire, à l'œuvre dans l'image ressemblante. Mais en fait, c'est la dissemblance qui effectue son procès, et la ressemblance n'est qu'un moment de cette dissemblance en acte, un moment qui peut s'éterniser lorsque s'est figée l'image — lorsque l'on croit pouvoir affirmer que l'image atteint une parfaite ressemblance avec son objet. Comme l'observe Deleuze en renversant le prototype platonicien : "la ressemblance subsiste, mais elle est produite comme l'effet extérieur du simulacre, pour autant qu'il se construit sur des séries divergentes et les fait résonner."[2] Certes, au départ, avec le modèle ou l'*analogon*, il existe bien une volonté mimétique : on souhaite "reproduire", "représenter", mais la "reproduction" ne peut en aucun cas redoubler la production — que ce soit celle de Dieu, de la nature, de la parenté… De même la représentation ne peut jamais redoubler la présentation : les modes du paraître, de la manifestation, ne sont jamais duplicables tant ils font intervenir des conditions singulières aussi bien chez celui qui se présente

---

[1] La notion d'informe donne lieu à ces ambiguïtés, comme en témoignent les débats contemporains sur Bataille. Ainsi Rosalind Krauss (*L'Informe, mode d'emploi*, éditions du Centre Pompidou, Paris, 1996, p.73) reproche-t-elle à Georges Didi-Huberman (*La Ressemblance informe*, Macula, Paris, 1995) de réintroduire des catégories humanistes en maintenant la notion de ressemblance et les référents anatomiques à partir desquels juger les "déformations", au lieu de penser l'informe. Cela dit, le renoncement à toute ressemblance et l'abdication de tout point de vue humain recourent paradoxalement à des valeurs humaines, fussent-elles présentées dans le renversement du haut et du bas, le crachat et l'araignée acquérant chez Bataille des vertus pédagogiques.

[2] Deleuze, *Logique du sens*, Minuit, Paris, 1969, p.303

que chez celui qui le reçoit. Ainsi l'apparition d'un visage, dont Levinas a montré le caractère épiphanique, ne saurait se redoubler dans le portrait qui en est "tiré". Si une image peut nous requérir aussi puissamment, elle le fait non pas sur le registre éthique de la responsabilité, mais sur celui ontique de la disparition. L'image relève d'un processus qui, au cœur de la forme est le travail de l'absence, et dont la forme même est autant l'antidote que la manifestation. Produisant des figures, elle joue le rôle d'une matrice de formes et de difformités. Le terme "difforme" dénonce l'idée d'une forme "naturelle", il assume l'artifice et l'aléatoire des formes. Distinct de "déformé", il indique la transformation et la transmutation dans un nouveau registre de l'incarnation, sans point d'ancrage, sans modèle initial de ressemblance. Distinct aussi d'"informe", il éprouve en les conservant la mobilité et la précarité de l'humain, la permanence de cette fluctuation qui, dans son inconstance, dit encore la présence humaine. L'image, source de la semblance et de ses variations, engendre ainsi la dis-location de la forme : non sa destruction ni son démantèlement, plutôt son transfert, ses passages alternatifs de l'absence à la présence, d'une forme convenue à une forme inconnue.

La défection de l'identité

L'invention de la ressemblance ne participe donc pas de l'imitation, mais d'une tentative de clôture des formes si mouvantes de la semblance. En tant que moment du processus de la dissemblance, la fixation d'une ressemblance compose une doublure de l'objet qui le sort de lui-même; elle l'abstrait du réel et produit donc l'éloignement de l'image, la séparation entre l'objet et sa représentation. La ressemblance fige ainsi l'objet qu'elle transforme en modèle à copier pour l'*écarter* d'autant plus. La transformation d'une chose ou d'un être en modèle lui retire toute vie, toute autonomie, et l'autorité prototypique que lui confèrent les copies tient de l'illusion puisqu'au contraire l'objet copié se trouve enfermé dans son statut de modèle. Modelé par la copie, il se retrouve exclu du monde vivant de la difformité, de la variété infinie des formes. Ainsi du visage qui échappe par nature à la physionomie : le portrait le transfigure et finalement l'absente à lui-même. Observant que les être vivants sont fondamentalement sans ressemblance, Maurice Blanchot peut affirmer en ce sens : "Un portrait, on s'en est peu à peu aperçu, n'est pas ressemblant parce qu'il se ferait semblable au visage, mais la ressemblance ne commence et n'existe qu'avec le portrait et en lui seul, elle est son œuvre, sa gloire ou sa disgrâce, elle est liée à la condition d'œuvre, exprimant ce fait que le visage n'apparaît qu'à partir de l'absence qui est précisément la ressemblance"[1]. Cette dernière formulation peut nous amener à penser, malgré la séparation, la présence du visage en son absence même au sein du portrait. En effet la critique de la ressemblance ne se réduit pas au procès d'une trahison, car la ressemblance exprime ce qui est, mais non au sens où on l'entend généralement, c'est-à-dire la saisie des traits essentiels d'un visage; elle le présente plutôt par le témoignage de sa disparition, en œuvrant à son absence.

Le visage apparaît en ce qui se donne et en ce qui échappe au portrait. D'où l'incertitude suscitée devant une telle image qui semble proche et lointaine à la fois. D'une part elle semble produire la quintessence de l'objet représenté : "c'est vraiment lui", et cette évidence se manifeste indépendamment de toute connaissance du spectateur. Nous jugeons ainsi de la ressemblance — et de son exactitude — de personnages dont nous ignorons pourtant les traits. Louis XIV ou Napoléon nous sont ainsi familiers au point que nous croyons apprécier l'exactitude de tel ou tel de leurs portraits. En même temps cette familiarité se double d'une étrangeté, car la représentation du visage nous attire vers l'infra-humain, par cette présence hors du temps et cette distance infranchissable qui la sépare de notre temporalité. Le visage est entré dans le registre de la chose animée; il acquiert une présence magique et, selon notre degré d'implication, il se réduit à une quelconque figure muséale ou il prend une valeur iconique. La présentation du portrait modifie donc le sens de la présence. Elle idéalise et elle concrétise, alternant l'au-delà et l'en-deçà du visage, à la fois sublimé et déchu en sa portraiture. Par sa ressemblance, l'objet expose ce que Blanchot appelle "son double neutre", son

[1] Maurice Blanchot, *L'Amitié*, Gallimard, Paris, 1971, p.43

appartenance à l'élémentaire, ni positif ni négatif, hors du monde des valeurs. Ainsi l'image défait-elle l'identité, moins par sa contestation que par sa neutralisation. La ressemblance exhibe paradoxalement la non-identité du même, son impossible réitération, et chaque image répète cette impossibilité.

Au lieu d'une victoire acquise par l'homme en sa représentation, l'image entraîne une forme de destitution car elle produit une stase précaire. L'être vivant accède à "une ressemblance qui n'a rien à quoi ressembler"[1], comme l'affirme encore Blanchot, il flotte sans référent. Ou au contraire, la propension de l'image à la métamorphose le conduit à ressembler à des réalités étranges; les analogies inédites déplacent la ressemblance vers des formes inhumaines qui éloignent l'homme de son identité. "L'homme est défait selon son image"[2], mais cette défaite recèle une vertu fondatrice : elle ne signifie pas la perte de toute définition de l'humain ni sa disparition au titre d'universel; elle exprime plutôt l'ouverture imaginaire des possibles, l'incertitude inventive d'une identité par essence instable et inachevée, en continuelle instance de transfiguration. La fixation d'une ressemblance par l'image s'apparente au mouvement du Phœnix, de la mort assénée puis du retour infidèle d'une nouvelle forme. La présence de l'objet s'évanouit avec son portrait, elle renaît à partir de son évacuation imaginaire. Ainsi une conception humaniste de la représentation doit-elle penser l'humanité depuis son absence. L'homme réapparaît plus authentique dans son rappel évanescent, lorsque toutes les imageries édifiantes ont été sacrifiées. Le portrait consacre cette immolation première en destituant l'individu de sa singularité, contrairement à ce que l'on croit être sa fonction de glo-rification personnelle. Comme l'écrit Louis Marin, "le portrait est à la fois suppression et désignation de la mort, en ce qu'il délie la figure humaine de son individualité propre, en ce que par lui, elle devient idée en s'inscrivant dans le tableau comme une trace du modèle absent."[3] L'individu n'accède pas

[1] Maurice Blanchot, *L'Espace littéraire*, op. cit., p.354
[2] idem
[3] Louis Marin, *Philippe de Champaigne*, Hazan, Paris, 1995, p.103

pour autant à l'universelle forme humaine; sa présence a été transmutée en une présentation imaginaire de laquelle il s'est absenté, et qui produit une individualité nouvelle. Le portrait ne relève donc jamais clairement de l'individualisation ni de la typification. L'image qu'il produit repose moins sur la ressemblance singulière ou générale que sur la composition d'un imaginaire de ressemblances qui échappent à leurs sources.

Cette "mort et renaissance" de l'objet éconduit par sa ressemblance semble moins évidente dans le cas du portrait photographique. L'indice référentiel témoigne en effet d'un modèle qui s'est imprimé "tel quel" dans l'image. Cependant là encore le portrait désigne la mort et installe l'objet photographié dans le monde des revenants. Si véritablement s'y présente un indice du réel, c'est sous le registre d'un passé ratifié. Comme le décrit Barthes, le mode de présence photographique ne dit qu'un "ça a été". Toutefois ce témoignage n'authentifie rien, sauf à prolonger une conception réaliste de la photographie, à laquelle l'auteur de *La Chambre claire* ne déroge pas tout à fait. Imprimé dans la photographie, l'objet subit une mutation qui le différencie d'un simple calque, il entre dans un système de références propres aux codes de la représentation photographique — même si l'image ne se réduit pas à ces codes. De ce point de vue le recours aux nouvelles techniques de composition virtuelle contribue à rompre l'illusion réaliste concernant la photographie, tout comme il remet en cause la notion d'indice. Barthes continue d'affirmer le pouvoir d'authentification par la photographie car il y décèle une présence magique. Cependant la puissance d'une image ne vient que de la relation qu'elle entretient avec un ou des regards.

Certes la notion de ressemblance demeure ici plus pertinente que pour une image picturale, et la présence initiale de l'objet photographié se poursuit dans son résidu visuel. Mais nous pouvons alléguer de nouveau qu'elle procède d'un écart, d'une éviction de son référent. Hervé Guibert a radicalisé cette disparition avec son recueil *L'Image fantôme* dont le titre rappelle la nature spectrale de la photographie[1]. Le texte inaugural raconte une photo ratée, et pourtant essentielle pour l'auteur qui voulut faire un portrait de sa mère. La pellicule ne fut pas impressionnée et Guibert constate qu'il a photographié "à vide", "à blanc" comme on "tire à blanc"[2]. Ce ratage dit paradoxalement l'essence de la photographie qui vise au meurtre de son objet. Le mort a disparu sans laisser d'indices. Barthes admet que l'analogie photographique se distingue de l'empreinte et soutient qu'elle dégage une "émanation" du passé. L'expression paraît s'inspirer de Plotin, toutefois la procession ne fait ici aucun retour. Ce qui revient du réel dans la photographie ne se représente qu'au titre d'un temps mort. Stase de réel transformée en image fluctuante et parfois fascinante, la photographie maintient la tension entre ces deux aspects. En ce sens, Barthes peut affirmer qu'elle est indialectique, puisqu'elle ne s'inscrit dans aucune perspective de résolution, dans aucun processus logique. Elle se livre sans direction, sans ligne droite, et ne présente, comme nous le verrons, que des trouées. Ce temps mort de la représentation n'a rien à voir avec une représentation tragique de la mort et Barthes peut affirmer que la photographie "est un théâtre dénaturé où la mort ne peut se contempler, se réfléchir et s'intérioriser"[3]. Le temps y est délié de sa linéarité, surchargé par l'instant originel de la pose, de ce que la photographie a focalisé. Du coup la représentation y déborde son référent. Ainsi le portrait photographique ne produit-il qu'une ressemblance morte de son excès, de son évidence illusoire. Il semble trop évident que le visage imprimé sur la photographie est bien celui de l'homme photographié. Et pourtant ce bloc de vérité impose une ressemblance excessive qui, finalement, somme le réel de ressembler à la ressemblance.

---

[1] Une conception déjà présente chez Balzac et sa théorie des spectres. Cf R. Krauss, *Le photographique*, Editions Macula, Paris, 1990, p.21

[2] Guibert, *L'Image fantôme*, Minuit, Paris, 1981, p.16. Ce texte semble lui-même le double graphique de *La Chambre claire*, puisqu'il se construit entièrement à partir de cette photo manquante de la mère, à l'instar de la Photo du Jardin d'Hiver, le portrait non reproduit de la mère défunte de Barthes, et qui hante tout son essai.

[3] Barthes, *La Chambre claire*, op. cit., p.141

La convenance

La notion de ressemblance doit être repensée non seulement à partir de la semblance mais aussi à partir de la réciprocité qu'elle engage avant que ne se constitue le modèle. Si nous ne pouvons logiquement comprendre le semblable sans référent, il semble toutefois possible d'étudier le rapport contradictoire et complexe entre les termes censés se ressembler. Nous avons posé l'idée que la ressemblance relevait d'une invention. Aussi se décline-t-elle en des figures variées qui organisent conventionnellement "l'entrée en ressemblance". Portraits officiels, représentations symboliques, photos de famille, photos d'identité... établissent divers rapports entre les êtres et leurs images. Montaigne, en un temps à la fois si ouvert aux formes les plus extraordinaires et au cours duquel se mettent en place des modèles univoques de classification, est un des penseurs qui ont le mieux desserré le principe de la ressemblance. Rétif aux analogies qui imposent un modèle unique dans la multiplication des formes, il a troqué la ressemblance pour la *convenance*. Ainsi la relation entre deux termes suppose qu'ils "se conviennent" d'une certaine manière: ils viennent en même temps l'un à l'autre par ce rapport, établissant leur parenté à partir d'un élément commun provisoire, hiérarchisant éventuellement leur rapprochement selon des valeurs transitoires. La convenance tient de la fortune et non d'un plan rationnel. Ainsi la réalité humaine ne se fonde sur aucun type, et elle se compose d'une grande variété de formes. "Il y a des formes métisses et ambiguës entre l'humaine nature et la brutale"[1], écrit Montaigne qui peint la nature selon ses différences et ses changements perpétuels. D'un point de vue tant métaphysique que politique, la forme de l'humaine condition ne relève pas d'une figure géométrique, qu'une illustre raison aurait parfaite. Elle tient du sac difforme dans lequel les hommes, unis par nécessité factuelle, ont trouvé plus ou moins leur place.

La réflexion de Montaigne sur la ressemblance se découvre de manière détournée, selon une habitude de l'auteur, dans un essai intitulé "De la ressemblance des enfants

[1] *Essais*, II, 12

aux pères", et qui nous ramène à la concomitance révélatrice de l'image et de la filiation. Les manifestations de l'hérédité familiale lui donnent l'occasion d'exprimer son étonnement à la fois devant la diversité des formes et devant la répétition de certains traits. "Quel monstre est-ce que cette goutte de semence de quoi nous sommes produits porte en soi les impressions, non de la forme corporelle seulement, mais des pensements et de inclinations de nos pères? Cette goutte d'eau, où loge-t-telle ce nombre infini de formes?". Le plus curieux pour Montaigne demeure malgré tout la ressemblance des enfants à l'égard des parents, comme si les différences, elles, étaient beaucoup plus naturelles[1]. Et surtout, l'extraordinaire de cet essai vient de la manière d'aborder le problème. Il se présente en couches successives : en premier lieu, et massivement, il construit une diatribe contre la médecine; en-deçà il permet à l'auteur d'évoquer sa maladie, son "vivre coliqueux"; encore en-deçà il traite de sa relation au père. Et précisément, il n'est pas innocent de considérer la dette à l'égard du père à partir de la maladie. Montaigne découvre qu'il est atteint de la maladie de la pierre qui a déjà emporté son père. La ressemblance s'exprime ici dans le défaut de nature et non par la qualité du lignage. Contrairement à la fière revendication d'un nom ou d'une figure tutélaire, la filiation se dit par la faiblesse du corps. La marque du modèle s'est manifestée comme une "propension au défaut", c'est-à-dire, en fin de compte, comme une régression. La substance corporelle a été "impressionnée" par une tare paternelle : le fils est atteint de la maladie du père. La ressemblance, non plus créditée d'une valeur positive, donne lieu au doute et à la mort. Etre semblable à son père signifie pour Montaigne subir la même souffrance et la même menace.

Le plus suggestif dans cette évocation apparemment objective vient du moment où l'héritage du modèle se clarifie, car le fils en prend conscience lorsqu'il sent sa propre mort annoncée. La ressemblance avec le père se réalise dans cette

---

[1] Pascal généralisera le propos jusqu'à déclarer comique la ressemblance des physionomies : "Deux visages semblables, dont aucun ne fait rire en particulier, font rire par leur ressemblance." (*Pensées*, éd. Brunschwig 133)

fin dernière : le père est celui qui a transmis la mort. Le descendant rejoint son ascendant quand il meurt, lorsque la copie défunte réalise le défaut du modèle[1]. Cet accès relève peut-être aussi d'un rappel, la reprise d'une ressemblance plus ancienne, celle du père, et celle des hommes défunts. La ressemblance première et dernière s'inscrit dans la répétition propre à la finitude, l'éternel retour du même dans l'absence même. Au contraire de celle des morts, la ressemblance des vivants reste toujours sujette à caution. Elle requiert un gage, une entente... une convenance. Montaigne aussi a lu l'exemple des Auses et il y fait référence dans l'essai sur la ressemblance des pères, tout comme dans un autre essai, "De l'affection des pères aux enfants". Sa version diffère quelque peu de celles que nous avons citées. Selon lui, c'est l'enfant et non la communauté à laquelle il appartient qui décide de sa paternité. Une fois en âge de marcher, il se dirige parmi la foule vers celui qui se trouve ainsi élu au titre de père. La reconnaissance procèderait alors de l'instinct, car l'on voit mal comment un enfant d'un an aurait à la fois une appréhension spéculaire de ses traits et une faculté de saisir les ressemblances sur un autre corps.

Toutefois cette direction proposée par Montaigne présente l'intérêt de montrer à l'envers la procédure d'élection parentale. Ici l'enfant choisit son père. En effet Montaigne ironise sur le récit d'Hérodote et doute de l'inclination naturelle qui aboutit, selon lui, à "du mécompte". Mais à la limite, peu importe qu'il y croit ou non; le plus significatif réside dans la présentation détournée du récit antique. La marche de l'enfant vers celui qu'il élit témoigne de ce qu'une parenté vient de la descendance et non de l'ascendance. Une fois debout, l'enfant peut désigner celui à qui il croit, pense, "veut" ressembler. L'érection du fils fonde l'élection du père. A la différence de l'image castratrice du père à laquelle, en principe, s'identifie le fils, et qui structure le désir et sa culpabilité, la configuration imaginaire de la parenté vient par l'élévation du bas. L'enfant se lève non par l'injonction paternelle, mais pour la

---

[1] Peut-être le thème du double dans la littérature fantastique d'inspiration germanique s'inscrit-il dans cette configuration : durant toute sa vie, le personnage est redoublé par un sosie avec lequel ses actes sont confondus. Et il meurt lorsqu'il le rencontre, lorsqu'il voit enfin à quoi il ressemble.

désignation d'une autorité : l'"auteur" de ses jours est fait "autorisé" par l'enfant. En choisissant un modèle, il impose sa propre image. Encore une fois, le modèle se trouve modelé par sa prétendue copie. Le modèle se conforme au sujet qui l'instaure comme modèle. Nous sommes loin d'une filiation pensée comme copie conforme du père.

La descendance impropre

Certes l'histoire supposée des Auses ne nous permet qu'une interprétation symbolique de cette procédure de reconnaissance[1]; son intérêt vient de ce qu'elle cristallise un imaginaire de la parenté. Ainsi Montaigne y manifeste une certaine déprise à l'égard du modèle de ressemblance, aussi bien en amont qu'en aval puisqu'il met à distance la parenté de son père tout comme sa propre parenté à l'égard de sa fille. Il convient de rappeler qu'à son époque l'éducation des enfants ne procède pas d'un impératif affectif, comme c'est le cas depuis le XIXe siècle. Il était courant de ne pas s'intéresser à ses propres enfants jusqu'à ce qu'ils deviennent des sujets raisonnables et fréquentables. Toutefois la conception de Montaigne semble singulière dans la mesure où l'essai "De l'institution des enfants" montre son intérêt pour l'éducation et sa dette à l'égard de l'instruction ordonnée par son père. Le véritable sens de la filiation qui se dégage repose sur la transmission intellectuelle, non corporelle. Montaigne, dans "De l'affection des pères aux enfants", se moque des parents qui s'attribuent les qualités de leurs enfants, qui se prolongent en eux, et après avoir évoqué les mœurs des Auses, il écrit: "à considérer cette simple occasion d'aimer nos enfants pour les avoir engendrés, pour laquelle nous les appelons autres nous-mêmes, il semble qu'il y ait bien une autre production venant de nous, qui ne soit pas de moindre recommandation : car ce que nous engendrons par l'âme, les enfantements de nos

---

[1] Certaines expériences communautaires, moins hypothétiques, sont l'occasion de repenser la parenté et les ressorts inédits de l'identification de l'enfant. Cf par exemple les enfants de *kibboutznikim*, étudiés par Bettelheim dans *Les Enfants du rêve* (Lafont, Paris, 1969), ou les *Na* de Chine étudiés par Cai Hua dans *Une société sans père ni mari* (P.U.F., Paris, 1997).

esprits, de notre courage et suffisance, sont produits par une plus noble partie que la corporelle et sont plus nôtres; nous sommes pères et mères ensemble en cette génération; ceux-ci nous coûtent bien plus chers et nous apportent plus d'honneur, s'ils ont quelque chose de bon. Car la valeur de nos autres enfants est beaucoup plus leur que nôtre; la part que nous y avons est bien légère; mais de ceux-ci toute la beauté, toute la grâce et prix est nôtre. Par ainsi, ils nous représentent et nous rapportent bien plus vivement que les autres."[1] La richesse de ce passage et ses nombreux implicites mériteraient une foule de commentaires, cependant notre sujet exige une lecture sélective, relevant ce qui nous renseigne sur la ressemblance, la transmission d'un modèle, et l'image de soi. Notons que ce qui nous ressemble vraiment, nos enfants les plus fidèles, ce sont nos pensées dont nous constituons à la fois le père et la mère. Le désir d'une génération univoque renvoie au temps sans désir, le temps d'avant la femme. L'âge d'or présente la répétition du même, sans mélange, les hommes réitérant le prototype divin, jusqu'à l'arrivée de Pandore qui les condamne au partage et à l'enfantement corporel. Précisément la nécessité de rencontrer le corps de l'autre conduit à sortir du monde de la ressemblance. De la sorte nous pouvons, ou nous croyons, nous reconnaître dans nos productions spirituelles — Montaigne, ailleurs, nie toute propriété intellectuelle —, mais la procréation nous oblige à reconnaître notre abandon. Si l'idée dit le propre, le corps induit l'impropriété. Nous ne nous reconnaissons pas dans nos enfants du fait d'une génération partagée; cette évidence est combattue par la volonté d'appropriation des pères dont Montaigne se gausse. De ce point de vue la ressemblance au modèle se trouve constamment taraudée par la mixité de ce modèle. Et le procès de l'image n'est pas étranger à ce mélange, à cette collusion d'éléments divers, ce mélange de réel, d'idée, de figure qui rend la "matière" imaginaire si complexe et si mobile.

D'un côté les enfants de l'âme nous "représentent", écrit Montaigne, et ils nous "rapportent"; ils retournent à leur origine dans leur développement même, participant au sens fort de la réflexion pure. De l'autre côté, les enfants du corps,

[1]*Essais*, II, 8

par essence volatiles, fuyants, dispersés, infidèles, nous présentent autrement, nous déportent plus qu'ils nous rapportent. A leur aune, l'image ressemblante tient du corporel, s'il faut reprendre cette antinomie métaphysique. Le statut de cette ressemblance qui relie les corps entre eux, les images aux corps, ou les images entre elles, demeure donc factuel; et il dépend de nous que ce lien acquiert un sens et une valeur. Avec Montaigne, nous préférons le mot de convenance qui pose la question de la ressemblance à partir du regard et de sa libre disposition. Un regard sur soi, sur les autres, sur sa propre altérité. La convenance ou l'inconvenance d'un regard, voilà ce que présente l'image. Elle établit la distorsion ou l'harmonie, produit des accords ou des dissemblances. En proposant un certain type de convenance, l'image instruit ou invente les relations entre les choses et les êtres. Tel paraît le sens de la représentation et de toute présentation : un mode de relation des choses à soi, et de soi à soi. Cette organisation spectaculaire qu'on appelle de manière un peu emphatique, une "vision du monde", est plus simplement une proposition de regard, une tension suggestive entre plusieurs éléments et qui, par ce procès, met en œuvre une présence-absence à soi et aux choses : non le transfert d'un modèle, plutôt le transport imaginaire d'un soi en instance.

Le miroir aveuglant

Comment peut se dire, ou plutôt s'imager cette convenance à soi? A la fois l'appréhension de soi s'exerce nécessairement par l'imaginaire et paradoxalement l'image implique la dispersion du regard sur soi. Car la réflexivité par la pensée qui, prétendument, assurerait la conscience voire la maîtrise de soi, participe en fait de cet imaginaire. Montaigne s'appropriant ces enfants de l'âme n'en reconnaît pas moins le caractère fugace. Si les idées sont miennes une fois que je les ai digérées, elles s'intègrent au corps mouvant que je suis, sans jamais acquérir le statut de vérités éternelles, tel semble l'usage qu'en fait l'auteur des *Essais*, en proposant un texte stratifié, exhibant les couches successives de ses réflexions, leurs temporalités aux échelles diverses et aux options parfois contradictoires. La métaphore de la digestion dit notamment cette transformation par le corps, et l'instabilité de toute construction. Le fil de l'écriture, très ténu et subtilement tortueux, tient l'ambition intellectuelle loin de tout projet systématique; il propose la pesée moyenne d'arguments non édifiants, offrant l'image d'un soi précisément "essayé". Et lorsque, critiquant ce présumé scepticisme, le rationalisme classique affirme un sujet réfléchi par sa pensée, l'appropriation signifie davantage l'accès à l'universalité qu'à la singularité. A la conscience cartésienne, hors du monde et de ses déterminations, les moralistes du XVIIe siècle opposent les ressorts implicites de cette prétention à l'autorité réflexive. Fût-elle conditionnée par Dieu, cette appropriation de soi et du monde relève d'un pouvoir d'auto-illusion. Son héroïsme participe de l'autoportrait et de ce que les moralistes analysèrent comme amour-propre. Aveugle à ce qui lui échappe, elle occulte délibérément le corps et l'image, réduits à des mécaniques trompeuses. Sartre en propose la parodie avec le personnage de *La Nausée*, "un type comme Descartes", qui s'accroche à ses idées car elles sont à lui, et elles ne bougent pas. Il peut les manipuler à sa guise et affirmer ainsi sa maîtrise, asseoir son être. Malheureusement le passage devant le miroir le ramène à son existence de chair, à la présence charnelle de sa conscience pensante. Le visage se transforme en crabe, l'humain se défait, dérive vers l'animal et le minéral. L'image qui devait être le vecteur de l'anthropomorphisme induit au contraire la déformation, la défection de l'unité humaine. L'impossible réflexion au miroir présente à l'œil l'abîme de son propre regard. Je ne peux à la fois me saisir vu et voyant : voyant, mon image disparaît au profit de l'acte de voir; vu, je ne reconnais plus l'image devant moi. La reprise des *Méditations métaphysiques* débouche sur le fantastique, sur la doublure onirique; elle s'énonce ainsi : je suis une chose qui pense signifie que je suis ce que je pense, mais aussi que je suis une chose. La chose a un corps, et je suis ce corps; je pense ce corps, mais aussi je le vois; et si je me reconnais dans la pensée du corps, je ne me retrouve pas dans la vue de ce corps. Si le dualisme cartésien permettait la séparation schizoïde entre penser et voir, en revanche l'appréhension par la conscience de sa dimension charnelle jusque dans sa pensée la plus oublieuse du corps, aboutit à l'étrangeté. Je ne "me conviens" pas d'emblée, tel semble le constat spéculaire de toute conscience qui découvre l'arbitraire de son corps[1].

La moindre lucidité de la conscience suppose qu'elle accepte sa propre discordance à l'égard de ce qu'elle est, l'imposture de son affirmation réflexive. La construction de soi ne peut se fonder qu'à partir du deuil d'un moi unifié, déjà prêt-à-portrait, image édifiée par la représentation anthropomorphe. L'inconvenance à sa propre image vient de ces réflexions au miroir et des tentatives de représentation de soi qui, si elles sont l'enjeu d'une unification-appropriation imaginaire — selon le fameux stade du miroir — créent aussi l'épreuve de la fascination et de la rupture. Je ne me re-connais pas dans l'image car je me découvre ainsi et d'abord par l'image. L'expérience organise moins une connaissance qu'une configuration. Or dans le miroir je n'atteins jamais mon propre regard. Là tient l'échec du narcissisme, puisqu'il alterne l'hallucination — Narcisse croit voir quelqu'un d'autre dans le reflet de l'eau — et l'aveuglement — Narcisse plonge et disparaît dans son reflet. La scission du regard met en œuvre la tension de l'image, elle se meut dans le procès de la semblance. De la sorte, le regard en sa position d'autorité et son pouvoir objectivant, en sa qualité de point de vue et sa fonction directionnelle, échoue devant le miroir qui le réfléchit et l'aveugle.

L'autre portrait

La discordance de l'image réflexive est à ce point constitutive de l'image qu'elle ne se limite pas à l'épreuve du miroir. Elle se manifeste devant toute représentation de soi, devant les portraits qui eux aussi encouragent la fascination ou la cécité. Devant son portrait, le sujet se trouve et s'oublie, sa semblance devient encore plus évanescente et discordante. "Par le moyen de cette illusion, écrit Nicole au XVIIe siècle, il

---

[1] Dans l'esprit de Lacan et du séminaire XI sur la schize de l'œil et du regard, Michel Thévoz écrit : "Les miroirs nous enseignent que le propre de l'homme c'est précisément une impropriété constitutive" (*Le miroir infidèle*, Minuit, Paris, 1996, p. 32)

est toujours absent de lui-même et toujours présent à lui-même : il se regarde continuellement et il ne se voit jamais véritablement parce qu'il ne voit au lieu de lui-même que le vain fantôme qu'il s'est formé."[1] L'imposture du sujet se regardant et s'identifiant à son image vaut pareillement la rupture de celui qui prend sa représentation pour celle d'un autre. Dans les deux cas l'inconvenance produit la déroute du sujet soit pétrifié soit disparu. Aussi le portrait de soi révèle-t-il une méconnaissance plus qu'il ne suscite la reconnaissance. Le projet d'une auto-représentation peut même exiger la mutilation de soi, une désarticulation du moi du fait même des exigences spéculaires. En effet l'autoportrait du peintre employant le miroir pour se dédoubler en modèle suppose de se plier à un espace de représentation qui modifie les conditions de visibilité ordinaires. Comme le remarque Louis Marin[2] à propos des autoportraits de Dürer, l'inversion de la droite et de la gauche dans l'image du miroir oblige de dissocier la tête et le corps; le peintre peut rectifier ou non l'inversion, partiellement ou totalement. Il procède ainsi, à l'égard de lui-même, à une décollation qui vaut décapitation. De la sorte il met en cause son propre point de vue, sa position de "chef". La scission de soi semble inhérente à la technique de l'autoportrait.

Pourtant l'épreuve imaginaire, et donc de la discordance, voire du sacrifice, demeure essentielle, comme si elle jouait un rôle fondateur — tant pour le soi que pour la représentation. Elle ne se limite pas à la rencontre malheureuse d'un reflet infidèle : "même et surtout pour votre corps, vous êtes condamné à l'imaginaire"[3], rappelle Barthes. Or ce corps que je découvre semble à la fois le mien et celui d'un autre. Cette discordance amène à penser que l'autre est déjà présent dans l'expérience réflexive; car l'image ne provient pas d'un sujet déjà constitué, et qui construirait seul sa propre représentation. Le regard sur soi recèle une impropriété qui résulte de ce que je me regarde toujours, d'une certaine manière, avec les yeux d'un autre. Je ne m'objective que dans la mesure où je prends

---

[1] Nicole, *Essais de morale*, Slatkine Reprints, Genève, 1971, Vol.1, p.209

[2] Marin, *Détruire la peinture*, Flammarion, Paris, 1997, p.168

[3] Barthes *Roland Barthes*, Le Seuil, Paris, 1975, p.40

sur moi un point de vue étranger, et qui ne m'est possible que par une préséance quant à la construction de ma propre semblance. L'écart transcendant qu'une philosophie idéaliste attribue au pouvoir de l'esprit vient plutôt d'un regard ascendant et invisible qui conditionne la façon dont je me regarde. Cette altérité demeure en latence dans chaque représentation de soi, de sorte que la solitude du miroir cache toujours un fantôme.

C'est l'autre en effet qui hante le miroir dans lequel je me regarde. Le souci de la ressemblance, grevé par une semblance déjà conditionnée par l'autre, implique la dépossession et la discordance[1]. La ressemblance se fonde sur des images au sein desquelles j'ai aliéné ce que je suis, par lesquelles je me suis aveuglé. Je ne regarde plus de mon regard, je vois depuis le regard des autres, tels qu'ils me voient voyant. Celui qui se regarde dans le regard des autres se reconnaît spontanément dans l'image que ceux-ci lui renvoient, il se prend à ressembler à cette image hétérogène. Mais plus encore, nous pouvons affirmer que l'autre est mon œil invisible, responsable de mon clivage, de la fissure qui a priori m'empêche de convenir avec moi-même. A la fois il me refuse l'autofiguration, et il me révèle à moi-même, par l'image, mon inconvenance et donc la possibilité et la nécessité de fonder une convenance. Cet accord ne va pas de soi, mais vient par soi dans l'intériorisation de l'altérité. La semblance peut alors procéder de la convenance, de cet aléatoire transformé en style de vie, en figures temporaires, même si cette configuration demeure toujours une imposture.

L'impertinence constitutive de tout portrait, dénonce moins le mensonge de la ressemblance qu'elle ne révèle la scission du regard et l'inconvenance à soi. Car critiquer l'inadéquation du portrait suppose de tenir encore à l'authenticité d'un modèle. Or la semblance nous fait sortir de ces oppositions; elle évite l'alternative entre la vérité et

---

[1] Sartre a radicalisé cette présence secrète en proposant, avec *Huis clos*, un monde privé de glaces, et où les personnages deviennent pour les autres des miroirs imaginaires. Cf notre *Huis clos et Les mouches*, Foliothèque, Gallimard, Paris, 1993

l'illusion. La notion de semblance maintient la part de fiction présente dans toute configuration de soi, mais elle accorde à cette fiction une valeur constructive. Elle ne la rejette pas dans le pur artifice des images simulacres. Cette construction se définit en termes de convenance et d'inconvenance. D'un point de vue éthique, elle témoigne de l'extrême difficulté à configurer et à situer un soi. Deux écueils s'y présentent : d'une part le risque d'une réflexion complice, dupe de sa propre image et de son autorité; d'autre part et à l'inverse, le danger d'un éclatement, d'une incohérence dû au refus de se reconnaître et finalement de reconnaître quoi que ce soit. D'un point de vue esthétique, elle opère un balancement entre une présence débordante de l'image — au sens où elle déborde son sujet — et une absence à l'œuvre qui remet en cause non seulement le sujet mais l'image elle-même (nous verrons dans le dernier chapitre que ces deux voies ressortissent en fait à un même procès imaginaire). Ethique ou esthétique, la convenance de soi à son image s'effectue, consciemment ou non, selon un rapport singulier à l'altérité et à la temporalité. Comme nous l'avons vu, un autre se tient toujours présent dans l'image, en amont et en aval de la représentation de soi. Cette altérité inconvenante me dépossède en même temps qu'elle fixe mon image. Par elle je m'absente de moi-même en l'image et j'appréhende ma semblance au sein de ce tremblement qui vient de mon altérité intérieure et constitutive. Et la temporalité mise en œuvre dans la représentation, si elle me fait croire à un arrêt du temps par l'illusion d'une éternité qu'installerait le portrait, m'oblige au contraire à l'éphémère. Car la fixation conduit à l'étrangeté : je ne me reconnais plus dans mon image car je n'ai jamais correspondu, même dans l'instant d'une pose, à cette figure définitive. La vivacité du soi dément toute stase et se projette constamment au-delà du portrait. Même le passage devant le miroir ne permet aucune simultanéité, aucune superposition de semblances, car il rend l'œil aveugle à son propre regard.

Quelle convenance concevoir à partir de ces absences, et quel autoportrait imaginer qui assumerait son altérité et sa temporalité? L'entreprise suppose une transformation du regard qui abdiquerait sa prétention à la totalité, à l'éternité, à l'autorité. Comme le suggère Louis Marin, elle implique une conversion du regard, "la production de l'autoportrait continu, mais dont l'intention, non pas esthétique, mais éthique et religieuse, est l'inachèvement, ou plutôt dont l'inachèvement est l'accomplissement"[1]. L'histoire de la peinture et de la littérature — peut-être depuis Dürer et Montaigne — est riche de ces tentatives, installant une image de soi dans l'espace de la représentation afin de mieux s'en absenter, ou démultipliant les facettes pour donner le change et hypothéquer toute image de soi par le transitoire. Ces formes originales et singulières de la convenance permettent d'envisager une réflexivité dynamique, un jeu essentiel avec soi, et qui déjoue le narcissisme par le refus de l'identité et de la simultanéité imaginaires[2]. Se reconnaître alors, c'est reconnaître l'inconvenance à soi, accepter la discordance et se risquer dans l'écart néantisant au risque de se perdre, de se retrouver autre. A cette condition la semblance peut configurer un soi vivant qui échappe à la mort que lui transmet la ressemblance.

La définition de la semblance et de sa constitution nous a donc conduit à la question de l'image réflexive. La matrice de cette image n'est ni la trace, ni l'indice, ni l'empreinte. Car elle ne relève pas d'une présence originaire, l'origine se constituant après coup, la ressemblance ne prenant sens que d'une conception et d'un regard sur la semblance. Ce qui passe dans l'image n'est pas un soi constitué, ni même une forme humaine préétablie, ni même un corps déjà visible et cohérent. Le passage fonde ce qui passe et l'image tient son essence de la relation qu'elle établit plus que des termes qu'elle relie. Plus encore, les termes n'acquièrent leur semblance que par cette relation imaginaire. Ainsi le terme de convenance l'emporte sur celui de ressemblance pour appréhender ce rapport à la fois conditionné et libre, configuré en extériorité par les regards et les images venant des autres, mais jamais définitif, toujours sujet à variations ou destitutions, inconvenances et discordances. La semblance humaine procède ainsi de trois

[1] Marin, *Philippe de Champaigne*, op. cit., p.107

[2] Nous pourrions dire "autofiction", mais ce terme, censé constituer un "nouveau" genre, manifeste encore deux illusions : celle de l'autorité littéraire, et celle d'une fiction qui se distinguerait de la vérité.

principes : l'imaginaire, l'inventivité et l'étrangeté. La présence qu'elle installe, soumise aux aléas d'une convenance temporaire et révocable, est vouée à l'effacement. Car l'image s'effectue — existe à titre d'image — à partir de la transmutation du regard et de la matière dont elle s'inspire. Elle conjugue l'effacement de soi et l'effacement du réel. Contrairement à la fonction édifiante que lui attribue l'humanisme anthropomorphe, elle entraîne le délitement du regard scopique, de l'autorité du point de vue. Mais cette disparition ne dit pas non plus la dissolution irréversible de la figure humaine, comme le suggèrerait un certain antihumanisme. La possibilité de l'humain se dessine précisément au cœur de son absentement imaginaire. L'image n'est pas le vecteur d'une absence radicale, ni d'un invisible absolu. Elle organise l'absentement, l'acte par lequel un sujet constitué en extériorité s'absente à lui-même. Et cette présence-absence se meut dans la matière singulière de l'image, non résiduelle mais transmuée. Refusant la positivité de l'image comme sa négativité, puisqu'elle ne se réduit ni à la chose ni à la médiation, nous voudrions saisir le procès imaginaire *dans* l'image elle-même, sans recourir à son ailleurs, afin de suivre cette présence singulière qui provient de l'irréalisation.

Quatrième partie

IMAGE ET ABSENCE

Si l'on associe l'image à l'absence, c'est de toute évidence parce que l'on considère l'image comme un substitut. Dans un registre psychologique, elle comble le manque dû à la disparition d'un être aimé; dans un registre théorétique, elle comble un déficit de réalité dû à l'abstraction du concept. Par nature substitutive, elle relève du domaine instrumental de la représentation. Si elle met en lumière, c'est par un jeu d'ombres : nostalgique, elle rappelle les formes, la silhouette de l'objet perdu; pédagogique, elle sert la vérité dans l'apparence. Mais vite dénoncée lorsqu'elle acquiert la moindre autonomie, l'image se réduit à une illusion, et le vraisemblable dérive en faux-semblant. Evanescente ou encombrante, l'image oscille entre ces deux qualités selon le type de déception qu'elle engendre. Elle n'est pas assez là, elle n'arrive pas à remplacer suffisamment l'absent, elle ne reproduit pas fidèlement ses qualités, intangible, elle s'évanouit dès qu'on l'étreint. Elle est trop là, d'une matérialité trop présente, si vaine et si imparfaite dans sa prétention à reproduire ce qui se donne sans image. Mais cette ambivalence, loin de nous montrer l'inanité de l'image, nous en fournit peut-être une vérité : l'image se produit par oscillation. Elle ne demeure jamais complètement au lieu où nous l'attendons, où nous la voudrions. Instable non par accident mais essentiellement. Non par défaut, mais parce qu'elle est en elle-même le défaut, la chute, la défaillance. Naturellement retorse, elle ressortit à l'écart de sorte qu'il est impossible de circonscrire un "espace imaginaire", car l'image a pour fonction l'espacement, non la disposition mais la séparation, l'écartement auquel nous convie son oscillation. Pour comprendre ce penchant naturel, il importe de considérer l'image en mouvement et non plus en l'état. Suivre la relation qu'elle instaure et transforme à la fois, sa mouvance, filer sa dérive sans l'assimiler à la trahison.

L'oscillation

L'étymologie du verbe osciller nous incite à y déceler le mouvement propre à l'image. Le radical latin *os* qui le compose désigne d'une part la bouche en ce qu'elle forme une entrée ou une sortie, renvoyant plus largement à l'idée d'ouverture; d'autre part, *os* désigne le visage, l'air, l'allure que prend telle présence. Ces indications suivent déjà le cours imaginaire, son ouverture, par laquelle entrent et sortent un référent et un regard; elles abordent l'aspect de l'image, le fait qu'elle se présente non comme une physionomie mais par un visage, c'est-à-dire à la fois une expression primordiale du corps, une façon de regarder, une irréductible singularité. Cette bouche et ce visage bougent, tel est le sens du verbe *cillo* qui dit la mouvance. Et précisément ce déplacement s'effectue en balancier léger, l'oscillation dessinant le va-et-vient envisagé. La variation du radical donne aussi l'*osculum*, la petite bouche dont le mouvement produit le baiser. Une autre version, toutefois, nous intéresse davantage : l'*oscillum*, plus proche du visage imaginaire. Il désigne en effet des images que les Grecs puis les Romains suspendaient aux arbres et qui se balançaient au gré du vent. Elles représentaient pour les premiers des poupées de jeune fille en l'honneur d'Erigone, pour les seconds il s'agissait de disques figuratifs, de petits masques de cire en offrande à Saturne ou à Bacchus. Cette présentation d'objet votifs au bout des branches vise à reproduire le balancement des pendus et, sans doute, à conjurer par lustration, le souvenir d'une mort aussi honteuse — le suicide par pendaison étant jugé scandaleux[1]. L'imitation ne concerne pas ici la figure du mort mais son mouvement, et l'image prend son sens non de la ressemblance au défunt mais grâce à son oscillation. L'*oscillum* reste suspendu, sans contact avec la terre que le mort n'a pas touché. Cette image nous paraît d'autant plus relever du régime imaginaire qu'elle vient en lieu de l'absent. Elle le maintient tout en le suspendant, mimant ainsi le suspens naturel de la représentation, la présence-absence du référent. Toute image

[1] Cf Y. Grisé, *Le Suicide dans la Rome antique*, Belles Lettres, Paris, 1982

oscille à la manière de ces *oscilla*, isolant leur objet pour donner une apparence à leur disparition. Faute de ce mouvement, elle ne relève plus vraiment de l'imaginaire, le visage (*os*) se fige en ossature (c'est l'*os* de l'ossement), il s'est replié en squelette. Si l'on veut accéder à la chair de l'image, fût-elle chair qui s'absente, alors il faut retrouver son oscillation singulière.

A l'écart de cette présentation tragique, et plutôt dans ses versions domestiques, l'oscillation provoque un simple frémissement, le doux bercement du va-et-vient entre la chose et son reflet; ondulation maîtrisée dès lors qu'elle assure le retour du même; jeu narcissique permettant d'apprivoiser la perte et dont les psychanalystes ont approfondi la symbolique en la dévidant. Toutefois l'écart se creuse, même et surtout dans la répétition; l'image ne rapproche plus, elle se fige et nous renvoie un ersatz où le même s'est fait doubler par son remplaçant. La fixation s'est renversée sur le point fixe et le fossé qui s'est formé laisse une fissure interdisant le rappel. Quelque chose s'est perdu dans l'image, non pas évanoui comme nous voulons le croire, mais donné sans notre accord. Tel semble son tort : explicitement le théoricien lui reprochera de ne pas avoir conservé fidèlement ce qu'il y avait déposé, la rigueur du sens propre s'étant noyée parmi le flux des analogies; implicitement il ne voudra pas "reconnaître" ce que l'image lui représente, cette propension à dire plus, à parler autrement. L'image tord le sens auquel l'homme du concept impose un tuteur pour le maintenir et le diriger au plus droit. Cette torsion qui défie l'orthodoxie du savoir reste un pis-aller dangereux, à moins qu'elle ne devienne assumée. Dès lors la torsion se meut en déclinaison, offrant une part de liberté, c'est-à-dire de jeu entre la ligne directe et l'écart produit. Dans cet espacement s'accomplit l'image; elle y déploie son activité déstabilisatrice et instauratrice. Et pour la saisir, il convient de nous déprendre de ses résultats, de sa réalisation "imagée" que notre regard tend à paralyser pour mieux la canaliser.

Le mouvement de torsion provoque ainsi une oscillation, et pour peu que nous nous attardions, que nous acceptions un instant la perte de notre contrôle, l'onde entraîne un séisme silencieux. Toutefois, en abordant l'image par la puissance de son choc, nous risquons de la confondre avec ses effets. Ce bouleversement doit alors s'entendre dans ce qu'il exprime, dans le territoire qu'il décèle. Terrain creusé par l'écart et qui se délite à mesure qu'on le découvre; cependant la béance qu'il ouvre reste à penser en tant que telle, non subsumée sous le concept du néant, ni décrite par les sensations vaporeuses d'un vide impressionniste.

Pour appréhender cette dimension, ce travail, cette quête, vient le mot de négatif, issu de la tradition théologique et philosophique. Trop encombrante peut-être, sa richesse éclaire l'absence à l'œuvre dans l'image mais l'enferme dans une logique qui l'excède et, somme toute, l'ignore. Traduisant le mouvement de l'absence, l'absentement, le négatif est pétri de spiritualité dionysienne, ou de dialectique hégélienne, au point qu'il nous faut décomprimer ce terme et lui rendre sa polysémie. Malgré son insuffisance et son effet réducteur, nous pouvons l'essayer à l'épreuve de cette oscillation imaginaire. Tout d'abord en jouant de sa contrariété, puisque l'image met en scène un renversement où le doublet imprime son modèle à l'envers. Regardant le contraire en le déliant de l'opposition de deux absolus, nous l'abordons par le balancement imaginaire qui fait apparaître l'autre face de l'objet. L'image produit un clair-obscur qui introduit l'origine dans une nuit spectrale, tel un négatif de photographie, où l'objet se détache en creux, prend des reliefs inédits, des contours qui inversent les rapports auxquels nous a habitués sa perception au grand jour. L'original n'en est pas oublié pour autant, au contraire il persiste à titre de souvenir, et sa permanence engendre le mouvement d'oscillation qui procure au négatif sa force de déploiement. L'étrangeté suscitée par l'imaginaire circule ainsi à double sens : elle vient de cette amplitude prise par l'image en son apparence mouvante et indécise, impossible à fixer véritablement, comme si elle faisait intervenir trop de points de vue pour définir une seule perspective; notre regard se trouve débordé, incertain devant ou au sein de cette répétition inversée. L'étrangeté retourne aussi vers l'origine qui curieusement trouve son point de référence dans l'inversion produite, contrebalancée par cette épreuve nocturne. Le modèle perd son autorité, dupliqué, répété dans une possible série qui conteste son originalité, détourné dans un simulacre qui dénonce son authenticité. La déformation n'est plus trahison mais un doute émis sur la vérité, la nomination, le discours qui délimitaient l'objet, l'identifiaient.

L'origine s'est déplacée : non que le doublet soit devenu l'exact contraire qui jouerait un rôle identique en lieu et place du modèle. C'est plutôt l'idée même d'origine qui s'est déplacée; sortant du rapport causal, échappant aussi à la réciprocité qui réduirait la relation au face à face, l'origine tient dans la circulation du principe. Libérée de la source, et de toutes ses conséquences — l'assignation à l'identique, la purification par le ressourcement —, libérée du commencement et de son emphase inaugurale, l'origine se diffuse dans la potentialité de l'objet et de son image à se réfléchir en une courbure inventive. Dispersion productive, cette réflexion se nourrit des aller et retour et des revirements dérivés. L'origine se maintient donc; sa disparition nous conduirait au simulacre, au merveilleux et nous donnerait l'illusion d'un espace, d'un monde imaginaire. Apparence d'apparence, la mise en abîme des masques produirait un reflet infini sur le deuil de toute vérité. Mais si cette échappée libère l'image de ses arrière-mondes, elle la prive de sa vertu d'écart, d'oscillation. Il nous faut libérer l'image de cette libération afin de retrouver sa puissance de dérivation, de réplique négative. A oublier l'origine on perd la distanciation propre à l'imaginaire, à sa richesse critique et créatrice. L'image est une tension qui ne peut être approchée qu'en regard de la relation de deux termes, même si les rapports de cette dualité sont constamment remis en cause, irréductibles à une loi, et démultipliés par le regard d'un tiers impliqué dans la duplication imaginaire. Ainsi le négatif peut-il participer de cette profusion s'il est passage et non antithèse, franchissement qui ouvre les chemins de traverse et permet d'outre-passer le sens de la représentation. En littérature, les passeurs du rêve nous conduisent vers ces rives inconnues en allant au-delà du miroir. Cependant le travail critique exige de tenir les deux bords et de penser l'oscillation qui les relie et les sépare.

Ainsi le négatif revient-il sur l'origine sans pour autant s'inscrire dans une quelconque relève, plutôt en initiant un doute qui tienne l'objet en suspens, qui le fasse légèrement vaciller pour insidieusement le contester. Si l'image entreprend méthodiquement la mise à l'écart des certitudes, alors se construit un procès d'évidement où le négatif retourne sans relâche, par va-et-vient, sur l'objet peu à peu décapé. Cette négativité vise à chaque retour de l'oscillation une réalité toujours plus imagée, plus écartée de ce qu'elle est. Là encore l'illusion merveilleuse pourrait nous présenter un leurre d'images, un abîme sans fin; cependant l'héritage de l'ontologie négative a enseigné le sens de cet effacement. Au lieu de nous signifier la vacuité des images, le négatif les décharge progressivement de leur anthropomorphisme et conduit à la révélation de l'Etre. Nous engageant à ce travail d'éradication, le négatif de l'imagination défie ses propres productions, ne se fixant jamais en elles puisqu'il ne cesse de les imager encore et encore, jusqu'à ce que l'oscillation devienne l'onde pure de lumière. Accéder à l'Être par tout ce qu'il n'est pas, telle semble une des voies de l'imagination négative. Toutefois l'image ici, de principe, devient vecteur et trouve sa raison dans une finalité qui réoriente l'imagination selon un projet téléologique. Le but édifiant de ce négatif, l'aboutissement de cette traversée des ténèbres vers la lumineuse vérité, n'ont accordé à l'image ce pouvoir qu'en espoir d'un invisible qui, aussitôt, atteint et anéantit le regard lui-même. Soleil aveuglant, comme la mort dont La Rochefoucauld nous rappelle qu'on ne peut les regarder en face. La mort de l'image, sacrifice ultime devant l'irreprésentable, est aussi la mort du regard.

Le vacillement du regard

Précisément, le négatif de l'imagination n'a été jusqu'à présent considéré que dans la relation du modèle et de son double. Or cet écart produit par l'oscillation imaginaire ne prend son mouvement que sous l'œil d'une conscience capable d'imaginer, de reprendre le lien entre l'objet et son image, de saisir son fil incertain, voire d'être envahie par le tissu des images. L'œuvre de séparation en jeu dans l'imagination ne laisse pas le spectateur indifférent, de sorte que sa participation à l'acte imageant ne peut se limiter à refaire le parcours de la représentation. Certes, en identifiant l'image il consolide le nœud qui l'unit à l'objet représenté. Mais dès que flotte la semblance, alors le vacillement se propage et met en question le regard lui-même. La clarté de l'image, son adéquation à la chose, laissent percevoir dans la lumière projetée des zones d'ombre, un écho déclencheur où la précision du contour se diffracte. Blanchot a pénétré cette négativité entretenue par l'éclairage fissuré de l'imaginaire : l'image est "l'interstice, la tache de ce soleil noir, déchirure qui nous donne, sous l'apparence de l'éclat éblouissant, le négatif de l'inépuisable profondeur négative."[1] D'où la nature polymorphe de l'image, offrant une plénitude trompeuse, une ouverture éblouissante vers l'ombre absolue. Voûte céleste dessinant la courbure de notre vision, percée d'étoiles qui poursuivent le trajet d'une vaine lumière, répètent l'insupportable clarté, l'imaginaire désigne une nuit réversible en ses fissures. Les poètes, qui ne cherchent pas à réparer ces déchirures, explorent la séparation par laquelle s'absente le monde, même si elle encourage leur mélancolie, tel le luth constellé du solitaire nervalien. Surface et profondeur, sombre et lumineuse, identique et dissemblable, l'image ne cesse d'osciller, au point de perturber notre regard pris lui-même dans une alternative, le remords d'avoir figé l'image en sa superficialité, ou la crainte de s'être laissé fasciner par sa profondeur. Ces retours déviés à la fois trahissent et construisent la relation non dialectique[2] du spectateur et de l'image. L'écart imaginaire suppose ainsi l'écart entre soi et soi-même, peut-être entre soi et un autre soi dont nous aurons à connaître l'altérité.

L'ambivalence naturelle de l'image ne s'exprime donc pas complètement dans le négatif, du fait que ce terme reste pesamment endetté à l'égard d'un *logos*. Il implique la représentation mentale d'un au-delà et s'inscrit dans un registre lexical et idéologique où se côtoient les mots de profondeur, pureté, invisible, intelligible, divin, absolu. La "profondeur

---

[1] Blanchot, *L'Amitié*, Gallimard, Paris, 1971, p.51

[2] Les deux termes du rapport n'appartiennent pas aux mêmes catégories, même s'ils s'enchevêtrent en une interaction très complexe. Ils ne participent pas d'un progrès ni d'une négation logique, fût-elle celle d'une dialectique arrêtée au sens où Benjamin tentait de définir l'image et sa temporalité.

négative" dont parle Blanchot relève aussi d'une quête initiatique, procédant du dévoilement, même si l'ultime issue ne débouche que sur le vide ou l'élémentaire. Nous devons nous dégager d'un présupposé théologique ou nihiliste — ce qui revient finalement au même —, afin de mieux comprendre l'écart, de respecter ses dimensions propres et de pouvoir ainsi comprendre le dissemblable, l'altérité sans les asservir au négatif. L'absence se dit plus que par la simple négation du n'être-pas-là, de la non-présence. Elle donne accès à un mode d'être, à une façon de s'absenter.

L'étude de l'absence inhérente à l'imagination suppose de l'appréhender dans la chair de l'image et pas seulement par l'acte imageant. Car l'image met en œuvre un procès néantisant, une scission en elle-même qui la fait se séparer de son existence et qui vit de cette virtualité néantisante que nous activons en la regardant. Ce n'est donc pas uniquement l'objet mais l'image qui à la fois est et n'est pas. Pour qu'elle soit image, il lui faut précisément ce mouvement qui la scinde et lui procure son oscillation constitutive. Dans le cas d'une image déjà constituée, comme nous l'avons appris de Husserl, nous ne percevons pas une chose. Toutefois, lorsque nous observons une figurine, une statuette, nous avons affaire à la fois à une image puisque l'objet vaut comme représentation d'un autre objet qu'il pose comme absent, et nous saisissons cet objet en lui-même dans ses matières perceptibles, visibles et tangibles. La partition entre ces deux modes d'approche semble très ténue. C'est pourquoi la spécificité de l'image tient dans l'écart produit sur la situation de celui qui regarde, un écart que nous pouvons réduire lorsque nous cantonnons l'image dans son aspect constitué, lorsque nous n'introduisons aucun décalage entre l'imagination première et la nôtre. En revanche, si nous appréhendons l'image en sa puissance, elle ne répète plus le parcours du représentant au représenté mais nous intériorisons le représentant avec tous ses appels, ses références intrinsèques, ses incertitudes et ses dissemblances. L'image constituée se dilue en nous, oscille en fragmentations indécises qui débordent l'intention initiale et que nous tentons de réunifier, quitte à réorienter l'approche de l'image sur son référent. C'est en cela que l'image nous point, comme l'écrit Barthes, et qu'elle est "blessure, piqûre, petite tache, petite coupure"[1]. Elle se dérobe à la saisie verbeuse : ni lisible, ni même simplement visible.

Quant à l'image que nous produisons sans référence, celle qui vient d'un acte de l'imagination solitaire, on ne peut se satisfaire de l'idée d'un collage analogique, d'une association d'*analoga* qui nous permettrait de recomposer des objets selon des formes inédites. L'acte imageant suppose un regard sur le monde, mais aussi un décalage en nous, une façon de nous absenter dans les images que nous produisons. Nous croyons voguer en elles mais elles construisent ou délitent notre identité, nos points de références, elles les suspendent au gré des configurations que nous risquons en imaginant. Certes, là encore, les images peuvent reprendre des clichés, des conventions extérieures ou intérieures, selon les imageries sociales qui nous font imaginer de la même façon que les autres imaginent, ou selon les compromis inconscients qui nous amènent à reprendre constamment les mêmes images personnelles. Telle apparaît la logique du colmatage par la constitution d'une imagerie qui permet à un sujet de conjurer sa propre séparation. Cependant ces images n'existent qu'à partir de la possibilité de l'écart que nous refusons par la suite, qu'à partir de cette ouverture en nous, cette déhiscence qui rend l'imagination si exaltante et si périlleuse.

Etre absent ou s'absenter

Dès lors comment comprendre la spécificité de l'absence propre à l'image et de l'oscillation qu'elle produit dans la conscience qui la met en œuvre? Car cette absence n'apparaît pas évidente, dans la mesure où elle ne se dévoile pas forcément dans sa radicalité - seulement lorsqu'elle touche au sublime. Ce sont plutôt de petites touches qui viennent grever la plénitude de l'image constituée. Des fissures plus qu'une béance. Il nous faut peut-être penser l'absence spécifique de l'image en la confrontant à l'absence réelle. Mais cette confrontation se dira moins dans le face à face que dans le frottement des deux absences, et dans leur entrelacement.

---

[1] Barthes, *La Chambre claire*, op. cit., p.49

Comme l'ont montré les phénoménologues, le néant se manifeste selon divers degrés. La tradition philosophique et théologique l'a conçu en termes d'absolu, admettant des variations dans les modes d'accès. Mais c'est toujours à partir du concept que les modalités ont été pensées. La rupture avec cet absolu, incarné finalement dans la logique hégélienne, tient à l'étude du néant à partir des manifestations elles-mêmes. L'absence en est la plus caractéristique. Au lieu d'ouvrir un gouffre au bord duquel tout se dérobe, elle intervient dans les situations les plus banales, les plus quotidiennes, en les fissurant. Des bouts de néant, des petits riens viennent déstabiliser l'ordonnance répétitive des choses du fait d'une perte, même momentanée. Cette absence est constamment refoulée par un effort contraire qui vise à combler les vides. Nathalie Sarraute a su avec une acuité extrême écrire ces phénomènes. Elle saisit ces infiltrations insidieuses du néant au sein des discours convenus, des conversations courantes. "Un bout de néant s'ouvre par où quelque chose s'échappe, signe avant-coureur de la disparition définitive, de l'anéantissement; des mots accourent pour colmater, des images insipides; des hors-de-propos qui rôdent"[1]. Une ouverture s'est produite, un élément s'est absenté, et dans cet infime décalage le néant s'est introduit. Continuer à parler coûte que coûte, quitte à débiter des inepties, à proférer des clichés, telle semble la réponse au trouble, la défense par le langage qui sert à taire le néant, le silence éloquent. Parler pour ne rien dire n'est pas dire le rien. Ou si tel est le cas, dire le rien permet de poser un nom comme une chape de plomb sur la chose indicible.

Au-delà des propos communs, la nomination, l'interprétation peuvent remplir cette fonction d'écrasement ou de colmatage. Précisément le concept de Néant impose une transcendance qui lui donne sa source et son explication. L'angoisse heideggerienne se retourne ainsi en dévoilement de l'Etre, au bénéfice d'une rhétorique du renversement puisque ce qui perd est aussi ce qui sauve. La perte, poétisée en déréliction, est récupérée dans un dire fondamental. Le nom même de l'absence, dès qu'il se prononce sous le régime de la généralité, concourt à cette dénégation. Ce ne sont plus des

[1] Nathalie Sarraute, *Ici*, Gallimard, Paris, 1995, p. 95

absences singulières qui mettent en cause notre rapport à telle ou telle personne, mais l'Absence. En ramenant le sentiment de la perte au départ de la mère, les nombreux exégètes freudiens ont peut-être aussi prolongé un scénario énigmatique par lequel ils ont interrogé mais aussi contourner symboliquement l'effraction du néant.

L'absence engendre quasi-naturellement le discours et la mise en scène. Et nous restons toujours dans la logique du colmatage par la représentation de l'absent et par la constitution d'une imagerie qui permet à un sujet de conjurer sa propre séparation. Roland Barthes, instituant l'absence en figure du discours amoureux, a montré comment celui qui attend l'être absent passe par une série d'étapes qui correspondent à une pièce de théâtre en trois actes. De l'inquiétude concernant un éventuel malentendu, à la colère motivée par l'insouciance de l'autre, puis à l'angoisse causée par l'idée de la mort, celui qui subit l'absence vit un moment de dépendance totale, non seulement vis-à-vis de l'absent mais aussi à l'égard du code qu'il reproduit dans son comportement. Le scénario est réglé d'avance quelles que soient les particularités amoureuses de la situation. N'y a-t-il donc aucune place pour le vide incomblé, pour le suspens maintenu? L'image surgit-elle aussitôt pour investir les interstices inhumains déclenchés par de petits riens. Blanchot identifie ce rôle qui lui est dévolu face à l'absence, puisqu'elle remplit "l'une de ses fonctions qui est d'apaiser, d'humaniser l'informe néant que pousse vers nous le résidu inassimilable de l'être."[1] S'agit-il par là d'apprivoiser l'absence? Tel semble se construire le travail de deuil dont les analystes montrent les ressorts substitutifs. Mais l'image se distingue de la relique : ce qui reste en elle de l'objet met en jeu un procès, une ouverture beaucoup moins tangible et moins visible, car elle suppose un échappement du représentant impossible à cerner, toujours échappant.

Le remède est à double tranchant, car il soigne l'absence par l'absence. Colmater des bouts de néant par des images revient à introduire une néantisation au sein d'un être déjà fissuré par le néant. Redouble-t-on l'absence? La question est

---

[1] Maurice Blanchot, *L'Espace littéraire*, op. cit., p. 346

délicate dans la mesure où l'absence n'est pas la même selon que l'absent est l'auteur du vide ou qu'il a été constitué en vide. En effet, dans un cas, l'autre, du fait de son départ, a provoqué un manque qui le transforme en celui qui n'est pas là, en celui qui "brille par son absence". Vide lumineux, il amène le sujet à saisir la situation comme incomplète, et à se définir lui-même comme incomplet, manquant de l'autre pour retrouver son unité perdue. Dans le second cas, l'absence est constituée par l'image et modifie la présence-absence de l'autre. Toutefois l'autre ne s'absente pas dans l'image comme il s'est absenté de la situation. La différence ne tient pas seulement à la façon dont l'absence est vécue par le sujet, la subissant ou la constituant, mais plus essentiellement dans le rapport de dissemblance impliqué par l'image. Cette absence se constitue en effet par le contrepoint d'une représentation qui travaille sur le vacillement du modèle. L'absent s'efface déjà au profit de son doublet et, plus efficacement, son identité se brouille dans la confrontation oscillatoire engendrée par son image. La distorsion a donc lieu au sein de l'image qui génère ce procès néantisant. La mise en lumière se diffracte plus qu'elle ne réfracte, elle se multiplie en points épars, et l'absent s'y délite en d'infinies configurations. A l'absence de l'autre se sont substitués une absence en procès, une incertitude, un détachement, un théâtre d'ombres. Pline voyait déjà dans l'absence de l'être aimé la naissance de la figuration et du modelage[1]. Désespérée de voir partir l'homme qu'elle aime, une femme décide de projeter l'ombre de son aimé au moyen d'une bougie. Elle suit le tracé de son visage sur la paroi et conserve ainsi une part de l'autre, sa silhouette portée. Elle soulage la douleur due à la séparation et dans le même temps elle dessine la ressemblance — son père invente ensuite le portrait en argile. Rousseau se souviendra de cette "première ombre" pour montrer l'antériorité de la figure sur le concept, dans son *Essai sur l'origine des langues*. Ce qui nous occupe ici tient dans la constitution de la figure, non à partir du modèle mais déjà depuis son ombre.

---

[1] Pline l'Ancien, *Histoire naturelle* XXXV, 43

La bordure de l'ombre

Le dessin se construit sur un faux-semblant, il ne capte pas la lumière, mais encadre l'ombre : la figure saisit la part d'ombre du modèle projeté. Elle tente de circonscrire l'autre face, ce que le visage laisse malgré lui, résidu incertain d'une clarté trouée. L'image qui peut se développer au départ de ce reliquat, loin de restituer l'autre en pleine lumière, prolonge plutôt sa part obscure, son envers. Elle distancie la référence, la distord en son délaissement. L'image œuvre à la déperdition du modèle, voilà son absence au travail. Et lorsqu'elle retrouve la confrontation avec l'absent revenu, le décalage, l'espacement deviennent flagrants. Au mieux l'image disparaît, emportant avec elle la face cachée, l'insidieuse distorsion, l'infidélité la plus déroutante. Au pire elle fait disparaître l'autre qui ne peut alors plus revenir, disparu dans la superposition des ombres. Transformé en mauvais souvenir, en réplique douteuse d'une ombre trompeuse. Car si l'ombre provient de la lumière, la lumière ne peut surgir depuis l'ombre : l'image n'est pas un miroir, elle ne propose aucune symétrie, aucune réciprocité. Aller sans retour, elle dissimule, ce qui signifie qu'elle sépare la similitude et brise le retour du même en des éclats incontrôlés. Pour avoir trop rêvé à son amant par la contemplation de sa figure sur la paroi dessinée, l'amante ne l'a-t-elle pas perdu? Le reconnaîtra-t-elle encore? Le retour à la lumière n'entraînera-t-il pas la déception, la chute du modèle devant ce qui peut-être n'est même plus son image, tant l'imagination a configuré sans relâche et dans une infinie prolixité le tracé qui bordait son ombre d'autrefois? Une réponse se trouve dans un ancien *Nô*, revisité par Mishima, *Hanjo*[1] : cette petite pièce montre l'attente d'une geisha qui, durant des mois, guette le retour de son amant parmi les voyageurs arrivant à la gare de Tokyo. Lorsqu'enfin il revient, elle ne le reconnaît pas, refusant d'admettre les preuves pourtant manifestes de son identité. Il ne ressemble plus à son image et la geisha continue d'espérer l'arrivée du "véritable" amant, celui de son souvenir[2]. L'image a configuré la semblance amoureuse et interdit le retour du modèle.

---

[1] Mishima, *Cinq Nô modernes*, Gallimard, Paris, 1984

[2] La psychologie analyse ces dysfonctionnements de la reconnaissance

Le premier dessin évoqué par Pline ne pouvait rien retenir puisqu'il ne contenait qu'une ombre. Les frontières qu'il traçait n'en devenaient que plus imprécises dès lors que la source lumineuse et son écran se furent effacés; le retour du soleil sans obstacle écrase nécessairement tout relief, toute perspective. L'image tient de l'éclipse, et la forme fugitive qui s'est imprimée sur notre rétine ne laisse qu'une bordure dont la vibration se perd peu à peu. C'est la tension maintenue entre l'image et son modèle, au sein même de cette image, qui produit l'oscillation imaginaire sans laquelle l'image se dégrade en cliché ou en simulacre. La confrontation postérieure ne retrouve donc pas la relation asymétrique de l'origine. Soit l'image s'est fixée, a réifié le désir pour identifier l'image à un idéal. Objet de vénération, cette image-icône s'est définitivement substituée à l'objet désiré que le sujet désirant ne reconnaît plus : par le renversement imaginaire, l'objet s'est transformé en réplique infidèle, trop humain, trop changeant au regard de l'image parfaite. Soit, au contraire, l'image a donné lieu à un travail de défiguration, suivant sa propension dite analogique et dont le ressort est le détour du même plus que son retour. La figure de l'origine a subi plusieurs redou-blements qui ne permettent plus de réincorporer le modèle.

La superposition des figures n'est pas linéaire -- ni verticale ni horizontale; et la figure qui s'est évidée à plusieurs reprises de sa référence ne peut être dévidée à rebours comme un fil d'Ariane. Car l'image n'est pas narrative, elle ne se forge pas dans la succession : ni syntagmatique, ni même paradigmatique, la superposition des images ne découvre pas une sédimentation nettement étagée mais un amalgame de figures instables. Certes, elle nourrit de multiples scénarios dans lesquels elle s'insère à titre d'éléments; cependant, et plus fondamentalement, ce sont les scénarios qui s'intègrent dans l'image comme autant de vecteurs permettant de déployer les virtualités de l'image, d'explorer ses ouvertures. La figure est déjà en elle-même figuration, elle ne reçoit pas son mouvement d'une structure hétérogène, celle de la narration. Le récit est

---

sous le nom du syndrome de Capgras.

plutôt détourné au sein de l'image, toujours présent mais sans plus raconter quoi que ce soit.

Le retour au modèle paraît impossible puisque le cheminement s'efface à mesure qu'il se développe. La révélation de cet écart n'entraîne toutefois pas nécessairement la déception dès lors qu'on n'espère plus retrouver l'adéquation de l'image à son référent — si tant est qu'elle ait pu exister même à l'origine. L'écart peut en effet découvrir une différence ignorée dans la personne qui se donne par l'image. Un angle de vue inexploré, un profil insoupçonné, une expression inédite peuvent surgir d'un portrait qui offre l'image surprenante d'un proche que l'on croyait bien connaître et qui se révèle, par l'image, soudain méconnu. Selon une formule courante, on ne le "voyait pas ainsi". La néantisation n'a pas entraîné une disparition mais plutôt un enrichissement. Il s'agit pourtant d'une absence mais qui doit être comprise comme un départ de l'identité, de l'adéquation, de la similitude, autorisant l'accès à la différence de l'autre. Cette altérité de l'autre signifie moins l'étrangeté de l'autre par rapport à moi que l'étrangeté de l'autre en l'autre, le fait que l'autre se donne en plusieurs facettes, qu'il se *délivre* (il se livre à moi, et il se libère de lui) en des images mouvantes. L'autre est différent de lui-même, et sa délivrance par l'image m'ouvre la voie vers cet espacement surprenant. Le narrateur du *Très-Haut* de Blanchot découvre ainsi une voisine d'immeuble en allant la voir dans son magasin de photographies. Parmi les portraits suspendus au mur il la reconnaît et reste saisi par une expression nouvelle. A la fois la même et une autre, comme dans le "Rêve familier" de Verlaine, elle trouve une extension jusqu'alors inimaginée : "comme sa loi qui n'était pas distincte d'elle, que j'étais sûr de retrouver sur son visage dès qu'elle se retournerait, mais qu'on avait isolée, dans ce cadre, à l'état pur, dans une intention insolite"[1]. C'est la publicité de ce visage qui lui confère une sorte d'idéalisation, et qui autorise d'y saisir sa loi. Exposé à tous les regards, il se fige en portrait définitif, en idéal de la photo d'identité qui aurait fixé l'essentiel, qui aurait transformé un visage banal en icône. L'expérience du narrateur

---

[1] Maurice Blanchot, *Le Très-Haut*, Gallimard, Paris, 1948, p.31

ne peut donc fonder une généralité, car l'image ne délivre pas une loi, elle se dérobe au contraire à toute instauration législatrice. Cependant cet exemple témoigne d'une confrontation positive entre l'image et son modèle. Il signale combien l'image travaille à la fois au dévoilement et à la séparation, combien elle peut révéler un visage en le délivrant de sa physionomie. Elle découvre un dissimulé en dissimulant le courant, l'identique, l'anonymat des faciès. Là tient l'expressivité de l'image et sa capacité à discerner les expressions d'un visage, à dégager une altérité.

Avoir des absences

Si nous essayons d'appréhender cette façon qu'a l'image de rendre absent son référent et de s'absenter d'elle-même, nous devons penser l'absence d'abord comme délitement pour la suivre alors en son déploiement. Aussi convient-il de l'entendre au premier chef en tant qu'absence en soi, non pas absence de quelque chose, même si évidemment c'est toujours quelque chose qui manque. L'objet de la perte doit cependant s'effacer, pour que nous pensions l'écart produit par l'absence, et que nous nous dégagions de la prégnance objective qui nous fait songer plus particulièrement à tel ou tel absent lorsque nous évoquons cet état de dépendance. L'absence *en soi* se manifeste dans le fait d'avoir des absences. Brusquement, sans savoir pourquoi, nous oublions un nom, un événement passé, l'identité d'une personne. Nous avons parfois de ces absences qui dérèglent soudain nos repères, la chaîne des causes, le réseau des relations qui nous lient au monde. Ce sont de petits trous par lesquels le néant surgit pour espacer nos références. Ils desserrent ainsi la trame qui fonde le langage de nos pensées, de nos gestes, de nos souvenirs. Ils nous font sortir du texte même de nos expressions courantes; les fils ne sont plus tissés, plus noués en des enchevêtrements de signes; ils pendent aux bordures de ces trous, revenus à leur légèreté, à leur vacuité naturelles. Ayant perdu leur élasticité forcée, ils ne se tendent plus vers un objet à venir; ils ne relient plus le passé au présent; subitement distendus, ils sont là sans fonction, au gré de leur matérialité contingente. Le texte est mité par ces absences : par ces trous de mémoire. La suite ne vient plus. Il n'y a plus d'avant, plus d'après, seulement cette vibration qui se maintient entre le bord et le trou. Les signes ont trouvé une nouvelle dimension : ils ne sont plus liés à un système structurant sans pour autant avoir acquis une matérialité autonome; car leur soudaine inertie demeure suspendue à la béance qui les a privés de leur fonctionnalité.

Ces trouées apparaissent en des registres divers. C'est un oubli qui peu à peu nous obsède. Un petit trou de mémoire qui prend de l'ampleur et devient un gouffre. L'absence de quelque chose qu'on ne peut pas même nommer, l'absence précisément de toute nomination. Quand l'autre est parti, je peux le nommer, le représenter, l'absence est bien absence de quelque chose. Mais par l'absence en soi, quasi-intransitive, je ne puis saisir l'absent que par ce qui entoure le vide qu'il a laissé. Ce qui s'est absenté de la situation s'est aussi absenté de lui-même. Je cherche donc ce qui manque, ce qui fait défaut à l'ordre des références. Avec *Ici*, Nathalie Sarraute a décrit ces évasions fugaces, dont nous avons évoqué plus haut la tentative de colmatage. Toutefois l'oscillation produite en nous a déclenché un processus irréversible, une absence qui ne cesse de se creuser. Ainsi d'un mot qui disparaît et dont la recherche devient obsessionnelle : "“un trou de mémoire” comme on dit négligemment, insouciamment, sans vouloir s'y attarder davantage... Si ce n'est pas indispensable, à quoi bon se fatiguer, s'abrutir à s'efforcer de le remplir, ce trou, pourquoi perdre son temps? Mais ici ce qu'il a laissé derrière lui, cette ouverture, cette rupture disjoint, disloque, fait chanceler..."[1]. Tous les mots défilent autour de celui qui manque, mis en orbite par leur proximité avec l'absent. Mais leur présence, au lieu de permettre un rapprochement, au lieu de servir d'hameçon au mot perdu, lui font écran, se substituent à lui en constituant des leurres. Leur arrivée demeure insatisfaisante car ils ne permettent pas le comblement du vide; ils laissent toujours un écart, une inadéquation qui fait ressortir leur dissemblance plus que leur ressemblance.

[1] *Ici*, op. cit., p.11. Dans *Isma*, c'est une intonation, une terminaison de mot, qui produisent pareils "vacillements" qui atteignent "un point vital" (*Théâtre*, Gallimard, Paris, 1993, pp. 109 et 115).

L'irruption de ce trou a donc provoqué un tournoiement de mots, et plus généralement le vertige du langage qui délaisse la ligne droite de la prose pour la circularité irrégulière de l'approximation. Car ce n'est pas la chaîne des homonymes, ni quelque parenté signifiante qui convoquent l'aimantation des mots voisins. La puissance de cette dérivation tient à l'appel du vide. La trouée se donne de deux manières[1] : soit une percée hémorragique par laquelle le monde se vide. L'absence a rompu l'ordre; il est impossible de continuer avec ce trou sur lequel, paradoxalement tout vient se greffer : tout se résume, se concentre dans cette trouée; toute pensée est pensée du trou, pensée trouée; l'absence fait monde ou plutôt anti-monde. Soit le trou se forge à partir d'une condensation extrême. Le tournoiement atteint une telle intensité qu'il devient invisible; il crée un centre autour duquel tout gravite, tout est absorbé par sa force gravitationnelle. Il relève du trou noir des astrophysiciens.

La recherche qu'entraîne cette absence vise explicitement la découverte de l'objet perdu. Mais implicitement elle donne lieu à un jeu dont le sujet ne maîtrise pas vraiment les règles. Il n'empêche, l'exercice peut devenir jubilatoire, dans la mesure où le tournoiement *constitue*, à partir de l'absence, l'objet absent. Euphorique, l'enquêteur suit de multiples pistes et finit par trouver l'objet manquant, en fait il invente l'objet qui colle parfaitement à l'espace éventré de son attente, constitué pour combler le trou; car l'absence est la vérité de l'absent : c'est parce qu'il y a une absence en soi qu'il y a un absent, et donc, finalement un présent, invention hybride qui reprend analogiquement des éléments de ce qui a effectivement disparu, mais qui instaure un présent se donnant artificiellement comme celui qui s'est absenté : un présent surgi du trou creusé, activé par l'absence. La joie qui vient de cette invention repose sur l'illusion de l'adéquation entre l'absent et le présent, sur l'illusion d'un retour du même; un trou s'est formé, il a été comblé, rien n'aurait changé; c'est oublier l'activité du trou, sa séparation d'avec sa source; c'est oublier la trouée.

---

[1] Nous étudierons les figures de cette alternative dans le dernier chapitre.

Cette pseudo-découverte de l'objet disparu peut au contraire entraîner la déception. Le résultat n'est pas à la hauteur de l'attente. L'absence l'a emporté définitivement sur l'absent qui apparaît alors comme une fin décevante, une conséquence banale qui n'est pas à la hauteur de la satisfaction espérée. L'opéra silencieux accouche d'un bruit désuet : ce n'était que cela! Parfois la déception arrive avant même la fin de l'absence, comme en témoigne ce mandarin évoqué par Barthes[1] : une courtisane devait lui concéder ses faveurs une fois qu'il eût passé cent nuits à l'attendre sous a fenêtre; mais à la quatre-vingt-dix-neuvième le mandarin partit. Finalement le trou fait sens plus qu'il ne l'interrompt, il en décide par la rupture, par le tremblement souterrain qu'il provoque, la secousse donnée aux mécanismes, aux logiques, aux sentiments, aux codes. L'absence ouvre le sujet au dérèglement, aux latitudes inexplorées. Le comblement met un terme à ce départ, il clôt l'ouverture, et ramène avec lui toute la conformité des choses avec elles-mêmes. Ainsi l'absent "revient"-il à un moment ou un autre, cependant l'absence ne disparaît pas avec le retour de l'absent, précisément parce qu'elle l'emporte sur ce qui manque et qu'elle invente a posteriori ce qui a manqué. Du coup l'absence maintient la trouée, qui demeure incomblée. Elle laisse une faille, car elle a été aussi une absence en soi.

Cette absence intransitive peut aussi aussi me convoquer "en" l'autre. Lorsque l'autre est l'objet d'une absence plus ou moins momentanée. Ephémère, elle m'amène à participer à la recherche du mot manquant, au colmatage du trou inopportun. Prolongée elle confine à l'amnésie. Telle peut apparaître l'expérience de la folie chez l'autre qui a oublié quelque chose, qui ne sait plus de qui on parle. Par ce brusque relâchement, je suis lâché par l'autre, beaucoup plus que s'il me "quitte", car dans ce dernier cas je peux nommer sa fuite, elle est un départ "de" quelque chose, elle est rattrapée par ma représentation de cette séparation. Tandis que dans le cas d'une amnésie, la rupture semble irréversible, elle me prive de tout point d'approche; elle a entraîné une déroute absolue; je ne peux me raccrocher qu'à du vide. L'autre n'est même pas entré dans un

---

[1] Barthes, *Fragments d'un discours amoureux*, Seuil, Paris, 1977, p.50

ailleurs imaginable, un univers intérieur vaguement circonscrit. Car moi-même, si je tente de "lâcher" mon univers de référence, je ne peux rejoindre l'autre dans cette obscurité sans fond. Les mots d'aliénation, d'univers intérieur, voire de comportement schizoïde, ne servent qu'à circonscrire ce lâchage, en nous faisant croire que l'autre est "possédé" par une logique extrinsèque, et qu'il suffit de découvrir la clef pour accéder à ce monde retors. Cependant la rupture ne relève pas d'un *logos*, elle reste hors discours. C'est pourquoi je ne puis que préserver la bordure du trou, les quelques références qui ne sont pas encore tombées, qui n'ont pas encore glissées dans l'informe, mais qui semblent en instance de disparition. Vivant ce délaissement, je suis donc à mon tour happé, appelé à rejoindre non l'autre qui m'a lâché, mais l'autre en moi. L'expérience de l'absence en soi de l'autre m'amène donc, de façon formidablement suggestive à l'absence en moi, ne serait-ce que parce qu'elle m'ouvre cette possibilité d'un écartement radical, qu'elle témoigne de cette ouverture. Effrayé par cet abîme, terrorisé par cette absence de l'autre à soi-même, réquisitionné pour découvrir une rationalité à cet irraisonné, je ne peux m'empêcher de me rendre disponible à cette béance, à ce risque de m'absenter sans retour.

Cependant cette vertigineuse trouée n'agit pas toujours aussi radicalement, ne se concentre pas nécessairement sur un abyssal manquement. Elle tient parfois de la faible distorsion, d'un simple doute, annonciateur d'une dérive possible. C'est un oubli anodin, vite réparé, mais que suit bientôt l'oubli d'un autre élément. L'objet subit une torsion qui maintient la possibilité de sa reconnaissance, tout en l'orientant vers une déperdition de ses contours. Un mouvement s'est produit autour de lui, l'entraîne insensiblement dans l'informel. Ainsi la torsion d'un souvenir devenu approximatif, la répétition de troubles de mémoire, l'apparente indifférence ou la paresse mentale qui nous délie des préoccupations courantes mettent en œuvre le processus de l'absence. Bien plus qu'un détachement - celui du sage ou du dandy - ils percent une multitude de trous qui émiettent la conscience du monde. Ce n'est plus un puits sans fond qui happe le sujet ou le spectateur de cette absence, mais une suite indéfinie de disparitions. A l'instar du manteau que porte le miséreux dans le poème d'Hugo, sa myriade de trous posée devant la lumière provoque une constellation, l'envers étoilé de nos absences. Les références y glissent et s'y éparpillent.

Diffuse en ses modalités, radicale ou limitée, béante ou démultipliée, spectaculaire ou intime, que nous apprend donc cette absence en soi? Que l'image n'est pas le produit d'une absence, qu'elle œuvre à une absence en elle-même, que tout être qui imagine ou qui reçoit l'image en sa puissance vit une absence en soi. Son ambiguïté réside ainsi dans sa possibilité à la fois de fixer l'absence et de la mettre en route, de nous y livrer. Comme l'écrit Blanchot, elle est d'une part "l'absence devenue forme" et d'autre part elle engendre une fissure et déforme ainsi la conscience de l'absent. Davantage qu'une forme, nous avons suggéré qu'elle est un principe, celui de l'oscillation, et dont la modalité, pour le regard, se dit en terme de scission.

La scission du regard

L'absence imaginaire consiste en une séparation qui s'effectue non seulement dans l'écartement de la chose, mais aussi dans le regard porté sur l'image; elle se manifeste paradoxalement par l'impossibilité de voir. Le regard, certes, fonde la possibilité de la vue mais, "face à" l'imaginaire, ou plutôt à l'épreuve de l'imaginaire, il ne peut plus se contenter de la vision : il est débordé, et fracturé, scindé. Le regard est remis en cause par la formule charnelle qu'il reçoit et projette, et qui dégage, au creux de sa fracture, une lueur incertaine. Cette rupture participe d'une fuite, dans la mesure où le réel se fracasse et se disperse en elle. Le regard se tend vers "la profondeur illimitée qui est derrière l'image, profondeur non vivante, non maniable, présente absolument, quoique non donnée, où s'abîment les objets lorsqu'ils s'éloignent de leur sens, lorsqu'ils s'effondrent dans leur image."[1] La raison de cet effondrement tient au regard lui-même et non au monde regardé. Tout en évitant l'emploi romantique du terme de profondeur, Blanchot tente d'approcher cet au-delà pourtant là,

---

[1] Maurice Blanchot, *L'Espace littéraire*, op. cit., p.26

ce dehors qui gît dedans. En eux le réel se brise, abîmé car il ne ressort jamais intact de l'épreuve imaginaire. Il se délite vers un abîme qui le prive de toute concrétude, de sa définition objective, car l'image défie radicalement toute positivité. Le sens s'absente, non pour disparaître mais en demeurant suspendu. L'objet "s'effondre" dans son image : il accède à un lieu sans fond qui le dessaisit de ses ancrages, de ses localisations à la fois matérielles et définitionnelles.

La vue se trouve mise en cause par la vision, elle décolle de sa fonction rétinienne et vit une séparation d'elle-même qui la maintient ainsi sous tension. La séparation imaginaire et l'effondrement qui lui est conséquent s'inscrivent dans le regard, car l'image et sa fissure "nous regardent". Le regard a devant lui "le luisant de l'œil qu'on ne voit pas, qu'on ne cesse pourtant de voir, car c'est notre propre regard en miroir". Cette réflexivité se manifeste de manière non-narcissique puisqu'elle renvoie ce qu'on ne voit pas, puisqu'elle nous fait voir notre propre impossibilité de voir et qui pourtant se tient essentiellement devant nous. L'œil fait l'épreuve d'une cécité fulgurante qui tient au retour d'un éclat, à la rupture de la vision. La stabilité superficielle de l'image rencontre une force inverse dans l'effarement ou la déroute de la vue. L'œil et l'objet se dérobent ainsi, non au profit de l'esprit, mais pour se diffracter, pour suivre l'ébranlement dû à la scission[1].

Qu'advient-il du regard qui s'échappe dans cette faille? Accède-t-il au noir de l'aveuglement radical, ou à la lumière d'un au-delà de l'image? Selon Blanchot, nous atteignons un monde sans figure, neutre, impersonnel, un espace sans lieu, un temps sans commencement. Si le dualisme platonicien se trouve ainsi écarté, les risques d'une telle proposition tiennent toutefois à une fascination poétique qui fait dériver l'image vers une thématique de l'indéterminé où le sujet, le sens, se

---

[1] Il y a toujours un trou dans l'image qui appelle, voire absorbe, le regard, comme en ces figures de Francis Bacon, dont la torsion semble indiquer une force centrifuge sur un point du tableau, et dans laquelle Deleuze voit une tentative du corps pour "s'échapper par un de ses organes, pour rejoindre l'aplat, la structure matérielle" (*Logique de la sensation*, éd. de la Différence, Paris, p.16).

perdent définitivement, sans qu'on saisisse véritablement leur destinée ni leur transformation; l'altérité du sens et sa richesse obscure semblent s'évanouir dans la neutralité, entraînés dans une mystique du dépouillement. Nous essayerons donc de suivre, un temps, l'approche décisive que propose Blanchot de la scission du regard, mais sans l'inscrire dans sa pensée du neutre. Cette scission provient de l'absence propre à l'image. Car la vision se trouve confrontée d'abord à l'objet comme absence, puis à l'absence elle-même comme autre forme de l'objet (de cet objet et non de tout objet, comme nous inviterait à le penser Blanchot). La faille qui s'ensuit met en question l'œil qui regarde, et sa faculté à s'absenter de la chose tout en demeurant dans "l'œil" de la chose. Car l'intimité déroutante que nous impose cette absence en l'image se tient dans une présence, malgré tout, à ce que nous regardons, à un lieu qui nous attache en dépit de la dislocation. La partition entre le dedans et le dehors se trouve ainsi contestée puisque l'intériorité de l'expérience imaginaire nous conduit à une extériorité qui ne nous sort pas au dehors mais nous déplace de nous-mêmes en nous-mêmes. L'annulation de la présence n'est donc jamais atteinte, et l'image vit de cette tension, de cette fixation de l'œil en instance d'effondrement.

Le regard noue ainsi une relation singulière avec l'absence, et qui ne se résume pas à la conscience du manque. Ce qu'il voit ne relève plus seulement de la vision et le met directement en jeu au sein du procès d'absentement. La fixation vertigineuse de l'œil, cette conscience consciente de son évanouissement, viennent de "l'absence qu'on voit parce qu'aveuglante"[1]. L'expression dit la scission de l'œil et sa paradoxale cécité, éclairée éclairante, mais il s'agit pour Blanchot de la fascination, de l'attirance pour un indéterminé. La scission ne risque-t-elle pas de se perdre dans un sentiment océanique? La brisure, l'éclat semblent davantage ressortir à ce phénomène. Cet écartement de la vision transparaît assez bien dans un poème de Baudelaire, "Le mauvais vitrier". Conformément à une thématique largement développée au cours des *Petits Poèmes en prose*, le regard y est traité par le biais du voyeurisme et de la voyance. Le premier transforme le

[1] Maurice Blanchot, *L'Espace littéraire*, op. cit., p.27

réel en spectacle permanent qui permet à la conscience poétique de satisfaire irréellement ses désirs et ses transports imaginaires. Le deuxième permet d'approcher une supraréalité dont le poète sait déceler les symboles. Toutefois l'accès à cet au-delà du visible ne relève pas toujours d'une voyance surnaturelle et se découvre parfois dans l'éclatement du visible et de la vision. "Le mauvais vitrier" se lit superficiellement comme le récit d'un comportement cynique, celui du poète observant un marchand de vitres et le faisant monter jusqu'à son logement élevé pour lui reprocher de ne pas proposer de verres colorés. Le dandysme affiché laisse apparaître toute une conception de l'artifice, remède indispensable à la laideur naturelle. Le maquillage, la cadrage, la coloration, la composition sont requis afin de substituer au réel vain une image digne de l'art. Voir la vie en rose grâce aux artifices d'un œil pervers, voilà ce qu'un vitrier ne peut offrir. Mais ce thème qui deviendra cher aux décadents trouve chez Baudelaire une issue singulière qui le porte plus loin qu'une artificialisation de la nature. Une fois le vitrier descendu, le poète projette sur sa cargaison un pot de fleurs qui fait exploser son amas de vitres transparentes. Ce que l'on prend généralement comme un acte de cruauté provocatrice détient aussi une dimension esthétique, car la déflagration produit un éclat tant du chargement que de l'œil, et transforme le verre transparent en une constellation, en "un palais de cristal crevé par la foudre". La beauté surgit au sein de la violence et la vision se scinde dans l'instant éclaté du fracas. L'œil n'est plus celui du spectateur cynique, ni celui du voyant extralucide; il découvre dans l'éclat sa propre fissure, son propre étonnement devant ce qui n'est plus visible mais se tient encore là, dans l'aveuglement illuminé des verres qui se brisent. Baudelaire le dit en terme de jouissance et de damnation, et dans cette épreuve du sublime nous pouvons appréhender l'aventure du regard et de sa scission.

Brisures et décollements

Le spectateur ne peut jamais rester indifférent au bris de l'image. Même s'il résiste spontanément à la scission, cette résistance suppose un positionnement de la conscience. Non seulement l'image nous oblige à imaginer, et donc à suivre un procès déréalisant devant un être posé comme n'étant pas là, mais de plus, et surtout, l'image en sa puissance propre introduit une brisure dans notre regard. L'imagination suppose en effet un espace vide et indécis entre le représentant et le représenté, entre le regardant et le regardé, mais aussi entre le regardant et lui-même. Toutefois cet espace ne tient ni d'une position ni d'un lieu, plutôt d'une désituation, d'un déplacement qui atteint la conscience du lieu. Le principe de la scission implique de la sorte un vide en devenir, il est *l'événement de l'évidement,* ce qui advient en l'image, ce par quoi elle s'accomplit dans ses propres disparitions. Il implique ainsi la tension entre l'instauration et la cessation. L'image surgit, se tient devant nous et disparaît, introduisant un vide actif qui encourage notre départ de l'image constituée. Cette évanescence maintient donc en l'image une dimension mortuaire. Lorsque Blanchot approche l'étrangeté cadavérique de l'image, il n'est pas seulement question de la ressemblance, comme nous l'avons déjà abordé : à l'instar de la chambre mortuaire qui, par contagion donne au lieu un tour cadavérique, l'image présente un abîme au regard et "attaque même, pour nous autres qui restons, la possibilité d'un séjour"[1]. Le regard ne reste pas indemne face à l'image, il ne peut, précisément, demeurer "face" à l'image, car elle met en cause sa demeure, la possibilité d'en rester là. Si l'effort ou l'habitude pour nier l'image et la figer en cliché peuvent faire obstacle à ce tremblement, dès que le regard "s'ouvre" à l'image, y perçoit le luisant de son œil, alors la perception se délite au profit de l'épreuve irréalisante.

La scission du regard est l'expression spectaculaire de la fissure ontologique. Elle dit le manque d'être au sein même de l'être, non par accident mais comme ce qui permet à l'être

---

[1] ibidem, p.352. C'est pourquoi la figuration du tombeau détient une valeur iconographique centrale, comme le montre Louis Marin à propos de Poussin (*Détruire la peinture*, Flammarion, Paris, 1977, p.87). Georges Didi-Huberman en a étudié toute la profondeur avec les sculptures de Tony Smith, ces "modernes tombeaux qui font de l'acte de voir un acte pour envisager l'absence (...) En eux la perte va et vient; ils nous obligent à penser l'image comme le processus, difficile à voir de ce qui tombe." (*Ce que nous voyons, ce qui nous regarde*, Minuit, Paris, 1992, p.84)

d'advenir. Nous avons vu avec Merleau-Ponty comment l'être se phénoménalise dans la scission et comment cette faille à la fois creuse et comble le tissu du monde. Le mode de présence de la conscience d'image procède ainsi de ce double mouvement d'une fissure. Cependant ces ruptures s'inscrivent au cœur de la texture imaginaire, car l'imagination met en mouvement la formule charnelle du regard, de son dedans et de son dehors. La scission manifeste la chair de l'image qui, ainsi que nous l'avons posé initialement, allie l'incarnation et la néantisation. En tant que mise en œuvre imaginaire du tissu charnel, cette séparation ne consiste pas seulement dans la fissure d'un espace apparemment plein. Elle fait advenir cet espace comme essentiellement fissuré, trouvant et découvrant sa raison d'être dans un procès de défaillance, dans l'ostentation spectaculaire de sa fracture. Par le regard imaginaire, le monde se présente ainsi comme un miroir brisé dans la mesure où les images nous renvoient notre regard scindé, lui confèrent une lumineuse cécité. La vision imageante requiert en effet l'aveuglement à la chose, elle atteint la texture imaginaire par la mobilisation et le détachement des choses. Elle assume de la sorte le décollement naturel de l'être, à la fois par la vibration de l'œil qui n'atteint plus des objets et par le vacillement des choses présentes sous forme de pellicule. Le regard se "retrouve" en l'image, décollé, fissuré; il est remis en cause en tant que regard objectif et ne peut plus tenir les choses à distance devant lui. Non qu'elles le "remplissent" : elles ne se présentent plus en leurs limites objectives, et donc elles défient le mode de présence du regard au réel. L'image a introduit, par la fissure d'être qui lui est propre, une scission déroutante, et que la simple imagination ne peut récupérer. Que voyons-nous alors sinon l'impossibilité de voir *au sein même de la vision* ? De la faculté à percevoir visuellement, nous sommes renvoyés à nos défaillances, à nos manquements qui nous conduisent à nous absenter du monde.

Dans cette fracture de l'image notre regard met la conscience en prise directe avec l'absentement, l'épreuve du vide, vécus dans la tension de ce qui réside malgré tout devant nous. Le regard de l'image met en œuvre une effraction paradoxale, car ce que l'on force, c'est un quasi-être et ce que l'on obtient, c'est du vide. Vide qui n'a pas la profondeur du gouffre ni l'immobilité du néant, mais qui entraîne le tournoiement propre de l'absence. Il maintient ce que l'on a perdu, sans que l'on sache vraiment plus ce qui a été perdu. La scission du regard tient donc à cette perte qui à la fois fissure et obture, ouvre l'issue et ferme le retour. Aux prises avec la chair singulière, non préhensile de l'image, le regard de chair appréhende en lui-même son suspens. Il s'ouvre dans l'ouverture. Car l'image s'épanouit sans dévoiler un mystérieux secret; elle se déploit parce qu'elle est regardée autrement qu'elle n'est, autrement qu'elle ne se fige sous la vue.

L'image trouée

Comment ce phénomène de fissure se produit-il, alors que l'image se présente généralement cadrée, fermée. Et pour cause, nous éprouvons le besoin d'un cadre en raison de cette propension de l'image à s'effacer : l'image nous paraît nécessairement délimitée selon un pourtour qui l'encadre comme il cadre notre regard. L'image tient sa bordure comme une frontière entre le fictif et le réel, un seuil qui lui confère le pouvoir de de fonder un monde cohérent et autonome. En lisière se tient la possibilité que soudain se répande l'image, qu'elle se délite et mette en cause la clôture : le réel ne serait plus aussi positif, peu à peu contaminé par l'imaginaire, débordé par le flot indéfini de la fiction. Nous ne regardons que rarement la bordure des images, les marges de la composition, et notre œil se dirige logiquement vers les points de fixation qui tiennent à la structure de l'image. Et l'attrait pour la marge relève plutôt d'une perversion du regard — volontariste ou névrotique —, une façon d'éprouver les limites de l'image circonscrite.

Cependant la frontière est étanche; cadres, armatures, discours et lectures nous apprennent à fermer l'image, et la bordure résiste à la séparation. La puissance de la scission ressurgit, malgré cette fermeture, cette fois de l'intérieur. La puissance du vide qui trouve sa source dans l'absentement se manifeste au sein même de l'image. En ce sens peut-on à nouveau parler d'un trou, d'une perforation qui déjoue l'équilibre de l'ensemble. La plénitude et l'harmonie des composants se disloquent au regard d'un travail de sape, d'une fluctuation non maîtrisée soudain provoquée par la visée singulière d'une conscience. La composition flotte et la vue ne suit plus le trajet convenu sur le plan proposé. Le regard se fixe sur un détail qui brusquement acquiert une importance inédite, ou bien il s'affole et circule de façon désordonnée, rompant l'organisation initiale. Dans le premier cas de figure, la conscience est attirée sans distance par une zone, un point de l'image. Non seulement elle se dirige en dépit des points de fixation qui assurent la médiation - elle s'oriente "à l'aveugle" et touche du regard un point de contact; mais encore elle se passe de tout recul réflexif et vit dans l'immédiateté de l'intention. En cet instant la perception visuelle est vécue en tension, puisqu'elle relève de la vue mais se tient déjà en suspens, appelée par le décollement de l'imagination. Au lieu d'accrocher, d'attacher le regard vacillant à un élément fixe de l'image, selon une ligne de mire, l'arrêt défait la paroi visible et la troue. De la sorte, la conscience plonge, ou du moins s'égare en un point qui échappe au plan. L'arrêt sur image devient un arrêt de l'image qui change de régime. La conscience était assignée au parcours visible, elle se trouve entraînée alors dans un espace courbe, qui se conteste lui-même, qui ne se déploie plus selon la prescription originelle. La pose du regard en ce détail de l'image encourage paradoxalement sa destabilisation, car le point fait un trou en lequel fuit la conscience perceptive. Toutefois ce ne sont pas l'issue ni le but qui ouvrent l'image en son procès d'absence, mais la fuite elle-même, son mouvement.

Le regard a dévissé en cette accroche trompeuse, en ce point aveugle. Brusquement le *logos* de l'image a cédé devant le double ravissement d'un détail qui à la fois fixe et délie, attache et décroche. La scène spectaculaire s'est décomposée et la conscience obéit à une causalité imprécise, incertaine. Abordant ce phénomène dans la photographie, Barthes a montré comment le discours théorique, le *studium*, est cassé par un point fulgurant de l'image, le *punctum*. Brusquement désarmés, nous butons sur un détail qui semble insister, se répéter devant notre regard; l'idée d'une répétition éclaire cette activité retorse qui se joue entre l'image et la conscience, sans qu'on puisse jamais séparer les deux. Car l'attache n'est pas définitive, elle impose plutôt une prise en laquelle le regard se trouve prisonnier et libéré; encore une fois l'emprisonnement n'est ni aliénation ni hallucination, et sa liberté n'est libération de rien et vers rien. Nul affranchissement de la conscience ici, mais une liberté de jeu, au sens où se produit un jeu, comme dans une serrure, entre ce qui ouvre et ce qui s'ouvre. Barthes évoque un flottement, une "immobilité vive" qui écarte tout savoir pour toucher le spectateur sans plus aucune référence à la culture. La tension que procure le *punctum* oblige la conscience à éprouver un phénomène qui dépasse effectivement tout *logos*. Toutefois Barthes le place du côté de l'affect et semble y déceler un sentiment quasi-sauvage. Se délestant de l'appareil linguistique et de l'ambition scientifique, Barthes souhaite, dans ces derniers ouvrages, garder toute la richesse des phénomènes sans les réduire systématiquement à des codes sémiologiques. Avec autant d'élégance que d'acuité il aborde ainsi les dimensions affectives et subjectives de la photographie. Cependant l'affirmation d'un *punctum* échappant à toute forme de code semble se débarrasser un peu vite des raisons ou des motivations par lesquelles le regard s'y dirige; et la référence au sentiment personnel risque de perdre toute la force qu'exerce l'image en sa prise et sa déprise sur la conscience. L'étude de la scission spectaculaire nous conduit donc à suivre au plus près la description du *punctum*, en essayant de comprendre comment l'absence advient en ce point.

L'impossibilité à dire exactement ce que l'on éprouve, l'échec de toute nomination, nous rapprochent des problèmes liés au néant et à sa formulation. Nous ne pouvons en effet "saisir" ce point, ni l'inscrire dans une ligne, ni l'insérer dans un ordre comme nous le faisons avec le détail d'une image. L'abord du *punctum* exige au contraire que se taisent les discours "sur" l'objet. Cet éclair incertain et persistant apparaît d'autant mieux que la vue aussi s'efface pour donner à l'image son amplitude par ce point. Le *punctum*, écrit Barthes, requiert "un effort de silence (fermer les yeux, c'est faire parler l'image dans le silence). La photo me touche si je la retire de son bla-bla ordinaire : technique, réalité, reportage, art, etc. : ne rien dire, fermer les yeux, laisser le détail remonter seul à la conscience affective."[1] La photo ressurgit ainsi doublement, du réel, puis du souvenir; elle semble revenir comme un refoulé; mais ce retour ne concerne qu'un point et ne ramène pas l'ensemble auquel il appartient, ni aucun "réel". Ou du moins il ne conserve l'ensemble-image que dans son évanouissement. Le silence requis fait parler l'image, comme l'observe Barthes; à moins que ce ne soit le silence qui devienne lui-même parlant grâce à l'image. La puissance d'ouverture spectaculaire tiendrait alors en ce vide au creux ou au point de l'image, en cette percée qui oblige la vision à se dépouiller ou à se convertir. L'image donne voie au silence par ce trou qui surgit en-deçà du cliché. Comme pour la fissure, l'ambivalence du point vient de ce qu'il est à la fois le trou et la trouée, l'absence qui surgit. La description de Barthes le confirme très finement puisqu'il explique comment le point dans la photo est aussi ce qui me point par sa pointe. Le trou sort donc de l'image au double titre d'un puits et d'une saillie. Cette sortie nous permet de comprendre que l'étanchéité de l'image et de son cadre la protège vainement de la bordure de néant qui l'entoure : la trouée défait la composition et introduit de l'intérieur la force d'absentement qui lui est inhérente. Le *punctum* nous amène au "hors-champ", au champ aveugle qui déporte le spectateur au-delà du cadre et le voue à l'étreinte du vide.

L'image délitée

De façon plus subtile, la scission du regard se manifeste dans une fissure qui se développe non plus en trouées verticales mais en décollements horizontaux, tel est le second cas de figure. L'image semble se séparer en différentes strates qui se mettent à circuler et dérobent à l'ensemble sa cohérence. L'accumulation ou la fixation du réel se délitent en plusieurs couches et sans ordre logique, sous l'effet d'un regard qui n'embrasse plus la totalité du plan. Encore un fois, nulle profondeur de l'image ne se découvre ici, car la sédimentation ne rappelle aucune origine et ne suit aucune succession qui aurait prévalu à sa constitution. Ce sont plutôt les éléments qui

---

[1] Barthes, *La Chambre claire*, op. cit., p. 89

glissent de manière aléatoire, se détachant sans jamais parvenir pourtant à former un détail, à cause d'une circulation fine et incessante. Un tel phénomène provient de l'oscillation inhérente à l'image et produit, malgré le sujet, un tremblé de l'œil. Car le vide s'est introduit dans les strates et provoque un jeu des composants, plus insidieux encore que celui des trous et des pointes. La dislocation de l'image en devient plus radicale puisqu'il est impossible de localiser la source du vide. L'image ne suit plus un procès d'évidement qui troue son espace fictif : c'est l'espace lui-même qui se trouve révoqué; tout lieu, fût-il troué, disparaît au profit d'une évanescence imaginaire. Et les décollements transversaux interdisent définitivement toute positivité, toute objectivation, toute fixation de l'image, du fait qu'ils déclenchent une fuite incontrôlable. On ne peut plus isoler un point de fuite puisque tout s'efface en glissant.

Cette oscillation interne retrouve facilement la bordure de néant qui fait vibrer les pourtours de l'image. Car les fragments insensiblement disséminés tendent à sortir du cadre de la composition. A l'inverse des collages picturaux qui exhibent leur fragmentation, l'image flouée procède implicitement de la disjonction ténue des éléments, de leur discrète dérive. Le regard y subit moins l'abîme du trou que le flottement des strates. Il glisse lui-même et, suivant le mouvement centrifuge, il est attiré vers la bordure. Les peintres qui ont traité la toile comme un lieu de passage, notamment par la technique du *all over*, ont procédé à ces déplacements. Ainsi des tableaux de Pollock défiant la centration de la composition et conduisant le regard à glisser au gré des coulures. Certaines toiles de Sam Francis, imposant de vastes zones de blanc au centre et rejetant les taches de couleur sur les bords participent de ces effets. Ne conservant qu'un des éléments labiles de l'image, affranchi de sa relation à l'ensemble, le regard accède à un état très incertain : l'œil est encore fixé au fragment, imprimé sur la rétine, mais il ne peut plus encadrer la vision. Ainsi la conscience est-elle sortie du pseudo-espace de l'image sans pour autant avoir repris pied dans le réel. Ni imaginaire, ni réel, le champ de la conscience oscille entre plusieurs statuts et se transforme une nouvelle fois en un hors-champ indéfini. Un morceau d'image demeure et la conscience le vit toujours à titre d'imaginaire, mais sans pouvoir le relier à un "monde" imaginaire, à une quelconque totalité cohérente. A mi-chemin entre la perception et l'imagination, la conscience vit imaginairement sa perception du réel et, inversement, a l'illusion de "percevoir" un fragment d'image. Car le statut de ce fragment imaginaire, glissé hors du champ, reste constamment problématique; il garde le souvenir d'un décollement de la conscience par l'imagination, tout en étant lui-même décollé, isolé de la puissance imaginaire. Telle une lueur, il conserve la lumière diffuse et semble maintenir les vertus de l'illumination. Dès lors l'image s'est déployée et a ouvert le regard : son apparition a délié les fragments de la fixation analogique, et le regard semble délivré de la vue.

Initié au mouvement imaginaire, le regard aveuglé par l'éclair ou la lueur atteint cette relation oscillatoire aux choses, envahi par leur indéfinition même et poursuivant à son tour l'intrusion et l'exploration de leurs possibilités. La conscience n'a plus besoin du cadre, de l'image circonscrite pour éprouver sa déliaison. Elle n'attend plus un univers irréel qui la conduirait vers des sensations inconnues, des visions inédites, ce qu'on appelait autrefois des espaces imaginaires. Elle trouve désormais en sa propre ouverture le mode d'accès au suspens des choses, à une autre manière de vivre leur présence. D'autres définitions, d'autres relations s'instaurent qui n'effacent pas l'existence mais modifient la prégnance du réel : d'une part la conscience ne se définit plus comme simplement prise dans les choses, d'autre part, les choses apparaissent sous d'autres aspects et d'autres dimensions, délivrant de nouvelles vérités grâce à la différence qu'induit l'oscillation imaginaire. Le fragment décollé a entraîné ainsi la conscience à éprouver la scission du regard sans plus avoir besoin d'image. Et peut-être la destination de l'image réside-t-elle dans son effacement et dans l'affranchissement du regard. L'image flouée diffuse hors de son cadre la tension oscillatoire et conduit à sa bordure comme à un seuil.

Les traverses imaginaires

Comment se manifeste cette oscillation hors-champ et quelles sont les affres de la conscience qui voit se confondre les modalités de sa relation aux choses? Afin de mieux comprendre ce rapport imaginaire qui maintient le réel visé tout en le rendant absent, il faut nous rappeler la dimension charnelle particulière aussi bien de l'image que de l'œil qui voit. La chair de l'image est évanescente et suscite l'éclatement du regard. Loin d'être accidentel cet éclatement nous ramène au plus profond de nous-mêmes et, d'une certaine manière au cœur du monde avec lequel nous faisons corps. L'absentement de soi ne se limite pas au suspens momentané, ni à la transcendance éclairante. Le retour à soi n'est pas garanti; du moins ne revient-on pas sans avoir perdu quelque chose. Une assurance, une accroche au réel, une habitude à se positionner font alors défaut après cette ouverture, cette séparation de soi. Le corps voyant flotte à son tour et n'accède pas à une nouvelle vision des choses; il les "voit" dans leur propension à s'écarter d'elles-mêmes; et du coup il s'appréhende comme chair pouvant se déliter, risquant de ne plus faire corps résolument avec ce qui était le corps unitaire pour la conscience. L'image du corps que la conscience s'était constituée apparaît alors selon son arbitraire, sa nature fictionnelle. L'appropriation laisse place au doute et à la prégnance des autres, des choses, de l'indéfini. C'est pourquoi l'épreuve imaginaire autorise les expériences les plus radicales de dépossession de soi, l'approche des seuils, dont l'expression rimbaldienne du "Je est un autre" demeure emblématique.

Notre regard de chair est sorti de la vue; il n'a pas pour autant accédé à la vision révélatrice, ni à un invisible extatique. Il met en cause, dans son éclatement, la présence de tout le corps aux choses. Par lui, le corps scopique est sorti de son orbite, et se tient dans l'incertitude de son ancrage, ni là ni ailleurs, soudain perméable au flux des choses. Corps énucléé, traversé, ouvert dans la fissure même qui s'est creusée au sein de l'image, en ses trous et en ses décollements, il tient son unité en sursis, vacillante, au bord de l'abîme, et à la lisière de nouvelles dimensions "entrevues". "Entre", telle semble l'impossible localisation de ce regard, sans qu'il puisse jamais se poser à égale distance des deux zones, retenu par les bords de l'image, attiré par son dehors. Le regard de chair fait entrer le corps dans l'image et l'amène au sein du processus imaginaire à se cliver. A cet interstice, il devient impossible de décider lequel, de l'œil et de l'image, entre dans l'autre. Tout au plus affirmera-t-on que la conscience, en sa dimension charnelle, s'ouvre à un ailleurs, suit un procès de différenciation. Encore faut-il s'entendre sur le sens de cette "ouverture" et lever l'ambiguïté qui donnerait à penser que la conscience est demeurée dans son for intérieur, qu'elle s'est ouverte au monde par un biais imaginaire et qu'elle s'est refermée sur un quant-à-soi. Car la conscience reste constamment ouverte, même lorsqu'elle se replie dans la pensée; sa présence au monde ne cesse jamais. En revanche, l'ouverture dont il est ici question tient au repositionnement de sa relation au monde; elle modifie la présence des choses qui se manifestent dans leur absentement. Dès lors, l'ouverture de la conscience charnelle en son regard suppose un mouvement de déliaison sans finalité explicite, une disponibilité nouvelle à la circulation des existants. C'est ainsi que la conscience perd sa "place", aux prises avec le vacillement de l'image. L'alternative entre objectivité et subjectivité devient inopérante car les frontières ont perdu leur rigidité, de sorte qu'il n'y a plus de sujet regardant ni d'objet regardé. La posture imaginaire vit l'oscillation de l'entre-deux, ni dans le réel, ni dans l'imaginaire, mais plutôt dans l'intensité d'un entrelacs fluctuant et précaire.

Le flux incertain au creux de l'image offre à la conscience un chassé-croisé de rencontres et de disparitions. Ainsi le processus imaginaire ne s'exerce pas à côté du réel, au contraire il est le travail de corrosion du réel que la conscience effectue en elle-même. Cependant l'effritement n'aboutit pas forcément à l'effacement, il peut aussi présenter le réel différemment et y faire surgir ce que la conscience a ignoré ou ce qu'elle y a enfoui. Une disposition inédite, par le déplacement des repères courants que produit la libre énergie de l'imagination, permet une ouverture aux souvenirs, et un rapport moins contraint à la situation présente. Le désir qu'elle suscite ramène un passé enseveli, non pour le fixer mais pour le suspendre, l'alléger. L'image ne constitue pas un écran symptomatique faisant remonter à la surface de la conscience un refoulé chargé d'affect. Elle offre plutôt une issue au souvenir en l'insérant dans un temps présent et latent; elle le met en instance et le rend imminent. L'image orchestrant le flux de la présence et de l'absence nous amène à vivre le souvenir comme un présent qui s'absente, nous délivrant de la charge d'un absent intouchable et fiché dans une présence douloureuse. Livré au devenir de l'image, ce souvenir acquiert la légèreté suffisante à sa réorientation, voire à son apprivoisement. Le processus imaginaire autorise ainsi sa différenciation au gré d'un nouveau désir. Car l'image ne se réduit pas à l'expression fantasmatique d'un désir, elle en est le vecteur dynamique et lui confère une vocation et une intensité singulières.

Que devient ce souvenir revenu pour un nouvel évanouissement? L'image travaille le passé, joue de sa réapparition, de sa disparition et de sa transformation, en le faisant sortir de la mémoire. Nous sommes livrés à un nouveau paradoxe, celui d'un souvenir affranchi de la mémoire. C'est pourtant bien du sein de cette mémoire qu'il surgit, grâce à la captation imaginaire. Mais s'il se présente pour de nouveau disparaître, il ne rejoint pas l'obscurité dont il provient. L'agglutination des affects qu'il contient se désintègre peu à peu dans le processus imaginaire. La recherche qu'effectue Proust relève de ce processus et, contrairement à l'explicite, ne ravive pas dans le présent des souvenirs perdus. En effet le réel qu'il convoque existe déjà au titre d'image : il s'agit d'une réalité figurée. Le mélange des sensations et des souvenirs est appréhendé de manière continuellement métonymique (Combray par le bruit de ses cloches). Aussi l'écriture vise moins les analogies que le travail de différenciation supposé par l'écoulement du temps et la superposition des identités (les différents mois) de l'écrivain. Elle cherche à relier méta-phoriquement ces dissemblances, et le célèbre enchaînement proustien ressortit beaucoup moins au mécanisme psy-chologique qu'à l'agencement stylististique : "On peut faire se succéder indéfiniment dans une description les objets qui figuraient dans le lieu décrit, la vérité ne commencera qu'au moment où l'écrivain prendra deux objets différents, posera leur rapport, (...) et les enfermera dans les anneaux d'un style. Même, ainsi que la vie, quand en rapprochant une qualité commune à deux sensations, il dégagera leur essence commune en les réunissant l'une et l'autre pour les soustraire aux contingences du temps, dans une métaphore."[1] L'écriture produisant ainsi des métaphores de ce qui se présente comme métonymie engendre un imaginaire qui transmue le souvenir plus qu'il ne le dévoile.

Devant le regard du lecteur ou du spectateur, ce sont plusieurs mémoires qui s'entrecroisent, celle d'un sujet et celle de l'image. Cette dernière contient une mémoire inhérente à sa constitution, c'est dire qu'elle implique en elle la remémoration du regard initial, de l'acte imaginatif, lui-même pétri d'images anciennes. Toute image est en effet traversée par d'autres images qui se décollent les unes des autres pour peu que notre regard se dispose à leur ouverture[2]. Dans le même temps le regard spectateur y investit ses propres images, du fait que l'œil n'est jamais vierge d'image; il tisse d'autres fils, oriente différemment la configuration imaginaire. L'image n'est plus "tournée" vers lui, elle prend un tour original. Toutefois le résultat ne tient pas de l'enchevêtrement des souvenirs hétérogènes : au contraire, la tension imaginaire détend les liens, elle encourage la délitescence de la mémoire. Deleuze l'exprime de façon lumineuse : "l'image ne se définit pas par le sublime de son contenu, mais par sa forme, c'est-à-dire par sa "tension interne", ou par la force qu'elle mobilise pour faire le vide ou forer des trous, desserrer l'étreinte des mots, sécher le suintement des voix, pour se dégager de la mémoire et de la raison, petite image alogique, amnésique, presque aphasique,

---

[1] Proust, *Le Temps retrouvé*, Gallimard, Folio, Paris, 1990, p.196

[2]La présence du miroir dans la peinture de la Renaissance en est l'expression la plus suggestive. Ainsi que l'observe Agnès Minazzoli à la fin de son étude sur le miroir et la pensée, nous sommes invités à "voir les images du dedans, en suivant le déroulement de leur histoire et leur cheminement dans la pensée, depuis la forme qu'elles reçurent de l'imagination qui les créa jusqu'aux sens que nous pouvons leur donner aujourd'hui. Car c'est à partir du présent de notre expérience visuelle et de la démarche spéculative qui l'accompagne que nous voyons l'image s'ouvrir à nos yeux." (*La première ombre*, Minuit, Paris, 1990, p.173)

tantôt se tenant dans le vide, tantôt frissonnant dans l'ouvert"[1]. Deleuze désigne aussi bien le processus de l'image picturale que celui de l'image mentale pour affirmer leur puissance irréductible au représenté ou à un quelconque discours. Amnésique, l'image ne se souvient plus de son origine ni de son cheminement. Elle ne dit rien. Elle se tient dans sa présentation, tout en conduisant l'onde déstabilisatrice. Libérée de ses supports, elle flotte, comme en apesanteur. Elle "frissonne" aussi, vacillante et impalpable. Elle inaugure sans instaurer, ouvrant le regard à la vue sans objet. L'image constitue son propre événement. Elle ne nous invite pas à retrouver au fond de ses scories imaginaires une première image, à l'origine de toutes les autres : elle fonde son origine dans ce qu'elle n'est pas encore, dans ce qui flotte devant elle, dans le vide mouvant de son tremblement. Et ce vide ne procède pas d'un néant primordial; il s'élabore en l'image comme l'expérience présente de la déliaison.

Un sujet défaussé

La scission imaginaire nous permet ainsi de repenser la possibilité même pour la conscience d'être sujet de son regard. Car elle se trouve contestée et débordée dans son intention perceptive et son positionnement spatial. Elle n'est plus située dans un espace mais emportée au sein d'un flux qui tient de l'évidement, du glissement ou de la contraction en un point. Toutefois ce départ n'implique pas la disparition d'une unité de la conscience. Si nous acceptons de sortir de l'alternative opposant l'idée cartésienne d'une conscience autarcique et le discours d'inspiration structuraliste sur la fin du sujet, nous pouvons penser que la conscience est encore elle-même dans la diffraction imaginaire. Déroutée dans son espace, elle se manifeste plutôt par son propre espacement. Loin de devenir une conscience imaginaire, une conscience de fiction, elle existe comme sujet dans l'absentement de ce qu'elle perçoit. Déliée de la prégnance objective des choses, elle les sous-pèse et les pose à l'écart, elle les fait se séparer d'eux-mêmes comme elle se sépare d'eux et d'elle-même, délaissant la

---

[1] Deleuze, *L'Epuisé*, Minuit, Paris, 1992, p.72

relation d'objet pour une fréquentation plus diffuse, une proximité plus fluide. Le sujet se dit alors en sa disjonction plus qu'en ses connexions. Saisi en creux, à partir de son envers, de ce qu'il n'est plus exactement, mais maintenu par ce renversement, il vit la scission de façon non-réflexive comme ce qu'il est. Si l'imagination peut ainsi acquérir, à rebours de la tradition philosophique occidentale, un statut heuristique dans la connaissance du sujet, ce ne doit pas être au détriment de sa nature singulière. Certains penseurs, tels que Bergson, Sartre ou Ricœur, ont en effet tenté de la réhabiliter en montrant comment la conscience accède, par l'image, à certaines significations. L'analysant au titre de schème moteur, de schème ontologique ou de métaphore vive, il ont, en quelque sorte, canalisé la puissance de l'image et refoulé ses aspects retors. Leur apport considérable dans l'acquisition par l'imagination d'un statut de vérité relève d'une conception préhensive de l'image par le sujet. Sans l'évincer, nous pouvons aussi penser la pertinence philosophique de l'image depuis sa diffraction, non plus alors dans la prise du sujet imaginant mais en sa déprise qui est une des vérités du sujet.

Penser le sujet par son défaut, c'est-à-dire par ses façons de se défausser, nous amène à l'imagination comme expérience privilégiée de cette défaillance. Grâce aux failles produites, le sujet se détache des points de fixation que la vue lui impose et se transporte vers des corrélations inédites. Nous devons nous garder de ramener cette échappée à une volonté autonome de la conscience qui nous empêcherait de comprendre le procès de séparation interne à l'image. Avec la scission imaginaire nous suivons le sujet dans son aimantation et ses disparitions aux choses. Attiré puis retiré, il ne se définit plus seulement par ses projets, son futur, son appropriation, mais aussi dans son devenir non résolu, ses esquisses et ses esquives, ébauchant une relation singulière à l'image qui l'amène à s'échapper du tout-visible. Le sujet imaginant se construit paradoxalement dans le retrait de la construction volontaire, et se dessine au gré des courbes dérivées qu'engendre un regard oblique, glissant ou s'abîmant sur le glacis poreux de l'image. Il accède ainsi à sa propre étrangeté, sa faculté à devenir autre, à changer de point de vue par le glissement de ses attaches. Il devient autre d'une altérité qui ne va pas jusqu'à l'hétérogénéité, mais qui grève son identité de sujet par la mise en cause des ressemblances dans l'image : celles des choses qui ne sont plus semblables à ce qu'elles étaient en tant qu'objet, celles de la conscience qui ne se reconnaît plus et flotte au fil des dissemblances à l'œuvre.

Peut-on encore parler d'un sujet malgré cette épreuve imaginaire déroutante? Assurément, le sujet s'y déploie d'autant plus que le processus fait jouer une singularité, certes sans cesse déviante au regard de ce qu'elle est, mais qui ne subit pas cette déviance en extériorité : elle lui imprime ses propres inflexions. La chute des choses visibles dans l'image provient de leur écartement et la séparation ne suit pas le trajet initial à rebours; la disparition ne renverse pas la composition, elle la poursuit différemment, selon un autre régime, fût-il celui d'une décomposition. Les choses tombent dans les trous de l'image ou glissent parmi ses striages au gré de l'œil qui les suit. Le double mouvement de fuite, des choses et du regard s'alimentant l'un l'autre, produit une déclinaison imaginaire : un éloignement aléatoire susceptible de recompositions temporaires, de configurations circonstancielles. La scission imaginaire inaugure ainsi de nouvelles énergies, de nouvelles sources propices à l'existence d'un sujet en développement. Car c'est aussi par nos déroutes que nous imprimons une singularité dans les choses, et non uniquement par la domestication volontariste du monde. L'image nous met en procès, puisqu'elle nous fait vivre ces défaillances qui marquent notre condition de sujet en instance. Le refus de cette épreuve imaginaire, loin de nous préserver comme sujet rationnel, rétif et incorruptible face aux perversions de l'image corps, nous fige dans l'identité à soi, selon une adéquation factice et illusoire. Nous ne sommes jamais autant éloignés de nous-mêmes que lorsque nous campons sur ce refus. S'ouvrir à l'image qui elle-même se scinde suppose au contraire un libre abandon qui éclaire obscurément la possibilité d'un sujet aventureux et singulier.

Cinquième partie

LE DEFAUT ET L'EXCES

L'appréhension de l'image comme processus ambivalent conduit le sujet à vivre autant son extension que sa diffraction imaginaires. Ce mouvement ne peut se résumer à un phénomène propre aux modalités de la réception, car il ne traduit pas simplement les effets de l'image sur un sujet. Il relève davantage du va-et-vient inhérent à l'image, mis en branle par un regard. Nous voudrions désormais suivre ce processus au sein de certaines images qui se présentent au titre d'œuvres. L'ambivalence imaginaire s'y découvrira en acte. Et la chair de l'image y présentera sa nature proliférante-évanescente, correspondant aux modalités par lesquelles le sujet s'absente et se présente, aux prises avec la semblance.

La notion d'œuvre d'art, tout comme celles d'œuvre et d'art, demeurent sujettes à discussion; toutefois l'objet de notre étude consiste plutôt dans l'analyse de constructions qui mettent en jeu, intentionnellement ou non, un processus imaginaire tel que nous l'avons décrit. Que ces constructions appartiennent au registre établi de l'art nous importe moins que leur propension à engendrer chez celui qui les reçoit un jeu spéculaire et dévié. Aussi la distinction usuelle des genres s'effacera pour rapprocher des œuvres plastiques ou littéraires selon l'usage qu'elles font des images, même si ces dernières se présentent de façon spécifique. Conformément à l'esprit du premier chapitre, il ne s'agit pas ici d'établir des typologies mais de repérer ce qui, dans un tableau, une représentation théâtrale, une image poétique... produit une oscillation imaginaire. Et si désormais nous évoquons des "œuvres", c'est afin de dégager l'organisation interne d'un ensemble qui porte virtuellement à l'ambivalence de la prolifération et de l'évanescence, en la distinguant de l'appréhension subjective d'une image - par exemple la photo d'un être cher — qui dépend de circonstances plus singulières. Sans chercher à hiérarchiser les productions artistiques, il semble cependant que leur configuration imaginaire puisse constituer une pierre de touche de leur rapport à la tradition esthétique.

La décompression esthétique

La création artistique pourrait moins consister en la constitution d'un "univers" plein d'images qu'en un principe hémorragique décomprimant les imagiers qui peuplent nos regards. Car la plénitude d'image nous est donnée plutôt par le monde en soi. Nous ne le recevons jamais d'un œil neuf puisqu'il nous apparaît comme déjà regardé, déjà orienté par les points de vue antérieurs. L'idée d'un regard vierge relève d'une fiction de l'origine, d'un âge d'or visuel durant lequel le monde s'offrirait pur d'images, sans médiation. Cependant ce rêve d'une absence d'image est encore une image, voire une imagerie régressive qui occulte la part de l'altérité constitutive de tout regard et conditionnant la visibilité du monde. Les théoriciens du goût — et déjà Rousseau — ont montré combien nous captons ou non tel ou tel aspect de la réalité selon l'éducation de notre regard. L'attention portée aux paysages de montagnes prend ainsi forme à la fin du XVIIIe siècle selon une transformation du jugement et de l'imagination. Et si Kant prétendait dégager universellement les ressorts du jugement esthétique, les exemples qu'il utilise sont toutefois très déteerminés, cadrés par les regards de son temps. L'attribution de la beauté aux paysages de plaine et du sublime au spectacle des montagnes trahissent une vision d'époque. D'une manière générale, la vue présuppose un déjà-vu. Le monde présente ses propres visages parce que des regards humains l'ont configuré de la sorte. Précisément, le vis-à-vis de l'homme et de la nature prend sens de cette formation, de cette alliance d'éducation et de formes qui autorisent nos points de vue. Certes, tout ce que nous voyons ne se réduit ni à des images ni à des formes, mais nous regardons un monde pétri, voire encombré d'images. Notre œil se focalise à partir d'analogies visuelles, à la fois nécessaires et aliénantes.

La réification du regard nous conduit à redoubler le réel en produisant des images d'images. En ce sens il s'agit d'une imagination sans transcendance puisqu'elle consiste à répéter sans écart, à représenter ce qui déjà relève de la représentation. La photographie, devenue une technique à la portée de tous, témoigne de cette imagination réifiée. Robert Doisneau observait ainsi que les amateurs font tous les mêmes photos. L'élection des objets dignes d'être photographiés, tout comme la façon de les cadrer varient très peu. De nombreux artistes photographes ont d'ailleurs joué de façon parodique sur ces clichés reproductibles à l'infini : souvenirs de vacances, portraits de groupe, paysages ou monuments. Aussi bien pour le proche que pour le lointain, notre façon de constituer des images provient d'un imaginaire social et historique déterminé. Combien de touristes prennent, regard obligé, une photographie de la *Piéta* de Michel-Ange, parfois même, par erreur, sa copie de plâtre, et peut-être sans jamais quitter le viseur de leur appareil? Proust note dans *La Recherche* que nous nous représentons par avance certains pays ou civilisations à partir des reproductions de leurs monuments. L'Egypte ou la Grèce se présentent d'emblée à partir de leurs images touristiques, configurées à l'exotique par le regard occidental, et que nous désirons retrouver, confirmer, en réitérant leur cliché. La prise de vue reste sans surprise, elle entérine un comportement d'appropriation par lequel l'amateur de clichés vise une image qu'il identifie à son objet présumé (l'Egypte, ce sont les Pyramides), et qui l'identifie lui-même aux spectateurs qui l'ont précédé (l'Orient est un spectacle). L'ailleurs dénué de tout inattendu participe ainsi d'une rêverie convenue. L'emprise de l'imaginaire collectif affecte à la fois la réalité et les images de positivité.

La présence d'images réifiées au sein de l'imagination ne doit cependant pas être référée au seul domaine de la répétition objective, ce qui laisserait croire, a contrario, à l'existence d'images pures. Car toute image, qu'elle procède de la copie ou de l'invention, contient des images antérieures. L'imagination s'exerce à partir d'un substrat, ténu lorsqu'il s'agit d'un *analogon*, ou diffus lorsqu'elle se meut depuis d'autres images. De la sorte elle ne surgit pas de rien, même si elle procède d'un évidement, puisqu'elle pose d'abord ce qu'elle dépose ensuite. Et pour les images qui se donnent comme des créations esthétiques, la relation avec l'imaginaire passé et présent s'y établit assurément. Ainsi toute image prend position à l'égard du substrat qui la fonde. Cette dimension critique ne saurait être l'exclusive du modernisme et des œuvres à finalité contestataire ou autoréférentielle. Il serait naïf de croire que les œuvres "non modernes", non inscrites dans une stratégie de rupture, se contentent de répéter et ne supposent aucune réflexion ni distance par rapport à la tradition. L'image est par essence critique, aussi bien en regard de son référent que des images qui la précèdent, car elle opère un travail de séparation. Même la copie, la répétition, comme nous avons essayé de le montrer, procèdent de la coupure, de la crise. Le substrat imaginaire que recèle toute image se présente sous forme de contrat implicite : la composition l'actualise ou le refoule, procédant de l'adaptation, de l'opposition, de l'explosion ou de l'implosion... selon une variété de registres qui donnent sens à la présentation. De ce point de vue le premier moment de l'image à visée artistique ne consiste-t-il pas en la destruction des images?

L'art orienterait-il l'image vers son essence, vers l'imagination néantisante? Du moins pouvons-nous suggérer, contournant les risques d'une définition et d'une sacralisation, que de nombreuses créations mettent en œuvre un imaginaire non positif, un processus d'absentement critique. La force et l'étrangeté d'une image picturale viennent souvent de ce qu'elle détruit l'imagerie de la peinture. Le déploiement de l'œuvre s'exerce moins à partir de la profusion que de l'incision au sein de la plénitude imaginaire. Cette trouée provoque un tourbillon qui donne son mouvement à la création, qui évide l'espace saturé d'images préfigurées. Atteindre l'invisible ou l'indicible suppose une telle démarche iconoclaste, afin qu'une nouvelle présence surgisse de l'effacement ou du silence. Précisément l'hémorragie semble une des figures préliminaires à l'imagination créatrice ainsi conçue. Elle présente une coulée qui met en cause la substance, par quoi la substance se vide elle-même. Elle participe à l'évidement constitutif de l'image. A ce titre, l'œuvre acquiert sa signification puisqu'elle "œuvre" à son apparition grâce à cette activité; elle meurt lorsqu'elle se résume à son résultat, image réifiée à son tour. Vivante, elle incarne, avec ses matériaux propres, le mouvement de la fuite à partir d'un trou ou d'une fissure initiale par lesquels se défait la condensation imaginaire : les silences, les blancs, les suspens, les échos, les écarts expriment différentes modalités de cette percée hémorragique dans l'imaginaire de l'art.

Le devenir imaginaire de l'écriture

Le travail de disparition effectué par l'imagination vient non seulement de ce préliminaire critique de l'image visant son substrat imaginaire mais aussi d'une vertu imageante qui semble révéler à toute représentation son devenir-image. La création imaginaire emporte ses objets et ses moyens de sorte qu'elle exprime, qu'elle fait sortir, les potentialités imaginaires des choses et de leur représentant. Au profit de ce renversement apparent, le réel paraît découvrir son autre face, une nature imaginaire qui lui appartiendrait en propre et que l'imagination, loin de lui conférer, lui dévoilerait. Le réel se découvrant par son double, le suspens de ce qu'il est, voilà l'effet de sa représentation imaginaire. La face cachée s'y présente sans alternative négative, sans écarter le réel positif, car elle ne se résume pas à son contraire : elle l'accompagne en permettant son absentement, elle le tient présent par son décrochement, son départ de l'ancrage positif qui le retenait dans son statut d'objet. L'imagination met en acte ce versant oublié, recouvert de positivité, elle dédouble la chose qui revient sur elle-même tout en s'écartant de ce qu'elle était. Au nom d'une telle conception de l'imagination, il n'y a plus lieu de distinguer radicalement ce qu'on appelle image stylistique de l'image visuelle. Car le statut du signe y subit une dérivation qui l'entraîne dans le processus imaginaire et, dès lors, tire le signe vers l'image. La notion d'image stylistique renvoie d'ailleurs à une version pauvre de l'image comme illustration plus ou moins complexe, comme variété de figures langagières. Mais l'imagination ne se limite pas à présenter un réel "imagé"; nous savons désormais qu'elle fait entrer ce dernier au sein d'un mouvement de disparition et d'apparition. De même qu'une image "visuelle" ne se réduit pas à ce qu'on "voit", de même une image stylistique ne se résume pas à ce qu'on "lit". Du point de vue qui nous intéresse, un tableau ou un roman peuvent œuvrer de façon similaire au processus imaginaire.

A cet égard, la littérature n'entretient pas avec l'image une relation instrumentale, elle ne l'emploie pas pour produire des effets de tableaux. Beaucoup plus fondamentalement, elle constitue le langage en vecteur imaginaire. Elle invente moins d'images stylistiques — métaphores ou métonymies — qu'elle ne transforme une langue en image de réel. Car la représentation qu'elle organise dédouble la fonction représentative du signe, et précisément elle la double par l'imaginaire. Si le système d'une langue fonctionne déjà comme un écart et une mise à distance du réel, les signes qu'il organise y acquièrent une présence codifiée, autonome à l'égard du réel, alors que l'image maintient en elle le réel, et de façon aléatoire. La littérature dédouble ainsi l'écartement originaire de la langue et lui impose une présence-absence d'autant plus forte qu'elle absente à la fois les mots et le réel : elle propose des images de réel, des images de mots qui sont déjà eux-mêmes des images de réel. Les rapports du lisible et du visible ne peuvent plus s'y limiter au transfert des registres — une lettre vue par son aspect graphique, par exemple. Ils orientent la lecture vers le travail de l'absence, vers le maintien de la signification mais déliée de ses codifications. La littérature "espace" les significations en y introduisant le processus imaginaire, en obligeant le lecteur à suivre l'autre face du réel initialement désigné par les mots, à découvrir ce dédoublement des signes par l'image néantisante. Lorsque Blanchot évoque un "espace littéraire", il ne s'agit pas d'un espace imaginaire — cette notion n'est pas fondée — mais plutôt, nous semble-t-il, d'un espacement inchoatif, c'est-à-dire de ce mouvement par lequel s'absente la signification première des mots. L'expression qu'il emploie ne relève pas d'une simple métaphore qui montrerait comment un art du temps, la littérature, se déploie aussi en espace d'écriture. Elle nous conduit plus loin, vers la conception de l'écriture comme expérience imaginaire. Blanchot semble assumer jusqu'à ses conséquences incertaines l'idée que la littérature produit l'avènement du langage à l'image, qu'elle déploie ainsi sa pleine puissance. Il le suggère dans une note de son fameux recueil : la littérature se définirait comme un "langage qui serait sa propre image, image de langage - et non pas un langage imagé -, ou encore langage imaginaire, langage que personne ne parle, c'est-à-dire qui se parle à partir de sa propre absence, comme l'image apparaît sur l'absence de la chose"[1].

Loin du scientisme linguistique qui réduit parfois l'écriture à une logique signifiante par laquelle le langage se parlerait tout seul, la mise en valeur du versant imaginaire montre la dérivation du langage par la littérature : celle-ci travaille les mots non dans leur faculté de nommer la chose ni dans leur fonctionnement autoréférencé mais plutôt pour y retrouver la relation originelle qui lie et délie le réel. Elle vise le surgissement, au sein du langage, d'une distance aux choses, d'une délivrance à l'égard de la contrainte représentative : elle déjoue l'assignation, elle détourne l'adéquation conventionnelle des mots et des choses. La littérature commence, en tant qu'image, lorsque l'absence prend forme dans le langage, lorsque, comme le dit Blanchot, le langage se prend pour image, non réflexivement, mais se dégageant de sa fonctionnalité pour se déployer à distance, dans l'effraction du réel. Car l'image est la présence de la chose comme absente — Sartre en a fait la démonstration — et le langage imaginaire suppose une absence en abîme puisqu'il met le mot en image : le mot qui déjà s'est posé arbitrairement sur la chose, est ressaisi au sein d'un procès d'absence, provoquant ainsi la dérive du lien qui instituait la relation du mot à la chose. Dans l'écriture tout est comme appelé à devenir image et donc à prendre cette dimension incertaine et infinie de l'absence faite œuvre. Le langage littéraire se parle à partir de sa propre absence : son départ est une séparation, un écart d'avec ce qui le constitue et qui demeure malgré tout mais à titre de relais, de témoin, qui se poursuit et se perd dans sa reprise détournée, dans le nouvel élan dévoyé que lui procure l'œuvre.

Deux voies s'offrent au processus imaginaire dans sa visée compositionnelle, selon qu'il déploie son ambivalence par un versant ou l'autre. Soit il procède à l'effacement de son référent et des moyens de le représenter, soit il produit une surprésence saturée de positivité au point d'excéder son

---

[1] Blanchot, *L'Espace littéraire*, op. cit., p.28

référent. D'un côté, le travail d'absence évacue toute illusion de réalisme et débarrasse l'image de ses imageries, proposant alors une nouvelle présence au creux de la disparition. D'un autre côté, l'excès de l'image déroute le regard, le déborde jusqu'à lui enlever ses repères visuels. Ces deux démarches ne sont pas exclusives l'une de l'autre et plusieurs œuvres manifestent un renversement d'un pôle à l'autre, oscillant de l'absence à la présence, provoquant l'apparition lorsque tout semble disparu ou, à l'inverse, aveuglant le regard au moment de sa pleine prise. Selon leur degré de radicalité, ces orientations peuvent mener à des impasses, sans offrir une possibilité de retour. L'oeuvre se perd dans sa disparition, sans même garder la trace de son effacement. Ou au contraire, l'œuvre se résume à la chose, sans plus de référent, elle se tient parmi d'autres choses. Etre parodique ou néant sceptique sont renvoyés dos à dos. Nous voudrions, au cours de cette dernière partie, évoquer quelques figures relevant de ce processus ambivalent, et tout d'abord celui qui suit la pente naturelle de l'image, sa tendance propre à se défausser.

L'essence critique de l'image peut constituer le sujet de l'œuvre, et présenter une entreprise d'arrachement aux images réifiées. L'image naît sur le deuil des images. Deleuze évoque cette renaissance par la métaphore d'une lutte contre des adhérences : "Il est très difficile de déchirer toutes ces adhérences de l'image pour atteindre au point “Imagination Morte Imaginez”"[1]. L'image présente ainsi le processus d'une disparition qui vise d'abord le reliquat des images anciennes puis elle-même, mais de manière non définitive puisqu'elle se maintient par ce mouvement qui lui confère sa singularité et la préserve dans l'indéfini. Si la composition imaginaire déploie un espace à partir de ce processus, qu'il soit scénique, littéraire ou plastique..., elle en propose alors une version fissurée ou trouée qui dispose à son propre espacement. Les images doivent y tomber, y glisser, sans plus être retenues par les bords d'un lieu désormais résiduel et incertain. De la sorte, l'œuvre se perd sans disparaître, elle se fuit et prend sa courbure dans la fuite. Diverses figurations propres à ce dispositif semblent repérables, notamment l'éradication, l'évidement et l'effacement.

---

[1] Deleuze, *L'Epuisé*, op. cit., p.71

L'éradication

Cette procédure radicale s'inscrit dans une démarche typiquement moderne. De multiples expériences déconstructrices — avant même que le terme de déconstruction ne soit revendiqué —ont ponctué la modernité du XXe siècle, avec des finalités très différentes. La disparition du sujet en constitue une étape inaugurale, et plus largement l'abandon de la référence naturaliste ou le choix d'objets habituellement exclus de la représentation artistique participent de cette remise en cause. La démarche de Malevitch incarne peut-être avec le plus de force les ambitions et les limites de ce radicalisme critique. Souhaitant affranchir une fois pour toute la peinture de tout modèle réaliste, il affirme l'absolu de la couleur et de la forme, réduites à leur plus simple expression, le noir et le blanc, la croix ou le carré. Sans chercher, à la manière de Kandinsky, à penser la spiritualité inhérente aux rapports de couleur, et donc à joindre l'invisible, il désire maintenir le regard dans le visible afin de le libérer des ressemblances. En proposant le désormais fameux *Carré blanc sur fond blanc*, il invite le spectateur à l'abandon des images pour mieux le conduire dans "l'infini du blanc". Le renversement du sujet semble achevé, le regard accède à un univers illimité qui excède l'œuvre elle-même. Le défaut s'est transformé en excès, la disparition est devenue immersion. Sans porter un jugement de valeur, nous pouvons toutefois observer que le suprématisme, dont Malevitch établissait les principes dès 1915, témoigne déjà d'une tentation propre à de nombreux courants du siècle, celle du sublime. Car la table rase revendiquée dès les premiers manifestes, dada, surréaliste, futuriste, ne consiste pas simplement au bouleversement des valeurs, elle vise surtout une révolution de l'esprit, l'avènement d'une autre vision, érigée comme Regard absolu. L'aléatoire systématique, l'automatisme, le parti-pris de l'actuel, sont autant de moyens d'arriver à la Surréalité, à l'Avenir, à l'Imagination libre. Et l'art suprême de Malevitch indique, à sa manière, comment le premier geste de la suppression pointe l'avènement d'un absolu qui passe par l'abolition de la peinture, du peintre et de l'amateur de peinture.

La tentation du sublime manifeste ce saut d'une conception du regard à une vision de l'esprit. Elle suppose un vide à l'œuvre au sein duquel l'esprit se contemple lui-même, avec effroi ou béatitude devant sa propre immensité[1]. L'illimité passe en-deçà ou par-delà l'objet du regard et produit une réflexivité du sujet qui excède la source d'un tel trouble. L'abolition des images relève alors d'une palingénésie, d'un idéal de transmutation qui met l'œuvre en sursis perpétuel. L'achèvement de l'œuvre ne s'accomplit pas, ou du moins s'achève-t-elle devant le saut de l'esprit. L'"éradication" nous semble donc la figure première et le premier excès du vide. Elle donne pour finalité de toute œuvre sa propre abolition, et elle en organise le spectacle à des fins sublimes. De ce point de vue, les choix littéraires de Blanchot correspondent à cet esprit sublime. Et s'il nous guide précieusement sur la voie d'une imagination non positive, il nous conduit surtout vers ces démarches vouées à l'échec par leur absolu, et qui font de cet échec une œuvre. Mallarmé est le nom propre d'une telle radicalité. Il désigne ceux qui ont pris le Néant à bras le corps tout en cherchant à édifier une totalité, un Etre inaccessible et dont la recherche seule vaut qu'on écrive. L'éradication constitue le moteur de telles entreprises qui érigent leur impossibilité en spectacle ou en absence. Blanchot suit les poètes de la "constellation" heideggerienne, tels que Hölderlin ou Rilke, pour éclairer leur défaite constitutive et pour glorifier le sacrifice de l'art et de la parole; puisque ce qui perd est aussi ce qui sauve, l'ultime disparition offre la seule apparition possible de l'œuvre par essence inaccomplie. Le sublime abyssal tient notre regard devant le Néant et l'oblige à contempler sa propre absence.

L'autre face de cette éradication relève aussi d'une appréhension spirituelle de l'art, toutefois elle vise, à la différence du sublime, à définir l'œuvre, à l'accomplir en lui octroyant son indépendance. L'œuvre est censée exister par

---

[1] Sur les différents risques du sublime, cf B. Saint-Girons, *Fiat lux, Une philosophie du sublime*, Quai Voltaire, Paris, 1993

elle-même, comme idée ou comme système. Les démarches relevant de cet esprit nous permettent de déceler la deuxième tentation de l'éradication : le formalisme. Repérable à la fois dans plusieurs courants et dans certains discours esthétiques, elle ne se limite pas au simple souci de la forme ou de la règle de composition. Elle repose sur le principe de l'autoréférence et trouve sa justification avec la thèse de Greenberg selon laquelle la peinture moderne, principalement américaine, ne renvoie qu'à elle-même. Cette tautologie manifeste, encore une fois, une relative naïveté, d'une part en détachant des œuvres comme celles de Rothko Newman ou Still de leur contexte historique, esthétique et idéologique, d'autre part en ignorant la part d'autoréférence propre à toute œuvre d'art, moderne ou non. Croire que le nouveau sujet de la peinture soit exclusivement la peinture participe à la fois d'une libération critique, reléguant les discours humanistes et hétérogènes à l'art, et de la fiction idéaliste d'une forme pure et affranchie. Les œuvres vivent et respirent d'elles-mêmes, elles ont leur propre monde, elles proposent "une planéité nouvelle, qui vibre et respire. Rompues par relativement peu d'accidents de dessin ou de composition, les surfaces exhalent la couleur avec un effet enveloppant accru par le format même du tableau. On réagit à un environnement autant qu'on réagit à un tableau accroché au mur."[1] Le réel une fois disparu, l'œuvre nous entoure de sa pleine présence. La réduction du sens de l'art à son seul matériau et à son seul fonctionnement procède ainsi de l'éradication des images aux fins d'une présence minimale et autonome.

La littérature a connu pareille tentation avec ce qu'on appelle grossièrement le nouveau roman. La vogue structuraliste et sémiologique aidant, plusieurs romanciers ont souhaité rompre avec les procédés de la représentation hérités du XIXe siècle. Personnage, temporalité, intrigue subissent une critique décisive au profit d'une logique purement textuelle. Le parti-pris iconoclaste s'exprime avec Robbe-Grillet qui condamne les imageries romanesques et notamment

---

[1] Greenberg, "Peinture à l'américaine", in *Ecrits*, trad. Ann Hindry, Macula, Paris, 1988, p.245

l'emploi des métaphores[1]. Dénonçant les présupposés humanistes de la littérature, plusieurs nouveaux romanciers produisent des machineries textuelles, construites de façon autoréflexive et dont le sujet est leur propre écriture, ses possibilités, ses impasses, ses conventions. Souvent le travail d'éradication organise sciemment la déception du lecteur afin de rompre l'illusion réaliste. Parmi les nombreuses stratégies employées, celle de Robbe-Grillet dans *La Maison de rendez-vous* semble paradigmatique lorsqu'il utilise l'imagerie des romans exotiques en décrivant une scène de chasse aux Indes. Le chasseur attend le tigre et dirige son regard vers l'appât, une jeune fille dénudée attachée à un arbre. Au moment de la plus haute tension représentative, le narrateur explique qu'il s'agit d'un groupe sculpté en bois peint. Le voyeurisme du lecteur est frustré tout comme est dénoncé son désir de "voir" derrière les mots. Au terme de ces réductions, de ces précipités textuels, il reste une écriture dont le déploiement fait œuvre. Toutefois ces expériences de décantation ont fréquemment abouti à un formalisme et parfois, dans leurs versions appauvries, à un maniérisme.

Au nom de l'autoréférence, l'éradication iconoclaste a pu retrouver les artifices parnassiens; la théorie de l'art pour l'art s'est identifiée à un travail d'orfèvre et la littérature est devenue bijouterie. Plus fondamentalement, l'idée d'autoréférence pervertit la notion d'absence. Car ce qu'elle absente est censé laisser place à une présence qui fait corps, de manière autosuffisante, qui n'a besoin d'aucun regard pour la vivifier. Elle ne suppose plus aucun écart de l'œuvre avec elle-même. Le principe d'autonomie fonctionne sur l'idée d'une absence réalisée. Déliée de la représentation, l'œuvre retrouve la positivité, non plus celle du réel désormais exclu comme sujet, mais celle de son propre dispositif. Elle n'offre plus de pli, plus de fissure, elle existe d'une présence pleine; surface-monde ou écriture-système, elle se préserve de toute effraction. Finalement le sublime et le formalisme présentent deux versants de l'éradication, et deux orientations opposées du processus d'absence. D'un côté l'œuvre prend le risque du

[1] Alain Robbe-Grillet, *Pour un nouveau roman*, Minuit, Paris, 1963, p.50

Vide absolu et de sa disparition au regard, elle se maintient dans l'effroi de l'esprit. De l'autre elle réalise son affranchissement et court le danger de la positivité, du petit rien qui conserve un vague souvenir des grandes disparitions l'ayant fait naître. Le grand trou ou la petite chose résultent en fin de compte d'un principe commun et sont les deux aspects d'un même tour, d'une même recherche de pureté, oubliant l'impropriété constitutive de l'image et son irréductible impureté, la présence de ses restes.

L'évidement

Mais le Néant ne se dit pas toujours en termes sublimes. Il se manifeste aussi par de petites absences, par des trouées hémorragiques parfois infimes, et qui se maintiennent sans se résorber dans des formes réifiées. L'évidement pourrait définir une seconde figure du défaut. Le théâtre en offre d'évidentes manifestations, sans doute parce que s'y maintient la tension du spectacle, parce qu'il oblige le regard à durer, lui imposant son rythme et ses dimensions. Mais aussi le théâtre joue sur tous les "tableaux" de l'image : il constitue par essence un texte dont le devenir est la représentation, le devenir-image de l'écriture s'y construit au premier degré; davantage encore, la mise en scène ordonne une déréalisation qui oriente les signes selon cette finalité imaginaire; et cette présence scénique produit, comme nous l'avons analysé avec Genet et Beckett, une transmutation des corps devenus images de corps, et chairs d'image. A la différence de l'éradication, l'évidement nourrit la tension déréalisante sans l'achever, il conserve à l'œuvre son efficacité, sa puissance néantisante et la déploie en une succession de chutes. La défaillance y opère un continuel travail de sape, comme un délitement perpétuel. En évoquant précédemment l'anticorps beckettien, il s'agissait d'indiquer la disparition des corps au sein de l'image théâtrale. Et précisément, la scène subit dans le théâtre de Beckett ce processus d'évidement qui menace l'image, qui la troue incessamment, sans jamais la faire disparaître. Si les débats critiques sur cette œuvre opposent généralement une interprétation métaphysique, insistant sur l'absence, l'absurde et la mort, à une analyse formaliste plus attentive à la présence, à la règle et au vif, c'est sans doute parce que la fin y demeure indécidable. Et dès le début ce mouvement de la fin qui n'en finit pas de finir est posé, comme en témoignent les premiers mots de *Fin de partie* : "Fini, c'est fini, ça va finir, ça va peut-être finir." Précisément c'est le regard qui doit mourir, comme en témoigne la cécité du personnage central, mais le monde demeure visible, fût-ce par délégation. Il semble impossible d'en finir définitivement avec l'œil[1]. Beckett met en scène les règles de cette suppression et présente une image théâtrale affectée d'un trou de vidange à partir duquel se produit un évidement systématique. Avec une rigueur géométrique, l'espace scénique met en acte cette hémorragie constitutive.

De manière encore plus insidieuse, et peut-être moins tragique, le théâtre de Nathalie Sarraute met en scène des dispositifs à évidement d'images qui semblent relever davantage de l'hémorragie interne. Nous avons vu précédemment son emploi des mots à partir d'un trou de mémoire, et sa présentation parcellaire du néant. Cette fois c'est la construction théâtrale qui manifeste spectaculairement la disparition de l'image à l'intérieur d'elle-même. De ce point de vue, *Le Silence* incarne parfaitement la figure de l'évidement, de cette défaillance interne qui se poursuit sans fin et fonde le sens de la représentation. Cette pièce joue intensément sur l'ambivalence de l'image, à la fois comme figure de style, acte d'imagination, et représentation scénique. La situation initiale présente la réunion de sept personnages parmi lesquels se trouve un individu silencieux et qui, faute de participer au babil mondain, provoque l'hystérie collective des parleurs. Les premiers mots, loin d'annoncer l'inéluctable disparition, sont une injonction à parler, à re-dire, c'est-à-dire à jouer le jeu de la re-présentation. Le premier personnage masculin, H.1, a évoqué, selon un lyrisme un peu convenu, le souvenir d'un paysage pittoresque, et les autres personnages souhaitent qu'il poursuive la description et réitère ses

[1] Telle est la condamnation scopique : "motif d'encouragement les paupières obstinément closes (...). Soudain le regard. Sans que rien ait bougé. Regard? C'est trop peu dire. Trop mal. Son absence? Non moins. Indicible globe. Insoutenable." Beckett, *Mal vu mal dit*, Minuit, Paris, 1981, p. 73

métaphores. F.1, le premier personnage féminin, participe à la l'installation d'une présence imaginaire : "ces petites maisons... il me semble que je les vois... avec leurs fenêtres surmontées de petits auvents de bois découpés... comme des dentelles de toutes les couleurs"[1]. Le dialogue des personnages embraye sur cette ambivalence d'absence et de présence, sur cet appel à l'imaginaire commun. Nathalie Sarraute met en scène une parodie d'invention romanesque, chacun faisant du Balzac sans le savoir. Elle traque les pseudo-sensations contenues dans les images dites sensibles en exhibant leur nature de clichés.

Mais le dispositif iconoclaste n'en reste pas là et l'esprit du texte ne se réduit pas aux impératifs du nouveau roman. Le plus intéressant vient de ce que cette logorrhée littéraire est provoquée par le silence d'un des convives. Selon un renversement du réalisme anthropocentrique, ce personnage silencieux est le seul à porter un nom[2]. Cette présence désignée d'une absence conduit à un décentrement de la parole théâtrale qui ne s'identifie plus à des sujets parlants. Les discours se dispersent et dessinent peu à peu un mouvement affolé autour de l'élément silencieux, n'arrivant plus à accrocher un pôle de réponse, frôlant constamment la disparition définitive. Ne se fixant jamais sur tel ou tel personnage, la parole circule anonymement, et les personnages voient leur présence scénique mise en branle par ce tournoiement. Le metteur en scène ne peut plus concevoir le déplacement des acteurs à partir du contenu de leur discours. C'est le flux circulaire de cette parole progressivement délirante qui impose une chorégraphie délivrée des corps comme sujets de gestes.

---

[1] Nathalie Sarraute, *Théâtre*, Gallimard, Paris, 1993, p.151

[2] Nathalie Sarraute a montré comment cette critique du personnage s'inscrivait dans une émancipation plus générale de l'art à l'égard de la représentation et du réalisme de ses objets : "par une évolution analogue à celle de la peinture - bien qu'infiniment plus timide et plus lente, coupée de longs arrêts et de reculs - l'élément psychologique, comme l'élément pictural, se libère insensiblement de l'objet avec lequel il faisait corps. Il tend à se suffire à lui-même et à se passer le plus possible de support. C'est sur lui que tout l'effort de recherche du romancier se concentre, et sur lui que doit porter tout l'effort d'attention du lecteur." (*L'Ere du soupçon*, in *Œuvres complètes*, La Pléiade, Gallimard, Paris, 1996, p.1584)

L'image scénique se déploie selon ce décrochement qui oblige le spectateur à "sauter" depuis les acteurs vers la composition d'un tableau en mouvement. Peu importe de savoir qui est qui, l'intérêt dramaturgique s'étant déplacé vers les phénomènes d'attraction et de répulsion que produit un élément silencieux, un point autour duquel dérivent des courbes, autant de trajectoires commandées par l'évidement.

Le rythme de la pièce est construit sur ce progressif mouvement de spirale qui dévoile l'œuvre du néant. Les points de fixation de la parole cèdent peu à peu. Ce sont tout d'abord les querelles autour de l'attitude silencieuse et de ses significations (la volonté de donner un sens au silence vise à l'enfermer, à le neutraliser par une dénomination). Les voix "s'entendent" un moment pour proposer d'ignorer le silence, ou plus précisément l'intention silencieuse, puisque le silence se présente ici par son activité. Il s'agit de faire "comme si rien ne s'était passé". Mais justement, le "rien" est passé, laissant sa trace, sa présence ambivalente. L'absence a désormais place sur la scène. Les voix se fissurent, n'arrivent plus à maintenir l'unité d'un ton. Le silence fait son œuvre, il confère à l'image scénique son centre et sa structure; tout ce qui apparaît prend sens et orientation à partir de lui, en direction centripète ou centrifuge. Un degré supplémentaire est franchi lorsque le silence "déborde", prend du "poids" et se répand. Il "enfle", il "happe" et produit différentes figures de captation : filature, noyade, aspiration. Au début du processus les personnages ont tenté de "meubler le silence". Cette expression dit l'ambivalence naturelle du néant; il paraît comme un vide à combler, cependant il constitue lui-même un espace meuble, toujours mouvant, et que l'on ne peut colmater ni figer; tout au plus peut-on circuler en lui. Et sa présence organise l'image scénique elle-même comme un lieu mouvant et instable sur lequel le metteur en scène construit moins qu'il n'organise la disparition. Ayant débordé, le silence devient le sujet de la représentation, de sa vaine tentative d'instauration imaginaire. Les pseudo-personnages, au lieu de parler, font des essais de silence. Le théâtre se présente alors par son envers, par l'exposition de personnages qui s'abolissent comme sujets d'une parole théâtrale. Cette auto-abolition n'a toutefois qu'un temps, celui de la représentation, et le procès d'absence maintient quand même le spectacle : l'image se tient dans l'abolition de ses références, de tout ce qui la parasite. Nathalie Sarraute présente ainsi les tournoiements d'un silence devenu intransitif, silence en soi qui n'existe plus dans la simple contrariété de la parole. Ce silence qui a provoqué d'abord des colères, des pleurs, des insultes, a découvert une angoisse ontologique, celle d'un sujet absorbé dans sa propre faille. "Je suis comme vidée... Tout est aspiré..."[1] constate F.1. Et par un retournement ironique, la fin de la pièce intervient lorsque le silencieux abolit lui-même son silence et accepte une conversation sur l'art byzantin, un art qui, précisément, accorde une valeur particulière aux images! Le silence n'aura finalement aucun sens (et certainement pas celui d'une incommunicabilité); en forme de parenthèse il s'est présenté par diverses modalités. Il s'apparente à une auberge espagnole, à cette différence près qu'on y apporte ce qu'on n'a pas.

Avec Nathalie Sarraute, le néant n'intervient pas de manière radicale et tragique, il dévoile sa puissance comme sous-bassement, il organise en sous-main la présence mondaine. L'absence qu'il manifeste est moins le manque que le substrat de la présence. Il apparaît grâce aux dérèglements et à l'affolement des repères : sa présentation scénique suit un procès d'évidement, celui d'une image théâtrale perforée. Comme le déclare l'auteur dans *Le Gant retourné* : "le sujet de mes pièces est à chaque fois ce qui s'appelle rien. Pourquoi rien? Parce qu'il faut que la carapace du connu et du visible soit percée sur un point infime, que la craquelure soit la plus fine possible, pour que l'innommé soit à la place d'honneur"[2]. Le souvenir du vœu flaubertien d'un livre sur rien ne doit pas faire oublier que la composition littéraire vise moins le style absolu que l'expression de l'absence au sein de la présence. Le néant sarrautien se manifeste non par l'abîme créateur mais dans les interstices du quotidien. Il ne faudrait pas y voir une banalisation, plutôt une diffusion, une circulation au sein des discours comme dans l'image scénique. Conformément à cet

---

[1] ibidem, p. 170

[2] Nathalie Sarraute, *Œuvres complètes*, La Pléiade, Gallimard, Paris, 1996, p.1710

absentement constitutif de toute écriture, la mise en scène du texte de Sarraute suppose une dis-location, une déroute du lieu où se construit l'image. Son œuvre dramatique n'a rien à voir avec un théâtre de chambre, une fine psychologie. Il est une mise à l'épreuve de l'absence par la figuration scénique de l'évidement. Tout en conservant sa légèreté, son extrême finesse, parce qu'il est en deçà de toute surface et de toute profondeur. En lisière, il maintient le caractère dramatique de cette agitation due à la défaillance, aux secousses sismiques résultant de la fissure des images.

L'effacement

Le devenir-image de l'écriture se manifeste dans la représentation théâtrale par ces mouvements tourbillonnants qui distinguent l'activité scénique de l'image étale d'un tableau pictural. La procédure par laquelle le signe devient image au sein d'une présentation plastique diffère de l'évidement. Elle suppose un détournement à la fois de la littérature et de la peinture. L'usage de l'inscription au cœur d'un tableau ou d'une sculpture témoigne de ces effets croisés et dérivés par la contamination des dimensions temporelles et spatiales. Toutefois la distinction des arts du temps et de l'espace ne résiste pas toujours à l'analyse et de nombreuses expériences créatrices l'ont déjouée. La question posée par ces démarches semble moins le partage des conditions de l'expérience que le statut de l'image et son mode de déploiement. Le côtoiement des textes et des images révèle la dimension imaginaire inhérente à l'écriture[1], comme le suggèrent les échanges entre Breton et Miro, Char et Staël. Le signe y délivre de plus en plus sa fonction d'absentement au regard de la chose, puisqu'il s'émancipe de son référent. Le geste de l'inscription produit ainsi une énonciation qui vaut pour elle-même, sans plus d'énoncé. Evidemment le signifié ne disparaît pas totalement et demeure au titre de souvenir ou d'absence; il change de statut et il y aurait lieu d'étudier, cas par cas, les significations nouvelles, les retours au réel provoqués par ce détournement

[1] Dimension refoulée par le privilège du signe. Cf Anne-Marie Christin, *L'Image écrite*, Flammarion, Paris, 1995

des signes. De ce point de vue, il est impossible de résoudre le problème en cloisonnant la dimension imaginaire de l'écriture dans le poétique, comme l'a proposé Sartre avec son opposition entre prose et poésie. Cet instrumentalisme du langage participe davantage d'un volontarisme littéraire — celui d'une littérature engagée de l'après-guerre — que d'une définition, pourtant annoncée, de la littérature. Mais nous voudrions, à l'écart de la problématique du sens, nous intéresser plus précisément à l'usage calligraphique du signe et à l'investissement scriptural de la peinture. Car ils dévoilent une virtualité du signe qui ne se limite pas aux effets d'une mise en page, à la façon des calligrammes. Comment retrouver la peinture à partir du scriptural, et comment travailler l'inscription jusqu'à ses extrêmes limites, voire jusqu'à sa résorption? Le travail et l'itinéraire du peintre Degottex nous paraît incarner cette démarche, tant l'esprit de son parcours repose sur l'inscription et l'effacement imaginaires. Sa cohérence et son évolution singulière imposent d'en suivre la chronologie, de l'inspiration gestuelle du début à la neutralité linéaire de la fin.

Paradoxalement, l'image impose un processus d'effacement qui met en évidence la possibilité d'une trace et son support. Inscrire un geste, celui d'un pinceau, d'un rouleau ou d'une lame, ne produit une forme que par un effet de surface. Ce qui fonde à la fois le geste et sa marque, c'est la faculté d'un support à devenir l'espace d'une apparition. Le trajet pictural de Degottex exprime cette recherche de l'essentiel qui découvre la vérité tant de l'acte que de la matière. Ses premières œuvres sont consacrées aux signes et visent déjà l'épuisement de tout référent. Le signe posé ou projeté sur la toile va nécessairement au-delà de sa fonction, il devient "métasigne" ainsi que Degottex nomme une série de tableaux inscrivant chacun une trace verticale. Il devient image par l'autonomie qu'il acquiert dans l'espace de la toile, par ses ascensions et ses retombées. Extrêmement concentré, donnant son point et son équilibre à l'espace, le signe peut aussi présenter sa dispersion, son éclatement par giclures ou coulures. Ce geste s'apparenterait au courant de l'expressionnisme abstrait si Degottex ne refusait pas le lyrisme et la subjectivité. Breton avait déjà remarqué son inspiration métaphysique et, de fait, la visée intervient toujours au-delà ou à côté de la beauté du geste : les ensembles "hors" (*horsphères, hors-spaces, hors-lignes*) ou "méta" (*métasignes, métasphères*) suggèrent un saut. Toutefois ce mouvement s'inscrit à l'intérieur des œuvres et ne détourne pas le regard vers l'invisible. Les écarts produits tant sur les signes que sur les espaces visent à les faire exister hors référence et à les mettre à l'épreuve du vide.

Encore faut-il s'entendre sur le sens de cette conduite qui ne proclame pas pour autant la fin de l'image. La recherche du vide et de ses manifestations renvoient, chez Degottex, naturellement à la philosophie orientale, chinoise ou japonaise, selon les principes du Tao ou du Zen. Ces références, quelque peu marquées par la mode orientaliste des années soixante, prolongent l'entreprise plus qu'elles ne la décident[1]. Degottex poursuit un "vide planifié", vide en continuel devenir dès l'origine, vide qui envahit l'espace-plan et découvre l'essence de l'image s'imposant à partir de son propre effacement. Le vide ainsi mis en œuvre se distingue de l'éradication définitive et du Néant absolu. En relation avec le plein, il se répand sur la toile en différentes modalités, organise la médiation nécessaire à toute apparition[2]. L'inscription ne fixe donc pas l'essentiel de l'image, car le fond et sa préparation constituent le lieu d'un travail décisif. Précisément il s'agit de desserrer la localisation de la trace afin de créer un espace vide, ou un "lieu espacifié". Degottex souhaite fonder un support "qui ne suggère aucun espace physique". Ses notes proposent une entreprise d'effacement préliminaire qui garantisse la présence du vide : "Qualité a-peinture, a-matière... Dématérialisation du support : réelle, choix de matériaux légers (...), figurée, dernière couche du fond d'une transparence presque imperceptible."[3]

[1] Ces références elles-mêmes suivent un processus de disparition, comme le suggère la formule "suite obscure, métaobscure, étaobscure, taobscure" (*Signes et Métasignes*, catalogue du Carré d'art, Musée d'art contemporain de Nîmes, 1992, p.81); ici le tao correspond à une des phases de l'effacement.

[2] "La trouée du pinceau par le souffle, vide-médian non-peint" (*idem*). Sur le sens de ce vide médian, cf François Cheng, *Vide et plein. Le langage pictural chinois*, Seuil, Paris 1991, p.47.

[3] *idem.*

Renversant le rapport de l'inscription et du fond, les tableaux présentent une trace qui informe la présence du vide. La série fameuse des *Dix-huit Vides*, selon une correspondance avec les dix-huit vides du bouddhisme, témoigne des différents effacements; elle explore les qualités, les modalités, les sources du vide (*Vide suprême, Vide de la dispersion, Vide des choses créées*), jusqu'à tenter de vider le vide lui-même (*Vide du vide*) et de contrer le risque d'une idolâtrie du vide. Cette trajectoire (jusqu'en 1967) mène Degottex à une radicalité de plus en plus forte, avec les *ETC* qui présentent un unique trait vertical et rectiligne, et qui semblent clore la période des signes. Refusant la gestualité esthétisante, il connaît alors une période de mutation — l'esprit de 68 y est propice — caractérisée par des formes circulaires[1], comme les *Spacifiques* qui découvrent, ainsi que leur titre le suggère, la spécificité de l'espace. Le geste fondamental de Degottex — l'effacement pictural — se poursuit alors, défait de sa gestualité. Il résorbe le travail des écritures désormais réduites à la seule ligne; les signes se sont dépouillés de leur relief, le tracé se résume à un dépôt.

Deux dispositifs se mettent alors en place, celui de la grille et celui du carré. D'une part un tressage traverse la toile de ses lignes, d'autre part le carré installe une forme. Pour comprendre leurs rapports et leurs fonctions il convient d'en définir la singularité. Car l'utilisation de la grille semble ici très éloignée de ses emplois sémiotiques par des peintres américains à la même période. De même la disposition de plages, carrées ou rectangulaires, se distingue des environnements des *Color Field Painters* qu'affectionnait pourtant Degottex, car la recherche de spatialité relève chez lui d'une peinture moins rétinienne. Avec la suite des *Déplis* il dépose des surfaces carrées à même la toile, généralement quatre, et parfois contenant d'autre carrés en abîme. Ainsi conduit-il une sorte de transmutation d'espaces, de vides et de pleins, de trajectoires et de lieux. La résorption de l'écriture dans la ligne semble se poursuivre encore plus loin puisque

---

[1] Jean Frémon remarque, dans sa monographie, que la boule et le cercle sont une constante : ils traversent la chronologie et constituent des matrices (*Degottex*, Editions du Regard, Paris, 1986, p.26).

prime la seule surface plane, tout juste sous-lignée. L'achèvement de la trace se réalise dans la marque impersonnelle de la pliure, dans une sobriété rectiligne qui apaise et ouvre l'espace. Côtoyant un, deux ou quatre traits bleus, légèrement recouverts ou recouvrant, les carrés imposent la binarité du pli. Dans le cas des *Grilles*, les tracés ont acquis une sorte de neutralité; rappelant le procédé du *all over*, les tableaux offrent l'espace d'un passage, toutefois cette traversée retient moins ce qui est passé qu'elle ne présente l'effacement d'un passage anonyme. La relation entre les deux nouveaux dispositifs d'effacement se noue avec la série des *Marges* qui font apparaître un carré au sein de la grille, soit par un trait sur le pourtour, soit par le blanchiment du centre selon une forme carrée. Degottex pose ainsi une relation nouvelle entre le centre et la périphérie. L'entourage linéaire lui permet de révéler le dedans de l'œuvre non par la fonction d'encadrement des marges mais comme ce qui met la marge au-devant. Le renversement hiérarchique entre l'entour et le centre donne à penser le tour, la limite, son rôle d'appariteur; car l'effacement central permet l'exhibition des marges, de ce qui est supposé encadrer, et inversement le soutien visuel de la marge permet de faire du centre un spectacle de l'effacement. Le carré blanc se présente comme l'effacement des stries; il dit moins l'infinie présence du blanc que le blanchiment d'une présence qui s'efface. Degottex organise ainsi un processus d'apparition et de disparition où le phénomène se rend visible par son absence, son éloignement.

Pour autant l'effacement demeure un travail de la peinture sur la peinture, il ne l'éradique pas. Au contraire il en découvre l'essentiel en révélant la couleur ou la matière à elles-mêmes. "L'effacement de l'auteur et l'éloge du comment"[1], voilà exprimée l'intention du peintre, le projet de sa disparition au bénéfice d'un procès matériel sans sujet. Ainsi de la couleur: Degottex en travaille les passages, comme le montrent ses *Médias*, qui disposent le noir selon une division de la toile en deux ou trois plages. Une surface uniforme constitue la base de variations par dilution, coulures, autant de stases qui montrent la plénitude ou la dégradation du noir, lié au gris ou

[1] *idem*, p.78

au brun. Les pôles se répondent et s'interpénètrent sur le lieu d'une ligne de partage qui à la fois définit la frontière et suppose son franchissement souterrain. La rencontre du brun acrylique et de l'encre de Chine permet de varier les directions et parfois d'abandonner la couleur à elle-même. Le filet de peinture dit le geste délité, la trace impersonnelle. Placé dans un troisième hors-champ, le noir devient métacouleur : les différentes plages montrent ainsi comment le noir "se tient", là et au-delà. Il en va de même pour le traitement des supports et l'entreprise d'effacement, loin de reléguer les éléments matériels au rang de la besogne, vise plutôt à les révéler. Quand certains artistes auront préféré rompre avec le tableau en réinventant des surfaces, Degottex maintient les contraintes de la toile ou du bois pour desserrer le point de vue depuis l'intérieur du tableau : le processus d'effacement doit venir de l'image, "hors" mais au-dedans, par un mouvement de déplacement intrinsèque. Ainsi le tracé révèle-t-il la qualité du support, l'exprime au sens fort, par des procédures artisanales. Tel enduit ou telle incision produisent des plissés, des soufflures, des repousses qui font vivre la toile de sa propre texture, qui découvrent la trame intime des supports. Le contact d'un papier Kraft et d'une toile constituent, par exemple, le départ de la suite des *Déplis*, et Degottex y trouve des relations "épidermiques"[1] lui permettant de poursuivre le mystère de la chair picturale. A la différence des pliures et des empreintes colorées dépliées par Hantaï, ces épreuves expriment le vide au cœur des manifestations matérielles.

L'effacement révélateur s'incarne aussi dans la déchirure du support, celle qui donne au papier sa ligne et son épaisseur (les *Arr blancs* ou la ligne centrale des *Médias*), ou encore celle qui perfore le bois (les *Arr rouges* dessinent sur un fond uni l'excavation du support). Ces intrusions interrogent la matière par le vide qu'elles en arrachent. Le sens de l'effacement vient donc de ce travail d'éloignement et de rapprochement, d'absence et de présence, qui repose sur le mouvement propre de l'image tout en exhibant la matière picturale. Les œuvres de Degottex, en elles-mêmes et pour le moment qu'elles incarnent au sein d'un parcours d'une grande cohérence, jouent d'un mouvement alternatif de disparition et d'apparition sans sujet.

[1] "La Suite Dépli", in Jean Frémon, *Degottex*, op. cit., p.261

Elles s'inscrivent dans un processus où l'image se rend visible par son absentement, et transforment les supports d'inscription en espace d'effacement.

Par cette figure nous accédons à un imaginaire sans image, à la présentation du phénomène de l'image délivré de toute positivité. Référents et *analoga* se sont effacés au profit d'une image qui existe de son propre mouvement au regard d'un spectateur convié à cette présence-absence. Les trois figures, non exclusives, du défaut mettent ainsi en œuvre cette activité interne. L'éradication prend le risque d'une disparition sans retour de l'image, par la voie du sublime ou de la forme pure; l'évidement procède par trouées et fissures pour découvrir les failles imaginaires et y produire des mouvements de fuite; l'effacement planifie le vide en l'étalant et produit la transparence des objets et des signes. Cependant le principe alternatif qui gouverne la disparition et l'apparition imaginaires suppose des renversements — conformément à l'oscillation essentielle de l'image. Et le défaut rencontre l'excès, par un cheminement inverse mais qui relève du même processus.

La concrétion

L'excès dans la création imaginaire vise à exalter la positivité qui caractérise superficiellement l'image. Il concerne la matérialité par laquelle une œuvre se rend sensible — couleur, matière, support, modelés...— ou la ressemblance à laquelle une composition prétend accéder. Il s'exerce aussi dans les différentes procédures qui approchent l'objet au plus près, qui tentent de le circonscrire ou de le démultiplier pour mieux le présenter à l'image. Nous voudrions suggérer à nouveau quelques figures répondant à cette orientation : la concrétion, la saturation, le tour et la répétition. La première, la concrétion, travaille à l'intensité de la présence. Elle procède moins de l'expression que d'une réduction extrême du matériau et des procédés afin d'y faire surgir une brutalité, une évidence qui mettent le spectateur à distance d'une chose pourtant familière. La présence advient nue et distante à la fois, précisément à cause de la distance imaginaire qui impose l'absence : l'œuvre est là avec la force brute de la chose, elle se présente comme éminemment perceptible, cependant elle tient le regard hors d'elle, elle le tient devant son apparition. Car la concrétion dont elle procède surcharge la positivité qu'elle mime. La surabondance et l'extrême concentration qu'elle manifeste la mettent à l'écart de la visée perceptive. De là vient sans doute son pouvoir d'attraction : de ne pouvoir être atteinte alors qu'elle force le regard et qu'elle impose une surprésence. Il n'est pas besoin de grands effets, de déploiements spatiaux et spectaculaires pour arriver à ce coup de force; la concrétion vient d'un effort centripète qui maintient l'excès dans l'image. L'ambivalence qu'elle provoque fait ainsi jouer l'étrangeté et la familiarité : d'être trop présente l'œuvre s'absente. Très vite elle excède son contenu matériel pour entraîner le regard ailleurs, et pourtant sans aucun vecteur, sans qu'un saut soit suggéré, et alors même que sa prégnance visuelle demeure.

Cette présence de l'œuvre comme chose participe d'une longue réhabilitation de la matière dans la création artistique et qui a pris des significations très variées depuis le surréalisme. Breton souhaitait promouvoir les objets et leur étrangeté matérielle au sein de la création et de fait "les choses" ont peu à peu trouvé leur place, voire leur autonomie. Présentées en *ready-made* par Duchamp, ou intégrées à des ensembles hétéroclites, elles ont imposé les matériaux du monde industriel sur les surfaces de l'art. Toutefois cette intrusion procède de démarches très distinctes selon qu'elle poursuit un réalisme ou qu'elle modifie l'image elle-même. Ainsi la présence de ces objets détient-elle une fonction sociologique chez les "nouveaux réalistes" des années soixante et revendique un humanisme artistique, les supports permettant la comparution du réel brut. Ou encore, le collage d'objets insolites dans les *Combine paintings* de Rauschenberg travaillent à l'actualité de l'œuvre en phase directe avec la profusion du monde; la ferraille, les photos, les vêtements y sont harmonisés afin de réunir l'art et la vie. Tout autre paraît l'esprit d'artistes aux prises avec la matière même, et qui tentent d'y redécouvrir le sens de la création et de l'image. La présence des choses ne s'y délivre qu'au titre d'une émanation de la corporéité picturale. Ainsi de Tàpies qui emploie le ciment, la terre, le latex, la terre, et y dépose empreintes et signes, le pied et la croix étant les plus connus. Mais dans sa démarche, la matière ne se limite pas à une surface d'inscription; le geste du dépôt vise plutôt à l'effraction de la matière. De la sorte, c'est moins l'irruption d'un signe ou d'une forme qui ouvre l'espace de l'œuvre que l'expression matérielle qui découvre ses potentialités internes. Sans aller vers une mystique de la matière ou un organicisme pictural, cette conception suppose un corps à corps du peintre et de son matériau. "Je suis le premier spectateur des suggestions arrachées à la matière, écrit Tàpies. J'en déchaîne les possibilités expressives, même si je n'ai pas au départ une idée parfaitement claire de ce que je vais faire. C'est au fur et à mesure de mon travail que je formule ma pensée; et de cette lutte entre ce que je veux et la réalité de la matière, de cette tension, naît un équilibre."[1] La lutte suppose un échange qui ne laisse pas indifférents le peintre et la matière, puisque le travail y exerce une révélation réciproque. L'intention créatrice apprend ce qu'elle veut par la matière, et la matière se déploie grâce au geste créateur. Cette consubstantialité se dessine dans l'usage singulier de l'empreinte. Le pied n'imprime, n'impose pas sa trace au titre du souvenir; ce qui reste au regard est l'interface, la réversibilité du corps et de la matière : la matière a pris le pied, le pied a enfoncé la matière. Ainsi le corps ne plaque pas sa forme, il empreint la matière pour l'exalter, pour la découvrir en se découvrant. c'est donc moins l'absence, l'effacement, que l'apparition, la présence que manifeste cette procédure.

Par ce versant nous approchons du sens intime de l'image puisqu'il s'agit pour Tàpies d'"imaginer la matière". Que peut signifier faire de la matière une image, ou travailler la matière en sa qualité imaginaire? L'imagination ne saurait se limiter ici à informer ou à empreindre un matériau, car c'est la matière qui produit, par sa convocation, la configuration imaginaire. De même il ne peut s'agir d'une "imagination matérielle" qui supposerait naïvement la propension endogène de la matière à fournir des images. L'imagination dont il est question relève d'une présentation au sens fort, c'est-à-dire d'un processus qui permet à la matière d'être présente au

---

[1] Antoni Tàpies, *La Pratique de l'art*, trad. E. Raillard, Gallimard, Paris, 1974, p.86

regard, d'apparaître en tant que telle par l'image. Il peut sembler paradoxal de prétendre que la matière demeure elle-même alors qu'elle procède de l'image. En fait l'extrême présence de la matière induit un excès révélateur. Elle surpasse sa présence ordinaire, elle va au-delà de sa réalité perceptible. Ainsi vient le malentendu provoqué par la dénomination de "matiérisme" par laquelle on désigne plusieurs artistes exhibant des matières inhabituelles dans le champ de l'art. Une conception pauvre de l'image affirmerait le résidu matériel de l'image, la présence physique de tel ou tel matériau qui s'adresserait toujours à la perception; les matiéristes en fourniraient l'exemple imposant. Mais la confusion d'une telle appréhension tient au manque de discernement entre la perception d'une réalité matérielle et la perception inscrite dans un processus d'irréalisation imaginaire. Précisément la matière présente sur les tableaux ne se manifeste pas selon les mêmes modalités perceptives. Ainsi le sable ou la terre sur une toile de Tàpies ne sont pas regardés comme celui d'une plage de Barcelone ou celle d'une montagne de Catalogne, même si le souvenir de leur extraction y demeure. Car, c'est un truisme, ils sont travaillés, œuvrés par l'imagination et supposent une concrétion révélatrice. En eux l'artiste a fouillé la matière et y a conduit un effort d'apparition.

Tàpies fait donc appel expressément[1] à l'imagination du spectateur plus qu'à sa perception, afin qu'il accepte l'extension de l'œuvre à partir de sa matérialité, afin qu'il entre à son tour dans le procès imaginaire. Imaginer la matière consiste moins en un prélèvement de réel et en une transposition esthétique qu'en une intrusion indéterminée qui cherche l'expression imaginaire au cœur de la chose. Et c'est effectivement au-dedans que Tàpies invite le spectateur à entrer. Nul saut métaphysique, du moins dans le regard, ne s'impose ici. Car la chose est consubstantielle au tableau et à la matière. Les titres de ses tableaux ne renvoient qu'à l'évidence devant le regard, *Grand blanc horizontal*, *Gris avec cinq perforations*, *Terre et peinture* . Par la concrétion, l'image ne procède d'aucun retour à la chose présentée (le lit, la chaise...). Elle se présente pleine et débordante, excédante de matière car elle l'a vidée de ce qu'elle n'est pas. L'image a

[1] idem, p.71

débarrassé la matière de ses présentations manufacturées ou industrielles. Peut-on alors parler d'une chair de l'image? Sans doute au même titre que pour toute autre image; cependant cette chair a avoir avec la matière, sans qu'il s'agisse pour autant d'un résidu. Si nous avons affirmé que la chair de l'image, selon le procès d'incarnation qu'elle engage, ne s'apparente en rien à la chair physique, la concrétion suppose que ce soit de l'intérieur de la matière que surgisse l'image qui la transmue en chair imaginaire.

La matière y subit un procès imaginaire qui à la fois l'exprime et la transforme. Cet exercice prend toutefois un chemin différent de celui que nous avons étudié : d'ordinaire l'imagination produit l'absence de la chose et la rend présente par cet éloignement qui la suspend. Ici l'imagination organise plutôt la présence, en la densifiant au maximum. Elle vise à imaginariser la matière par son trop-plein. L'épaisseur et la compacité poussées à l'extrême, fût-ce par divisions ou cicatrices, suscite la présentation imaginaire. La densité matérielle et la surprésence qu'elle implique retrouvent le chemin de l'image et son oscillation entre présence et absence, conformément à la réversibilité du processus imaginaire. Tàpies l'exprime dans un de ses meilleurs textes, "Communication sur un mur". Il y évoque son expérience créatrice et la découverte de l'image, en-deçà des exercices gestuels et des formes éclatantes. Ce franchissement de la positivité l'amène au silence, une fois tombée la fureur que supposait sa lutte avec la matière : "L'œil ne percevait plus les différences. Tout se fondait en une pâte uniforme. Cela qui avait été ardente ébullition se muait de soi-même en silence étale. (...) Un jour j'ai tenté d'atteindre directement au silence. Plus résigné je me suis soumis à la nécessité qui gouverne toute lutte profonde. Les milliers de coups de griffe se sont changés en milliers de grains de poussière, de grains de sable..."[1] Cette mutation l'amène vers l'image du mur. Si Tàpies refuse qu'on le réduise à ses fameuses compositions murales, il déclare toutefois en exploiter les multiples valeurs. Ainsi le mur conserve-t-il sa charge archétypale, tout en se

[1] "Communication sur le mur", 1969, in *La Pratique de l'art*, op. cit., p.210. Cf aussi le catalogue de l'exposition "Comunicacio sobre el mur", Fondacio Antoni Tàpies, Barcelone, 1992.

présentant par "l'image de mur". Sa grande polysémie vient de ce qu'il est le lieu de l'inscription et plus fondamentalement un espace de méditation où s'évanouit la subjectivité. L'image, précisément, met en œuvre la multiplicité des valeurs et des fonctions symboliques du mur, et elle concentre en lui la puissance d'apparition, par la concrétion de sa matière. Loin de s'abstraire par le symbole, le mur est là dans sa présence imposante, avec ses scories, ses marques. En soi il est la présentation même, il fait silence d'être advenu cet espace de présence. Par l'excès matériel, il s'est absenté pour mieux apparaître. L'image suppose ainsi le franchissement du mur, sans échappée, mais comme la "traversée du miroir" : le regard est devenu distant et renversé, au cœur de la matière excessive, plongé dans le mouvement de l'écart imaginaire. Cette entreprise matérielle s'éloigne donc des courants dits tachistes, ou informels, car elle suppose une exigence et une quête imaginaire qui ne peut se résumer à quelques effets pour l'œil[1].

La saturation

La concrétion nous a montré l'accès au processus imaginaire par l'excès de matière. Il serait abusif de réserver ce chemin aux seules démarches modernistes et non figuratives. Car l'excès peut se produire aussi dans l'art de la représentation. Les figures de l'excès à l'œuvre au sein de la ressemblance nous conduisent naturellement au baroque, à ses tours, ses métamorphoses, ses infinies proliférations. Le processus imaginaire tel que nous l'avons étudié semble s'exercer par destination dans l'esprit du "change" et le jeu des

[1] Le travail de la matière comme concrétion se manifeste aussi en France avec des artistes comme Fautrier; la série des *Otages*, dès 1943, évoque les disparus et martyrs, non par l'informe ou "l'informel" mais grâce à la matière déposée, selon l'extrême concrétion de la souffrance et l'impossibilité de la représenter; le vague rappel d'un contour de tête humaine est le témoin d'une disparition dans l'image, de son absentement par le magma. Suivant une perspective très différente et plus iconoclaste, les "matériologies" de Dubuffet, ces masses de matière qui dégagent parfois de vagues figures inscrites dans le relief de la pâte peuvent aussi s'apparenter à une concrétion.

apparences qui évitent toute profondeur et dérivent le regard selon un dévoilement perpétuel. De même la surcharge de la présentation baroque concourt à cet excès imaginaire qui produit l'évanouissement du modèle et son renouvellement par des figures démultipliées. Telle extase de Sainte Thérèse ou tel sommeil de Ludovica témoignent de ce que l'évanouissement de l'image provient d'un jeu d'oppositions entre l'effondrement d'un sujet et la profusion joyeuse des figures qui l'entourent. Précisément la figuration prend une importance décisive dans la sculpture, l'architecture ou la poésie baroques par son étendue, au point que l'image suit son propre processus à partir des prolongements illimités d'une figure et de ses lignes. De la sorte, l'image paraît détournée du plan au profit de la courbure. L'excès vient alors de la torsion infligée à l'image et qui contrarie sa planéité superficielle. Le processus imaginaire trouve, par l'organisation même de la figuration, son mouvement de fuite, son alternance d'apparition et de disparition.

Nous voudrions toutefois contourner la classification des images selon des genres ou des courants esthétiques et montrer que l'excès de la représentation s'exerce aussi là où on ne l'attend pas. S'il participe d'une volonté manifeste dans le baroque, l'excès intervient aussi parmi certaines démarches affiliées au classicisme. La surcharge de la représentation relève alors d'une ressemblance intensive, quand le baroque suppose au contraire l'extensif. La saturation semble le vecteur de cet excès. En apparence elle vise à contenir au maximum les divers aspects d'un modèle et à les concentrer dans l'espace de la représentation. De manière plus sous-jacente, elle organise la disparition du sujet par le surinvestissement du modèle. L'analyse de Philippe de Champaigne par Louis Marin nous en montre l'esprit. Refusant l'étiquette réaliste posée habituellement sur cette œuvre, il en montre la teneur religieuse et la manière dont elle excède le réalisme. Les portraits célèbres de Champaigne sont en effet saturés, car "le vrai portrait, est la figure d'un excès par surcharge, et non celle d'une essence personnelle obtenue par effacement"[1]. Très loin d'une glorification personnelle, la présentation en ressemblance participe d'une esthétique négative qui déjoue la présence

[1] Louis Marin, *Philippe de Champaigne*, op. cit., p.107

pourtant éclatante du personnage représenté. Nous avons déjà considéré les ressorts du portrait dans la semblance, et les tableaux de Champaigne nous amènent au cœur de l'image par l'excès de la présence. La question de la similitude nous est ici étrangère dans la mesure où tel portrait de Louis XIII ou de Richelieu se donnent sans comparaison possible sinon avec une autre représentation.

Ce qui se joue dans le spectacle de l'image tient plutôt à l'extrême prégnance d'un visage, d'un corps, balancée par le décollement interne de ces figures humaines. Certes, les différentes procédures à l'œuvre dans ce type de représentation relèvent d'une réflexion théologique, et visent à suggérer la présence divine, invisible et informe, en-deçà d'une figuration surchargée d'humanité. Toutefois si nous nous en tenons au processus visuel qui intervient au spectacle de ces portraits, nous observons la reprise d'une iconographie traditionnelle détournée au profit de l'ambivalence imaginaire. L'exercice pictural consistant à portraiturer de hauts personnages subit une variation qui leur retire leur puissance spectaculaire. L'excès de la représentation rend paradoxalement le personnage opaque, douteux, très éloigné en tout cas d'une superbe indiquant l'étendue d'un pouvoir humain. Les remarques de Louis Marin tendent par conséquent à infléchir la définition d'un âge de la représentation telle que l'a proposée Foucault. Si le XVIIe siècle donne à voir l'humain comme objet de connaissance, de jugement et de représentation — dont Vélasquez offrirait l'autonomie —, il suggère aussi l'écart, le décalage inhérent à cette représentation, l'impuissance de l'homme à se connaître, à se regarder tel qu'en lui-même. Car l'esprit de Port-Royal ne répond pas à l'orgueil spéculaire de l'homme se projetant dans son image. Avec Philippe de Champaigne, l'intensité de la représentation suppose davantage la perte, l'absence de l'homme dans son excès même. L'image présente un équilibre qui vient précisément de cet évanouissement virtuel, et non d'une harmonie des formes ressemblantes. Au lieu d'offrir un espace rassurant de plénitude, une stabilité plane, les tableaux de Champaigne induisent la défaillance d'un sujet en sursis parce que trop présent. Ainsi de l'*ex-voto* de 1662 que décrit Louis Marin et qui allie réalisme et abstraction. Dans ce tableau qui représente la guérison miraculeuse de la fille du peintre, sœur Catherine, en prière avec mère Agnès, la composition tient ensemble des effets contraires : le visage lisse et les plis des drapés, la localisation du personnage et la spatialisation du décor, l'évidence du personnage en pose et l'incertitude environnante. Ces oppositions semblent hypostasiées par une indifférence de tons, le gris et le blanc imposant la neutralisation des couleurs. Le personnage se tient donc dans une présence saturée, selon une immobilité que contrarie le suspens instable de l'image. L'excès ainsi maintenu produit l'absentement imaginaire par la tension des éléments surchargés.

Une apparence de réalisme peut ainsi masquer un processus inverse qui cherche moins à représenter le réel qu'à produire son absence par l'image. La saturation procède selon cet esprit en épuisant l'illusion d'une ressemblance. Elle investit la figure en la chargeant de condenser l'expression humaine au point de la délier de son support. Trop présente, cette expression s'inscrit non plus dans le registre personnel mais au sein du processus imaginaire qui l'absente. Aller au cœur de l'apparition, tel semble l'enjeu d'une composition qui dispose le fond pour tendre le sujet au premier plan, pour le tenir finalement défiguré à force d'accentuer la figuration. Dès lors ce qui paraît suppose un déjà disparu, car l'excès a entraîné la disparition au bénéfice d'un paraître énigmatique.

La saturation tient d'une sorte de questionnement de la matière imaginaire qu'elle veut exprimer au point de l'exténuer. Au risque de malmener quelque peu le jugement et les registres esthétiques, nous pourrions repérer des problématiques proches dans la modernité. Evidemment l'excès de la représentation y relève d'un discours critique n'ayant plus rien à voir avec des enjeux mystiques. Toutefois il retrouve à sa manière le processus imaginaire, comme le montre par exemple certaines œuvres de Lichtenstein. Ce sont moins ses figures, souvent reprises à l'univers de la bande dessinée, que son traitement du grain de l'image qui s'inscrivent dans cette perspective. A un niveau superficiel, la démarche consiste à représenter un grossissement extrême qui dévoile la trame d'un imprimé photographique. Le fameux *Magnifying glass* de 1963 en fait le sujet même du tableau, représentant une loupe qui grossit le tramé déjà présent sur la toile. Précisément l'effet loupe nous en dit plus à la fois sur la matérialité de l'image et sur son ambivalence. Car il nous rappelle que l'apparition de la figure tient à la fois d'une ressemblance et de procédés physiques. La saturation de l'image s'exerce ici par l'agrandissement excessif du grain au détriment de ce qu'il est censé faire apparaître. Cette toile semble le paradigme de l'image dans la démarche de Lichtenstein. Nombre de ses œuvres poussent la représentation jusqu'au cliché, puisqu'il s'agit de la reproduction de figurines stéréotypées, tout en soumettant ces personnages extatiques au tramé, c'est-à-dire en atomisant leur constitution.

Plus fondamentalement ce dispositif engendre des conséquences radicales pour la définition de l'image. D'abord du point de vue de la représentation, la ressemblance se trouve désincarnée, privée de son mimétisme charnel. Puis au regard de l'image la matière imaginaire rompt tout lien métaphorique avec la chair humaine[1]. Nous accédons ainsi à l'essence de l'image, à la chair qui s'en va, qui se rend présente par sa disparition. L'excès de la loupe a entraîné le retrait de la présence charnelle. Dénoncée au titre de souvenir anthropocentrique, la chair exhibe sa matérialité exclusivement visuelle, celle de l'image de laquelle ont disparu les présences humaines. Le tramé qui relève d'un excès du regard-loupe produit finalement cette absence imaginaire. Malgré les figures que la toile présente, l'image ne représente plus rien : l'exhibition de sa matérialité apporte le démenti de la figuration saturée. La série des miroirs peints par Lichtenstein confirme cette contrariété. Si la loupe pouvait donner l'impression de chercher toujours plus loin le fond de l'image, les miroirs supposant un mouvement inverse n'offrent au regard que la réflexion de l'image, ses croisements de trames qui rappellent en fait l'absence de tout reflet. La réflexion donne à voir la disparition du reflété. Les instruments optiques de Lichtenstein sont privés de leur fonction habituelle et détournés au profit de la matérialité imaginaire. Encore une fois cette matière ne

---

[1] Comme l'affirme Pierre Sterckx, "montrer le tramé de la chose imprimée c'est faire disparaître la chair dans l'image"(in "De la physique de Lichtenstein", *Artstudio* n°20, Paris, 1991).

relève pas simplement d'une perception — l'œil ne percevrait que des alignements de points — car l'image présente le processus, la confrontation d'une pseudo-réalité au travail de l'absence[1]. Et même si les œuvres de Lichtenstein ont été largement récupérées dans le circuit marchand des images positives, l'esprit de ses grains d'image, pour peu qu'on les regarde, implique la destruction de la positivité par saturation.

Le tour

La concrétion et la saturation manifestent une volonté d'entrer à l'intérieur de la substance imaginaire et d'y faire jouer à l'extrême ses modes d'apparition. L'excès peut toutefois procéder en lisière et se produire à partir d'un échec de la représentation. L'image semble alors trouver sa source dans les mouvements de fuite dûs à cette impossibilité. Elle se constitue selon une relation ambivalente à l'objet qu'à la fois elle n'arrive pas à représenter et dont elle prend son inspiration pourtant. Le dispositif qui s'en dégage relève de la figure du tour, au sens où elle construit l'image autour et non à la place de l'objet. Elle suppose un déploiement excessif, à la mesure des ratés de la représentation, qui aborde l'objet non-représenté en creux, et qui fonde l'image sur ses propres

---

[1] L'excès considéré ici paraît très distinct de l'hyperréalisme dont la problématique demeure celle du réel plus que celle du mouvement ou de la matérialité imaginaires. En revanche d'autres formes de saturation se manifestent non par trouée mais par sédimentation : le principe en est qu'il y a toujours de l'image sous l'image, indépendamment de ce qui est représenté : montrer les sédiments, la déchirure qui en fait ne déchire rien ne produit aucun trou; elle montre encore et encore "de" l'image; tel paraît son excès, son caractère infini et indéfini, car l'image n'en finit pas d'être présente au mépris de ce qu'elle représente. Cette saturation relève aussi d'une disparition par l'illusion d'une profondeur, par le collage des surfaces, comme autant de restes, de lambris de peaux sans chair. Les toiles de Hains ou de Villeglé, participent de cette saturation. Rosenquist tout en s'inspirant des images du Pop art, joue aussi des superpositions sédimentées. En tout état de cause, ces divers artistes, même s'ils travaillent sur des éléments de la vie quotidienne, telles les affiches publicitaires, nous semblent fort éloignés de tout réalisme, fût-il nouveau réalisme.

manques. Cette fois-ci nous étudierons le processus imaginaire avec l'image poétique, et plus particulièrement selon l'usage distancié qu'en fait Ponge. Cet auteur est en effet connu pour son refus de la poésie métaphorique à laquelle il oppose l'étude attentionnée des choses, délivrées des artifices littéraires. S'il exerce un verbe poétique, il en reprend le sens étymologique, concevant le travail d'écriture comme une action et non comme une expression sujette à effusions lyriques. Cette "proésie" telle qu'il la nomme ne s'inscrit donc pas dans un genre, elle propose de décliner les relations du mot à la chose et, pour ce qui nous intéresse, de l'image à son objet.

Précisément, l'image ne doit plus relever d'un transport ni d'une absence, sans pour autant que soit définitivement condamnée l'imagination. Il s'agit, dans l'optique de Ponge, de tenir présent l'objet en évitant de lui substituer une autre réalité, malgré la nécessaire distance des signes. "Ne sacrifier jamais l'objet de mon étude à la mise en valeur de quelque trouvaille verbale (...) Que mon travail soit celui d'une rectification continuelle de mon expression (sans souci a priori de la forme de cette expression) en faveur de l'objet brut"[1], écrit-il en guise d'impératif esthétique. Evacuant le scriptural, le figural et l'imaginaire il cherche à jouer l'objet contre sa représentation. Cette éviction s'opère sur le pourtour de l'objet et, selon un effet pervers, constitue l'image en satellite d'un noyau irreprésentable, qui ne cesse de rejeter les tentatives de nomination et d'imagination l'approchant. D'où l'apparition d'un tournoiement qui témoigne à la fois de l'échec de la représentation et de la mise en branle de la chose par cette circulation périphérique. Evincée, déboutée hors de l'objet, l'image en dessine paradoxalement une circonférence.

La constitution de l'image par le tour fonctionne ainsi selon deux principes : d'une part l'impossibilité d'une approche centripète et d'une substitution mimétique condamnent l'image à l'irreprésentabilité; d'autre part le mouvement centrifuge et spiralé produit la révolution imaginaire de l'objet visé, et trouve le processus de l'image dans cette alternative de proximité et d'éloignement. L'écriture de Ponge suit ce double dispositif. Elle met d'abord en œuvre

[1] Ponge, *La Rage de l'expression*, Gallimard, Paris, 1976, p.9

un décapage qui fait voler en éclat les images humanisantes. *Le Parti pris des choses* le déclare en son titre puisque le camp choisi écarte délibérément les hommes au profit d'une existence brute et sans âme. L'élection des objets poétiques va dans cette direction puisqu'elle ignore ceux de la poésie traditionnelle et retient les plus ordinaires, cageot, lessiveuse, pomme de terre... Nous nous attarderons plus volontiers sur le savon, tant pour sa grande polyvalence que pour son caractère exemplaire. "Prosaïque" à souhait, cet objet est l'occasion d'une longue recherche et d'un livre énigmatique de Ponge, *Le Savon* précisément. Commencé en 1942 et clos en 1965, ce recueil mêle divers registres littéraires comme autant de tentatives d'approche de la chose. Si le savon manquait réellement à l'époque où s'ébauche le texte, représentant ainsi la réalité en creux, il révèle très vite les manques de l'écriture. Ponge exhibe les difficultés à saisir cet objet par nature si glissant, plutôt amorphe, et donc rétif à la figuration imaginaire, aux limites incertaines, liquide, solide ou moussant. Il oblige l'analyste comme l'utilisateur à *tourner autour* de lui.

L'appropriation définitive échoue forcément et ce caractère insaisissable, rebelle de l'objet conduit à effacer son ustensilité, à rechercher l'état de neutralité qui permettrait de l'observer brut de tout regard. Toutefois Ponge n'a ni la naïveté ni la prétention d'atteindre à cette étrangeté inhumaine de l'analyse scientifique. Car l'intrication de la chose et de l'homme oblige l'écriture à ce mouvement tournoyant de saisie et de dessaisie. La prise de l'objet est vite dénoncée comme un artifice de langage, et Ponge termine souvent ses textes par une fin de non-recevoir qui avoue en effet l'impossibilité de recueillir la chose visée. L'auteur prend humblement et prosaïquement congé, ainsi qu'en témoigne la chute du "Pain" lorsqu'après avoir décrit concrètement la croûte ou de la mie, l'auteur abandonne en déclarant : "brisons-là car le pain doit être dans notre bouche moins objet de respect que de consommation"[1]. A trop vouloir percer l'épaisseur opaque de la chose, l'expérimentateur se coupe lui-même, comme le montre "L'huître" sur laquelle l'auteur se casse les ongles. Car l'objet, lui, n'est pas séparable dans sa nature et son mystère.

---

[1] Ponge, *Le Parti pris des choses*, Gallimard, Paris, 1948, p.46

Il rend toute critique, et au sens propre tout discours séparateur, inopérants. Le tour paraît la seule approche possible.

La version du tour ne dessine cependant pas une parfaite circonférence, ou du moins celle-ci constitue l'horizon du projet, et les types d'approche et d'éloignement se multiplient, car Ponge a plus d'un tour à montrer. Ses abordages tiennent fréquemment de l'ironie et permettent ainsi une distance non critique à l'égard des tentatives de représentation. Cherchant à défaire les signes de la nomination, Ponge propose, à l'envers, des analogies fantaisistes entre l'objet et le mot. Dans "Le verre d'eau" il montre la parfaite adéquation de la forme des lettres avec celle du verre; il indique aussi la reproduction du rapport entre contenant et contenu dans l'agencement des signifiants. Ce cratylisme ironique contrarie en surface l'idée d'un arbitraire du signe pour mieux dénoncer l'appropriation du réel par le langage. De même l'usage des métaphores démonte à l'excès l'anthropomorphisme des images filées sur les apparences de l'objet. Cependant cette filature contribue aussi au tour, la forme graphique ou les figures analogiques frôlant le corps inaccessible de la chose. La métaphore joue son rôle de transport mais elle n'emporte pas son référent dans un autre espace ou un autre réseau. Elle maintient l'objet en essayant de le mouvoir par approximations, atteintes, coups de force ou caresses qui doivent faire réagir, bouger en tout cas, la chose visée. Si Ponge compare le savon à un visage, filant la métaphore en décrivant son front ridé, sa langue sèche ou ses yeux cernés, il ne s'agit nullement de l'humaniser. Au contraire, ces analogies paraissent vite dérisoires et glissent sur le savon, au point d'être elles-mêmes détournées par d'autres images.

Ces métamorphoses, au lieu d'organiser une mutation par laquelle se transforme l'objet, subissent le comportement propre à cet objet et à sa nature corruptible : c'est parce que le savon se modifie au contact de l'eau et de l'air, parce qu'il les trouble ou se trouble de leur contact, qu'il entraîne le déplacement des métaphores. Les transformations en œuf, limande ou poisson chinois viennent corroborer la confusion matérielle du savon, de sa forme oblongue ou de ses vertus moussantes. La variation des images présente l'impossible encerclement de l'objet, la tentative externe de le réfléchir par des représentations plus ou moins conformes. Tout au plus l'entreprise consiste à placer autour de lui des surfaces réfléchissantes, comme Ponge le précise dans *Le carnet du bois de pins* en souhaitant que ce bois soit "comme entourés de miroirs, de glaces". Ainsi les miroirs sont-ils disposés "avec" et non à la place de l'objet, car l'image ne remplace rien, elle côtoie ce qu'elle réfléchit[1].

Dans sa version artisanale, le tour consiste à user un objet en le frottant par un mouvement circulaire. Il produit ainsi une figure propice à l'image et à son alternance d'épuisement et d'excès: le tour épuise au sens où il essaye toutes les approches, il excède au sens où il rend la chose excessive. L'objet est d'autant plus présent que l'imagination ne l'absente pas. Ainsi l'image se construit en excès par sa propension périphérique; avec le tour elle ne cesse de croître et de se déployer "autour". Elle retrouve, en sa circularité déviée, le double principe d'évidement et de prolixité. A force d'échecs répétés, la forme se fatigue et sombre dans l'insignifiance; l'objet qu'elle est censée absenter l'évacue hors de sa sphère. Contre l'illusion poétique, Ponge objecte, encore à propos du bois de pins, que son entreprise relève "bien moins de la naissance d'un poème que de la *tentative* (bien loin d'être réussie) *d'assassinat d'un poème par son objet.*"[2]. Ces stratégies meurtrières convoquent tous les genres, comme le montre *Le Savon* qui procède autant de la poésie que de l'essai philosophique, du théâtre, de la thèse universitaire, du journal ou de la correspondance. Elles produisent cependant une agitation imaginaire, faite d'exaltations, de mobilisations infinies, et présentent ainsi l'envers prolixe de l'épuisement. L'imagination se manifeste ainsi par sa déprise, voire son affolement, sans être pour autant débridée ou déraisonnée. Le travail imaginaire engendre une relation de présence et d'absence à la chose, et dont Ponge donne l'esprit avec la triade "objet-objeu-objoie". Le déplacement de l'objet à

---

[1] Ponge insiste, dans *Le Savon*, sur l'étymologie de la préposition : "prendre à bras-le-corps la notion de l'*avec*, c'est-à-dire ce mot lui-même. Qu'est-ce donc qu'*avec*, sinon *av-vec*, *apud hoc* : auprès de cela, en compagnie de cela." (*Le Savon*, Gallimard, Paris, 1967, p.127

[2] *La Rage de l'expression*, op. cit., p.168

l'objeu, tout d'abord, suppose une modification du regard : ob-jet dit ce qui est jeté devant, objeu dit ce qui joue devant. Le glissement suggère une approche ludique plus qu'analytique et qui déroule le jeu. Encore faut-il s'entendre sur la notion de jeu[1] et ne pas la réduire au jeu de mots et aux effets d'un rimailleur, fût-il admirateur de Malherbe. Le jeu se comprend comme le jeu de la porte autour des gonds, celui qui provient d'un défaut d'articulation entre deux pièces. Il participe du tour et de son mouvement plus ou moins imprécis en lisière de l'objet. Aussi l'image se forge-t-elle dans cet espace ou interstice instable qui tient au manque de serrage. L'objeu pose l'objet et met en jeu la disparition du sujet dans cette opération, déploie le mécanisme impertinent du rouage structurant les rapports entre l'objet, les signes et les images. Si le fonctionnement qui en résulte permet de configurer la chose de telle sorte qu'elle se maintienne et trouve un axe de circulation, alors le tour est réussi. Il importe que l'image n'ait procédé à aucune substitution et qu'elle reste satellisée à l'objet, quitte à produire ses propres flux; mais son éventuelle sortie de la trajectoire la condamne à la positivité et donc à la mort.

La réussite du tour consiste en une révolution de l'objet par l'image. Ponge la nomme "objoie". Elle produit la déclaration de la chose, au sens où elle la rend claire, l'ouvre à la clarté du regard. La chose, loin de révéler une vérité naturelle, devient claire en sa structure conventionnelle et s'accepte comme fonctionnement jubilatoire. Car ce qui permet l'existence de la chose ressortit à l'imbrication complexe de ses éléments mais aussi à l'agencement des images et des signes qui lui confèrent son mouvement, qui lui permettent d'advenir à elle-même. L'objoie relève ainsi de la joie spinoziste, celle que provoque la rencontre de l'existant et de son essence. La chose est ce qu'elle est. L'objet s'est enveloppé des mots et des images qui lui "conviennent"; du coup il semble mis en mouvement par lui-même, sans intervention externe, cause de soi. Certes, cet autoengendrement reste affecté d'ironie chez un auteur aussi averti des impostures du langage. Mais la joie

---

[1] Pour une interprétation psychanalytique de l'objeu, associé au jeu freudien de la bobine, cf Pierre Fédida, "L'objeu" in *L'Absence*, Gallimard, Paris, 1978

qu'il met en scène suppose bien l'immanence, la contemplation d'une nécessité à la fois découverte et construite. La véritable révolution générée par le tour est donc une gravitation qui met une image sur orbite. Tel paraît l'enjeu interne du *Savon* : que l'écriture donne son autonomie au texte, à titre d'image — constituée de multiples dispositifs narratifs et métaphoriques. Mais cette autonomie ne relève pas de l'autoréférence, elle ne pense pas le langage comme système indépendamment de son référent. Elle se construit sans jamais oublier la chose sur laquelle elle montre à l'excès les vaines approches du langage. Aussi l'autonomie vient-elle de l'ensemble qui met en relation deux corps énigmatiques et insaisissables, l'image et la chose, selon une configuration satellitaire. "Voilà donc notre livre bouclé; notre toupie lancée; notre SAVON en orbite."[1] déclare Ponge à la fin de son ouvrage. La finalité du tour, son bouclage, consiste en ce que la gravitation ait "lieu", qu'elle soit déclenchée à force de reprises et de frottements elliptiques. L'objoie du savon provient de cette légère attraction de l'objet sur l'image, des enveloppements et des développements qu'elle suscite, des excès jubilatoires dûs aux manques imaginaires. La perpétuation du mouvement revient alors au lecteur et à son désir de suivre une circulation doublement elliptique, l'objet évacuant l'image et l'image engageant sa rotation.

La sériation

Les figures analysées jusqu'à présent mettaient en œuvre une disproportion dans la relation de l'image à son référent ou à son propre matériau. Sans prétendre à l'exhaustivité, nous voudrions proposer une dernière figure de l'excès au sein de la composition imaginaire, et qui concerne le mode de présentation de l'image. Il s'agit de la série, du moins d'une certaine conception de ce dispositif. En effet si la série implique la répétition, nous savons que le modèle ne se reproduit pas à l'identique — même une image exactement semblable et plusieurs fois juxtaposée ne donnerait pas une stricte redite du fait de son déplacement et de son caractère

---

[1] *Le Savon*, op. cit., p.128

ordonné. Pour autant l'"écho" ne rendrait pas compte de la série car il relève de la disparition et n'appartient pas au registre de l'excès. La répétition vise à la surabondance et génère une absence moins par extinction que par profusion. Dans tous les cas, la série ne se réduit pas à une forme convenue, quoique désignée comme telle au sein de plusieurs disciplines. Elle implique un processus particulier qui relève de l'imaginaire selon la répétition d'un même geste qu'il faut définir. Relève-t-il d'une démultiplication? La série supposerait alors un prototype réitéré ou transformé. Une telle approche, d'ins-piration platonicienne, pose un modèle unique à l'origine de la succession. Cependant la série relèverait ainsi d'une programmation systématique en contradiction avec le régime de l'image. Ou du moins elle supposerait une image platement illustrative, et finalement positive, dont le modèle constituerait à la fois la vérité et la démystification. L'imaginaire abdique au profit des opérations mathématiques, telles les séries ludiques proposées par les Oulipiens — lorsqu'ils adaptent l'algèbre matricielle à la création littéraire. Les ensembles de signes suivent des combinatoires aux énigmes réglées.

Mais si la série produit des images "imaginaires", alors elle renonce à l'unique et à sa répétition. Elle ne consiste pas à multiplier ni à diviser, car l'unité ni la totalité ne fondent la raison de la série imaginaire. L'excès tiendrait-il plutôt d'un principe de débordement? Le prototype se métamorphoserait selon la dérivation analogique des images. De fait certaines séries picturales jouent de la variation indéfinie d'un thème ou d'un motif. Monet, avec les *Cathédrales de Rouen*, capte divers effets lumineux sur le monument ainsi répété. Toutefois le sujet semble disparaître au bénéfice de la couleur, et la série pourrait tout autant manifester un épuisement du prototype, ce que confirment *Les Nymphéas*. La figuration s'efface à mesure de sa répétition. A la même époque, Mondrian l'éprouve encore plus radicalement au profit du trait et de la structure. La série des *Arbres* tend à la simplification géométrique, et la composition l'emporte progressivement sur tout effet de ressemblance. Nous retrouverions aisément ici la modélisation du modèle, le renversement de son autorité, sa disparition sérielle au profit de la seule image[1]. Cependant

---

[1] Selon une démarche très différente, les sérigraphies de Warhol,

nous en restons toujours au contenu au lieu d'analyser le dispositif, sa discontinuité, ses effets spatio-temporels.

La coupure est le geste fondateur de la série, et si la démultiplication intervient, elle touche non le sujet mais ce geste qui tranche. Car la coupure ne vient pas simplement diviser la présentation, elle prend sens et naissance à l'intérieur de l'image, même si apparemment elle se découvre en sa bordure. Précisément elle vient révéler et exécuter le mouvement de séparation et d'absentement propre à l'image. Car la coupure fait un vide, ouvre un trou, et de manière quasi-tautologique le trou appelle la série. Freud aborde ce trou originaire de la chose innommable et qui entraîne le sujet à des images substitutives. L'impossible comblement de ce trou, du fait de l'interdit fondateur, provoque la série. Cependant cette logique suppose une équivalence des images et retrouve l'idée d'un prototype — fût-il refoulé. Elle pense encore en terme de comblement. Or c'est le vide qui organise la série et conditionne l'excès de la présentation. La coupure dénonce l'unité et la totalité, elle se distingue de la découpe qui implique un ensemble. L'essentiel de la série réside entre les images : cet "entre" n'est pas l'absence, mais l'interstice produit par la coupe, le vide de la séparation qui espace. Ainsi la coupure donne-t-elle à penser aussi bien ce qu'elle coupe et son isolement que l'écart produit et sa béance, la faille, ce qui ne se répète pas dans la répétition : l'oubli, l'aléatoire, le différé de la série.

A cet égard, la disposition sériée comporte une distorsion à la fois de l'espace et du temps. L'appréhension de l'espace comme élément constitutif plus qu'environnemental s'est fait jour chez les sculpteurs et s'inscrit naturellement dans la série. L'espace est devenu un matériau à sculpter ou à couper. Toutefois cette conception risque d'étendre la plénitude supposée de la matière à l'espace, l'enfermant ainsi dans une plénitude sans faille. Elle demeure pertinente si elle desserre la présence de l'image et délivre le regard de son

---

reproduisant des objets de consommation ou des personnalités médiatiques travaillent aussi à leur effacement par leur transformation en clichés reproductibles et saturés.

objet. Alors l'espace se construit, selon le mouvement de l'image, en espacements. Et sa coupe produit moins la division que le déliement. Il n'est d'ailleurs pas besoin d'une séparation effective dans l'espace, car la coupure provoque en elle-même l'espacement. Lorsque le sculpteur Carl Andre dispose des séries de pièces identiques, juxtaposées de façon régulière, nous pourrions supposer une ordonnance pleine et formelle. Cependant ces arrangements horizontaux nécessitent un parcours et entraînent le spectateur ambulant à chercher le sens de la coupure selon qu'elle éloigne ou rapproche. Parti du principe de la découpe, Carl Andre en est venu à espacer les pièces, à partir d'une pensée de la coupe : "je me suis rendu compte que ce que je découpais était la coupure elle-même"[1]. Le geste de la coupe sort de son rôle instrumental pour fonder l'espace et le temps de la présentation sériée. Le cheminement de la coupure organise en effet un rythme qui ne saurait se résumer à la saccade — il n'aurait qu'une fonction illustrative. Bien plus, il impose une durée imaginaire qui double la présentation espacée.

Cette deuxième durée produit un différé qui permet à l'imaginaire d'imposer sa temporalité. L'auteur de "l'épanchement du songe dans la vie réelle" témoigne parfaitement de ce dédoublement sériel. L'imaginaire de Nerval participe de la série au sens où nombre de ses œuvres présentent de manière interne un dispositif sérié. La série ne se limite pas à l'alignement matériel des images, elle relève d'une composition discontinue à laquelle répondent les figures nervaliennes. Analysées comme telles, ces images semblent conduire à une abolition du temps. L'argument d'Alquié appuie cette hypothèse en montrant que la substitution d'une femme à une autre dans l'imaginaire de Nerval révèle un "désir d'éternité"; Sylvie, Adrienne et Aurélie jouent chacune un rôle dans la trinité nervalienne mais elles ne sont jamais aimées pour elles-mêmes. Aurélia, encore plus nettement, fonde l'image première à laquelle se réfèrent toutes les apparitions à venir. Cette image idéale renvoie en amont, précisent les biographes, à Jenny Colon, puis à la mère de l'auteur, ou à la

[1]"Then I realized that the thing I was cutting was the cut." Cité par David Bourdon in *Artforum,* octobre 1966, p.15

Mère immaculée; une vision merveilleuse le déclare au narrateur : "Je suis la même que Marie, la même que ta mère, la même aussi que sous toutes les formes tu as toujours aimée."[1] La présentification d'une absence, d'un vide originel, conduit à l'arrêt du temps par la fixation d'une image répétée à l'infini. Mais à nouveau nous retrouvons cette réduction de la série au prototype et l'annulation du devenir de l'image. Or le che-minement parmi les images de la série procède davantage de la coupure.

L'image initiale ne paralyse pas le déroulement temporel des images sériées. Une durée seconde vient distendre la succession à partir des coupes et du doute qu'elles génèrent quant au sens de la linéarité sérielle. Le discontinu gagne et diffuse des micro-temporalités aux points de rupture de la série. Le travail de la série ne vient pas de la chaîne substitutive des images ressemblantes, il s'effectue par la coupure des liens, lorsque le narrateur d'*Aurélia* arrête la récit et confie: "pendant longtemps je perdis le sens et la liaison des images qui s'offrirent à moi."[2] La série suppose la répétition d'une faille et l'épreuve d'une perte. Elle rompt la liaisons entre les images tout en les maintenant juxtaposées. Ainsi les images qui s'y déroulent à la fois subissent et produisent la coupure. Le temps qu'elles organisent relève moins d'une mémoire régressive que d'un oubli répété indiquant non le refoulé inimaginable mais le suspens imaginaire. Ce différé au cœur de la série réévalue les modèles, recompose les relations en les déliant.

La présentation de la coupe dans la série exhibe, en la répétant, une des modalités propre à l'image, au sens où toute image procède d'une coupe. Car la représentation et la distance qu'elle présuppose à l'égard du réel se fonde sur cette rupture, sur cet affranchissement d'un nouvel espace. Si effectivement le trou appelle la série, alors certains thèmes ou motifs

---

[1]Nerval, *Aurélia*, Gallimard, Folio, Paris, 1972, p.338

[2] idem, p.298. L'analyse de la série féminine chez Nerval en termes de substituts maternels ne fait qu'entériner ce que l'auteur affirme consciemment. Or le dispositif de la série se révèle beaucoup plus dans les effets de discontinuité que dans la continuité analogique.

picturaux représentent au sein du tableau le geste même qui les légitime. Ainsi des représentations par milliers, au titre d'exercice disciplinaire, de la décollation, celle de Jean-Baptiste ou d'Holopherne, ou de la percée, celle de Sébastien étant sans doute la plus féconde[1]. Au paroxysme et à la limite du geste, les incisions de Fontana délivrent radicalement la toile de tout naturalisme et de toute inscription. La coupure est devenue l'unique sujet et l'unique action présentés. Les "concepts spatiaux" multiplient les toiles monochromes avec une simple fente. Déclinant le geste, Fontana varie les ouvertures sur différents supports et expose les vides par des séries de trous ou de coupures sur des boules en terre cuite. Plus largement, il y aurait matière à interpréter en les distinguant ces deux interventions tant elles renvoient à des activités fondamentales. L'iconographie religieuse y reproduit probablement deux types de blessures infligées au Christ en croix. Mais sans nous risquer à des interprétations culturelles[2], nous pouvons y voir deux présentations de la plaie. La chair y est attaquée ou révélée, car sa béance plus ou moins accentuée expose le tissu qui la compose. La chair se présente pour ce qu'elle est, non sublimée par son enveloppement ou son instrumentalité. Le trou y fait un vide, une excavation qui fait apparaître le corps comme creux, car la perforation répétée en a dénoncé la plénitude. En revanche la coupure découvre un intérieur. Si la flèche traverse, la lame sépare et entrouvre le corps. Chacun à sa manière, le trou et la coupure touchent à la substance de l'image. Par définition la plaie est une rupture des téguments, des tissus; elle concerne donc à la fois la peau et le texte, surface et vecteur de la représentation.

---

[1] Le geste de Persée et *La Tête de Méduse* par Le Caravage permettent ainsi à Louis Marin de montrer l'institution de la représentation à partir de la coupe et de la césure (*Détruire la peinture*, op. cit.). Cf aussi l'étude du Sébastien d'Antonello par Daniel Arasse qui y analyse la décentration du nombril comme la figuration d'un nouveau trou ayant la valeur d'un œil. La question du regard et celle d'un espace autonome de la représentation sont ainsi posées au cœur de l'image (in *Fictions du corps*, dir. Reichler, Minuit, Paris, 1983)

[2] La représentation sexuelle s'y manifeste évidemment, reprise au titre de signes, et peut-être dès l'art pariétal, selon les suggestions de Leroi-Gourhan à propos du point et du trait.

La répétition de la coupure produit l'incise de la présence à force d'entailles. Elle s'apparente donc à la figuration d'un excès imaginaire et peut être définie comme une *hachure*, afin de distinguer le type de série qu'elle engage. La hachure se déploie en nombre, elle couvre et oblitère, elle garde le tranchant de la hache et trace des entailles, elle marque les ombres pour mieux mettre en relief[1]. Elle décrit un mouvement. Car la série n'existe pas à titre d'objet, elle est un acte, celui de sérier. Cette sériation se distingue de la sérialité dont la musique a proposé la théorie et la pratique mais selon un esprit combinatoire. Dans le cas de la sériation imaginaire et des hachures qu'elle compose, les images correspondent entre elles assurément, toutefois cette réflexion présente un lien réfractaire à toute logique distributive. Aussi l'entrée dans le processus de la série n'oblige pas au parcours d'un circuit. Elle offre un passage au témoin de ses juxtapositions et coupures. Au double sens elle passe le témoin au spectateur pour qu'il y déplie sa faille. Car la série se construit aussi en aval, et ne se cantonne pas au dispositif conçu par un artiste. En tant qu'acte, elle peut être assumée par n'importe quelle conscience qui "fait" série, c'est-à-dire qui joue de la coupure, du ralliement et du déliement. L'acteur de la série surenchérit moins sur la répétition et la reproduction des images qu'il ne rejoint une absence à l'œuvre. Il dispose ses propres flèches et retient ce qu'il perce, il coupe ce qu'il souhaite entrouvrir pour y exprimer sa propre ouverture. Il entrecoupe sa présence en reprenant à son compte la hachure de la série. Poursuivre un manque, tel semble le principe de la série, sa quête et sa perpétuation. Mais ce manque existe-t-il? La réponse exige de revenir au sens de la répétition et de sa contrainte. Dans "Au-delà du principe de plaisir" Freud explique cette tendance de l'enfant à répéter comme la volonté de maîtriser une situation et un retour de l'identique. Répétée, une histoire devient sans surprise, et le lecteur prend la place de l'auteur dont il s'approprie la création. Chez l'adulte, la tendance relève de

---

[1] Les séries de Jasper Johns déployant ces *Hachures* inscrivent dans la tableau lui-même la potentialité d'un dépli sériel qui organise à la fois l'apparition et la disparition. Cf Bertrand Rougé "*Splitting cicadas*, ou le dépli des masques" in *Suites et séries*, Publications de l'Université de Pau, 1994.

l'instinct de conservation, ce que croit prouver Freud en prenant modèle sur la vie animale, selon une analogie organiciste. Cependant la répétition névrotique nous intéresse davantage car elle suppose le manque. Les phobies, les actes manqués en série, la réitération de l'expérience traumatique, supposeraient une fuite devant la satisfaction d'un penchant. Et la compulsion de répétition viendrait rappeler au sujet ce manque. Plus profondément, elle signalerait l'absence du sujet dans sa propre histoire. A l'inverse de la maîtrise, il s'agit là d'une perte supposée, d'un manquement à soi dont la répétition serait symptomatique.

La question demeure pour savoir de quoi il y a manque. Si nous gardons l'idée que la répétition concerne la coupure, alors cette tendance à la fragmentation suppose la défaillance naturelle du soi imaginaire, et la présence nécessaire d'un manque. Car c'est précisément ce manque qui déjoue la fixation du soi dans une image et l'insère dans le processus formateur de l'absence et de la présence à soi. Pour ces raisons la série, dans le déploiement répétitif de sa coupure, postule un manque plus qu'elle ne l'exprime. Elle a besoin de ce manque pour fonctionner comme série. Ainsi le suggère un film de Raul Ruiz, *L'Hypothèse du tableau volé*, inspiré d'un texte de Pierre Klossowski, et qui met en scène un collectionneur cherchant le sens d'une série de tableaux d'un peintre du XIXe siècle. L'amateur et interprète passionné est persuadé que la succession des images suit une construction énigmatique et qu'elle cache un énorme secret, une vérité innommable. Mais son enquête n'arrive pas à épuiser le sens de la série malgré sa réincarnation, inversée, en tableaux vivants. Une voix *off* indéterminée met à distance l'hypothèse et doute de l'existence d'une vérité refoulée. La recherche peut rebondir sans fin sur d'autres postulations, car le spectateur entré dans la série invente ses manques au besoin. Plus généralement cette conduite touche tous les collectionneurs : ils recherchent inlassablement l'objet manquant, et lorsqu'ils perçoivent l'éventuelle fin d'une série dont ils traquent tous les exemplaires, ils s'arrangent pour passer à une autre série en élisant un nouvel objet de désir dont ils poursuivront encore l'inadmissible épuisement. La série exige l'hypothèse d'un manque faute duquel elle perd sa signification et se résorbe en une suite déterminée. Par nécessité la série est donc toujours ouverte, d'où son excès virtuel.

Avec cette dernière figure, le défaut et l'excès se conjuguent, suivant leur réversibilité : le défaut s'y répète à l'excès. La hachure présente dans l'espace le processus imaginaire, ses mouvements d'éloignement et d'apparition qui produisent une présence d'autant plus déliée que la série la coupe sans fin. Elle révèle ainsi l'infinie défaillance des choses absentées par l'imaginaire, appelant le spectateur à cette irréversible séparation, le conduisant à hachurer sa propre présence devant les images répétées. La série témoigne de l'impossible achèvement du processus, étranger à la résolution et au comblement. Si nous répétons ce que nous n'arrivons pas à dire une fois pour toute, alors l'écriture compulsive dit l'indicible, et la répétition imaginaire, selon son registre, visualise l'invisible. Cet invisible ne réside pas ailleurs, il est là, impossible à capter autrement que sous la forme incongrue de son absence. Il est là, en allé. Telle est l'image, le spectaculaire avènement de la perte.

CONCLUSION

Si nous revenons désormais à la question "qu'est-ce que l'image?", assurément nous ne pouvons y répondre en saisissant un état. Pour autant l'image disparaît si elle se résume au produit de l'imagination. Elle se définit donc au titre d'une action, d'un procès interne qui se manifeste dans la relation avec un regard. Il n'est nul besoin de penser un au-delà supra-sensible ni un en-deçà de l'image, car ce mouvement a lieu au sein du visible. Pourtant nous avons montré la propension de l'image à s'absenter d'elle-même, et à conduire le regard vers ce processus d'éloignement. Par conséquent le flux imaginaire suppose que l'impulsion vienne de l'image et y retourne, car tel est son destin : l'image porte en elle sa propre disparition. Elle se présente en s'effaçant, car elle se fonde sur un geste de séparation, elle provoque le départ du réel, même si nous croyons qu'elle le reproduit. La coupure prend son effet à mesure que le réel nous semble maintenu, en fait hypothéqué, jamais complètement supprimé, plutôt en perdition. L'image, toutefois distincte d'un simulacre autonome et illusionniste, engage ce processus et constitue à la fois sa matière et son dispositif. Elle génère pour elle-même le mouvement de sa perte. Faute d'une positivité qui lui confèrerait le pouvoir magique d'une doublure active, elle s'affecte du processus de l'absence. Car les images ne vivent pas d'une existence irréelle, fussent-elles objet d'idolâtrie. Elles prennent leur essor grâce aux regards et elles meurent de leur épuisement interne, pareilles aux éclats de lumière, même si dure parfois leur illumination. Elles nous conduisent à les poursuivre au cœur de leur disparition. Ni supports, ni vecteurs, elles captent et délient le regard. Certes toutes les images ne produisent pas de pareils effets; cependant, pour peu qu'elles mettent en marche le procès imaginaire, elles convoquent nécessairement cette ambivalence, cette *oscillation*. S'il paraît aisé de décrire leurs mouvements par des compositions plus ou moins complexes, le flux imaginaire ne demeure pas l'exclusive de l'art et une image sans intention esthétique, une photo souvenir par exemple, peut y participer activement. Il y suffit d'un *punctum*, comme l'a indiqué Barthes, à la fois ce point qui existe *dans* l'image et l'effet qui nous point. Il semble possible de classer ces manifestations d'après les discours taxinomiques et disciplinaires, tant les images suivent des voies diverses pour mettre en œuvre leur déploiement — mais tel n'était pas notre propos. Le procès imaginaire doit être pensé, en tout cas, depuis l'intérieur de l'image *et* selon sa relation au regard, à une conscience qui en assume l'agitation oscillatoire et qui découvre ainsi le balancement constitutif d'un soi dont l'image révèle et organise l'instabilité.

L'image suppose l'épreuve, car elle tient de l'essai et ne se donne jamais comme définitive. A l'aune de l'impression photographique, elle fournit une épreuve négative du réel, mais elle se délivre de ses indices. Elle prend son énergie de ce négatif qui ne joue plus le rôle d'une négation ni d'une inversion. Sa puissance lui vient en effet d'une force de néant à l'œuvre au sein de sa présentation au regard. C'est pourquoi elle éprouve à la fois le réel et la conscience du réel, ainsi mise à l'épreuve d'une déflagration qui l'absente. "Ce qui compte dans l'image, explique Deleuze, ce n'est pas le pauvre contenu, mais la folle énergie captée prête à éclater, qui fait que les images ne durent jamais longtemps. Elles se confondent avec la détonation, la combustion, la dissipation de leur énergie condensée."[1] Toutes ces modalités semblent spécifiques à l'image et concourent au choc du regard, à ses fascinations comme à ses déroutes. Les illuminations qu'elles provoquent s'apparentent ainsi à des feux d'artifice car nous pensons généralement aux fulgurances de l'image. De là vient sa durable impression, la faille qu'elle insinue et dépose. Toutefois il ne faut pas oublier l'image anodine, celle qui ne marque pas au premier abord, et son travail insidieux de

[1] Deleuze, *L'Epuisé*, op. cit., p.76

décollement, de fuite sur le glacis. Elle procède par touches mesurées, par des atteintes imperceptibles, mais dont les effets sont tout aussi dévastateurs tant elle établit les bases silencieuses de l'absence. Explosive ou suggestive, l'image installe la disparition. Et si tout ce que nous appelons "images" ne déclenche pas un processus imaginaire, c'est que ces images — qui envahissent paraît-il notre univers — sont mortes pour nous, qu'elles n'ont jamais atteint leur marge de manoeuvre, demeurées mortes nées; ou alors elles ont fait leur temps et ne présentent désormais que les cendres de leur ancienne combustion. Finalement, le summum de sa chute, de son effacement, de sa transparence, ne tiendrait-il pas dans son opacité, dans sa progressive ossification, dans son devenir-cliché? Lorsque l'image est devenue objet visible, ou lorsqu'elle se résume à sa visibilité, alors elle a disparu. Seuls un nouveau regard, une nouvelle situation, peuvent la faire renaître en découvrant qu'elle n'a pas exténué toute son énergie. Cette oscillation de l'image entre vie et mort relève encore de son mouvement double, celui dont nous avons étudié les figures, procédant par défaut ou par excès. Suivant l'alternative de l'effacement et de la surprésence, l'image encourt le risque de sa déchéance par vocation — et non à cause d'une mutation culturelle. L'éradication et la réification constituent ses deux façons de mourir.

Les modalités de la présence et de l'absence imaginaires tiennent donc un équilibre instable et rencontrent leur fin aux deux extrémités du balancement. Elles appartiennent au mouvement de l'incarnation. Nous avons essayé d'en définir la chair de manière non métaphorique et non anthropomorphe. Il importe de concevoir une matérialité de l'image qui ne se résolve pas dans la positivité. L'image donne chair plus qu'elle ne la prend. Elle est la substance vive d'une absence. Car la disparition des objets qu'elle représente constitue son procès substantiel. Ainsi s'explique, dans la représentation humaine, la disparition du corps au profit du spectre. En effet, tout dispositif imaginaire, pictural ou même théâtral, produisant pourtant des corps humains sur une scène, transforme, selon divers régimes, la corporéité par une déflagration explosante ou insidieuse. Il engendre un nouveau statut fantomatique des corps, devenus présents au titre d'absentés : ceux-ci ne restent pas comme une trace matérielle positive mais au sein du mouvement interne de l'image. Ce bouleversement oblige à repenser la ressemblance, le mode d'apparition et la fixation d'un modèle. La mutation dénonce l'évidence ou la naturalité d'une transmission du modèle, car la relation d'autorité vient d'une convention passée au cours du procès imaginaire et non d'une répétition à l'identique. Le modèle n'existe comme tel qu'à partir de sa reproduction, dès lors sa représentation relève de la convenance plutôt que de la ressemblance. La relation dessine une filiation équivoque laissant ouverts l'ordre et l'orientation de la transmission. Précisément l'image en ses modalités d'apparition donne du jeu à ces rapports, et permet des convenances révocables et indéfinies. Le procès imaginaire fonctionne en effet selon une oscillation qui fait tanguer l'appartenance. Cette fluctuation qui alterne absence et présence, qui module cette alternance, manifeste l'introduction du néant au cœur des choses. C'est pourquoi elle modifie le rapport à soi dans le regard porté sur l'image : spéculaire ou non, l'image n'atteint jamais l'objectivité rassurante du portrait en pied, elle présente un visage par nature instable et difforme, celui de l'homme au miroir ou celui du monde en instance, suspendu en image.

L'expérience imaginaire offre ainsi l'épreuve d'un soi délié, absenté. Le sujet humain qui s'y livre perd son autorité. Il ne peut se mirer en sa "propre" image, car l'image suppose la désappropriation, pas simplement par le jeu des dissemblances, mais du fait du processus qu'elle engage. L'homme y disparaît-il? Son corps est devenu spectral, son regard s'est décollé, incertain désormais de ce qu'il voit; la prétention à l'unité spéculaire, comme l'objectivation du monde se sont abîmées au creux du reflet. Pourtant, à rebours de la prétendue conquête d'une figure et d'un statut par l'image, l'homme se dessine dans cette perte, dans le déclin des ses impostures imaginaires, de ses "imageries". Si l'image procède de l'absence, c'est le suspens maintenu — et non le comblement substitutif du manque produit par l'absence — qui doit permettre à l'homme de convenir avec lui-même. Cette convenance incertaine, conditionnée de manière diffuse, ne dit pas le rapport convenu, ce qui convient "à", mais il stipule la venue "avec" soi. Il suppose la non-coïncidence de soi à soi, la relative liberté de l'essai, le jeu inédit de la présence et de l'absence qui autorise à apparaître tel ou tel, sans jamais se résoudre à cette apparition, sans jamais figer l'apparence dans une représentation de soi. On n'est jamais aussi loin de soi que lorsqu'on s'imagine ressemblant à son portrait. Le procès imaginaire offre cette pesée, sinon cette pensée réflexive. Il déclenche la vacance du soi, ainsi déchargé du poids des ressemblances, une évacuation qui permet le retour léger d'un soi non pas neuf mais disponible aux formes plurielles de la convenance. Un soi qui vient à lui-même par son défaut, délié d'une identité mise à distance par l'imaginaire.

Ce procès de l'image, non celui de l'accusation portée contre elle depuis l'anathème ancien, mais son action propre, témoigne de son inactualité. Ainsi la présence des images ne nous paraît pas un problème contemporain, et tant la dévotion que la condamnation dont elle fait l'objet concernent plutôt son emploi et de tout ce qui la traverse, c'est-à-dire des discours, des "lectures", appartenant à des registres paravisuels. L'iconophilie ou l'iconophobie relèvent d'un même aveuglement, d'une même réduction de l'image à une logique ou une positivité. L'inactualité de l'image n'empêche pas évidemment son historicité, ne serait-ce que dans les dispositifs et l'appareil mental y afférent, mis en œuvre pour déclencher son processus. Nous voudrions suggérer cette présence à la fois historique et inactuelle par une dernière image, en guise de conclusion. Certes, il s'agit d'une allégorie, c'est-à-dire d'un usage appauvrissant, mais un essai ne vise pas à composer des images, il les accompagne. Le film de Theo Angelopolous, *Le Regard d'Ulysse* nous donne l'occasion de ce compagnonnage. Comme beaucoup d'œuvres de ce réalisateur, il y est question de voyage, de frontières et de séparations. Le personnage conducteur de la narration part en quête de trois bobines non développées des frères Manakis, et qui seraient à la fois les premières de l'histoire du cinéma et le premier regard cinématographique sur les Balkans d'avant les guerres du XXe siècle. L'itinéraire de cette odyssée à travers les conflits liés à l'éclatement de la Yougoslavie est ponctué par deux moments à grande charge symbolique. Le premier tient dans la confession du voyageur cinéaste qui relate une expérience lumineuse et traumatique : alors qu'il se promenait dans les ruines de Délos, la terre se mit à craquer, découvrant une excavation du sein de laquelle surgit le buste d'Apollon. Aussitôt il déclencha son Polaroïd pour prendre en photo l'événement, cependant l'appareil ne sortit que des "carrés vides", des "trous noirs". L'impression de la pellicule échoue, alors même que se dresse le dieu de la lumière. Nous accédons sur un mode radical au procès imaginaire, à partir du défaut de l'image. Aucun indice, aucune empreinte ne se déposent. Les trous noirs conduisent la genèse de l'imaginaire en faisant le vide des images reproductrices. L'épreuve est aveuglante pour le cinéaste qui ne voit que par les images — sans doute Angelopolous rappelle-t-il la condamnation grecque à la cécité des mortels qui ont regardé les dieux. La quête débute alors puisque le cinéaste ayant perdu son regard, sa faculté d'objectiver le monde, cherche à recouvrer symboliquement la vue en accédant au premier regard préservé dans les bobines originelles du cinéma.

Le deuxième moment, celui de la fin du voyage, repose aussi sur une perte mais cette fois mise èn scène, et qui provoque une mutation du regard, l'aboutissement du trajet initiatique. Les bobines sont retrouvées à Sarajevo, alors en pleine guerre civile, chez le directeur de la cinémathèque dévastée. Juif, il est le gardien de la mémoire et de l'humain, dépositaire du Livre et reconverti en conservateur d'images. Incarnant l'errance, il ne participe pas aux logiques d'enracinement, aux images stéréotypées de la purification ethnique, celles qui imposent à l'homme un modèle de ressemblance. Il lui revient donc la mission de développer le premier regard, celui de l'innocence perdue. Toutefois lui-même ne verra pas l'image promise, puisqu'il meurt lors d'une rafle. Le cinéaste se retrouve seul et orphelin face à la vanité de son entreprise, les dernières images du film le montrant éploré devant une projection blanche, l'illusion de l'origine ayant disparu. Précisément la fin dénonce la fiction du premier regard et annonce le retour d'un Ulysse troublé, à l'identité en suspens. La narration s'est délitée au gré des plans-séquences par l'espacement du temps. Le fil des premières fileuses est désormais distendu. La poursuite d'une même image, le défilement de la même femme en toutes les femmes reposait aussi sur la fiction du premier amour. Et cette improbable série, en forme de récit œdipien, jusqu'au retournement du regard vers l'intérieur de soi, n'a produit que de fausses analogies, des échanges de spectres. Il n'existe pas de première image, ni de première ombre, et le but du voyage consistait à entreprendre le deuil de ce "regard imaginaire". Le film retrouvé demeurant invisible, les dernières images ne montrent qu'un visage éperdu, endeuillé. Le spectateur, aveugle à l'objet recherché, est renvoyé au doute, à l'indécidable, à la réévaluation de son désir. Il ne peut plus s'identifier au personnage, ni voir depuis un regard désormais absent, d'où le flottement de sa propre vision.

Le mouvement imaginaire prend son essor en ces instants, lorsque le regard a décollé de l'image sans pour autant l'avoir quittée. Une fois délaissée l'inclination à se projeter, l'œil tremblé favorise le glissement de soi dans les interstices de l'image, et l'invite à rejoindre sa vocation à la déchéance. Alors devient visible la chair de l'absent, chair d'image que rien n'a impressionnée mais qui pourtant se tient là, en partance. Le procès imaginaire n'exige pas la traversée vers l'invisible, il offre son oscillation, ses impasses et ses départs, ses lumières et ses deuils. Ainsi vient l'abandon, préalable à toute présentation.

TABLE DES MATIERES

Collection ***L'Ouverture Philosophique***
dirigée par Bruno Péquignot
et Dominique Chateau

Déjà parus

François NOUDELMANN, *Sartre : l'incarnation imaginaire*, 1996.
Jacques SCHLANGER, *Un art, des idées*, 1996.
Ami BOUGANIM, *La rime et le rite. Essai sur le prêche philosophique*, 1996.
Denis COLLIN, *La théorie de la connaissance chez Marx*, 1996.
Frédéric GUERRIN, Pierre MONTEBELLO, *L'art, une théologie moderne*, 1997.
Régine PIETRA, *Les femmes philosophes de l'Antiquité gréco-romaine*, 1997.
Françoise D'EAUBONNE, *Féminin et philosophie (une allergie historique)*, 1997.
M. LEFEUVRE, *Les échelons de l'être. De la molécule à l'esprit*, 1997.
Muhammad GHAZZÂLI, *De la perfection*, 1997.
Francis IMBERT, *Contradiction et altération chez J.-J. Rousseau*, 1997.
Jacques GLEYSE, *L'instrumentalisation du corps. Une archéologie de la rationalisation instrumentale du corps, de l'Âge classique à l'époque hypermoderne*, 1997.
Ephrem-Isa YOUSIF, *Les philosophes et traducteurs syriaques*, 1997.
Collectif, publié avec le concour de l'Université de Paris X, *Objet des sciences sociales et normes de scientificité*, 1997.
Véronique FABBRI et Jean-Louis VIEILLARD-BARON (sous la direction de), *L'Esthétique de Hegel*, 1997.
Eftichios BITSAKIS, *Le nouveau réalisme scientifique. Recherche Philosophiques en Microphysique*, 1997.
Vincent TEIXEIRA, *Georges Bataille, la part de l'art. La peinture du non-savoir*, 1997.
Tony ANDRÉANI, Menahem ROSEN (sous la direction de), *Structure, système, champ et théories du sujet*, 1997.
Denis COLLIN, *La fin du travail et la mondialisation. Idéologie et réalité sociale*, 1997.

615261 - Juillet 2015
Achevé d'imprimer par